A Empresa
e o Valor do Trabalho Humano

2012

Marcos Madeira de Mattos Martins

 Coimbra · Lisboa · São Paulo

A EMPRESA E O VALOR DO TRABALHO HUMANO
© Almedina, 2012

Marcos Madeira de Mattos Martins

Diretora Editorial: Paula Valente
Editora: Adriane Piscitelli
Diagramação: Jorge Sêco
Design de Capa: FBA.
Impressão e acabamento: ??????

ISBN: 978-85-63182-10-4

Dados Internacionais de Catalogação na Publicação (CIP)
(Câmara Brasileira do Livro, SP, Brasil)

Martins, Marcos de Mattos
A empresa e o valor do trabalho humano / Marcos de Mattos Martins.
São Paulo : Almedina, 2012.

ISBN 978-85-63182-10-4

1. Análise econômica do Direito 2. Boa-fé (Direito)
3. Contratos de trabalho 4. Dignidade humana
5. Direito empresarial - Brasil
6. Organização do trabalho 7. Relações de trabalho
8. Sociedade da informação I. Título.

12-02303   CDU-34:331.1:338.93(81)

Índices para catálogo sistemático:

1. O trabalho na sociedade da informação: A empresa e o valor do trabalho humano :
Análise econômica do Direito de empresa : Brasil :
Direito empresarial 34:331.1:338.93(81

Este livro segue as regras do novo Acordo Ortográfico da Língua Portuguesa (1990).

Todos os direitos reservados. Nenhuma parte deste livro, protegido por copyright, pode ser reproduzida, armazenada ou transmitida de alguma forma ou por algum meio, seja eletrônico ou mecânico, inclusive fotocópia, gravação ou qualquer sistema de armazenagem de informações, sem a permissão expressa e por escrito da editora.

Junho, 2012.
Depósito legal: ??????/12

Editor: ALMEDINA
Alameda Campinas, 1.077, 6º andar, Jd. Paulista
01404-001 – São Paulo, SP – Brasil
Tel./Fax: +55 11 3885-6624
editorial@almedina.com.br
www.almedina.com.br | www.grupoalmedina.net

Aos meus pais, pela alegria e perseverança deixadas (in memorian).
Para Henrique, meu filho, pelo sorriso de vida.
Para Karla Cristina, minha inspiração.
A Deus, por tudo.

"O desenvolvimento do homem requer sua capacidade de transcender a estreita prisão do seu ego, da sua cobiça, do seu egoísmo, da sua separação do seu próximo e, por conseguinte, da sua solidão básica."

ERICH FROMM

SUMÁRIO

APRESENTAÇÃO — 13

INTRODUÇÃO — 17

I. A EMPRESA E A ATIVIDADE ECONÔMICA — 21
I.1. Livre iniciativa como fundamento constitucional da ordem econômica — 21
I.1.1. Breves apontamentos sobre o conceito de princípio — 21
I.1.2. O princípio da propriedade privada e sua função social — 24
I.1.3. A propriedade dos meios de produção — 26
I.1.4. A livre iniciativa e a valorização do trabalho humano — 29
I.1.5. A livre concorrência e a intervenção do Estado contra abusos do poder
econômico — 33

I.2. A empresa e sua atuação econômica — 38
I.2.1. Teoria da empresa — 38
I.2.2. Conceito de empresa à luz do Código Civil Brasileiro — 41
I.2.3. Conceito de empresa à luz da Consolidação das Leis Trabalhistas — 44
I.2.4. Os grupos econômicos e o surgimento da empresa transnacional — 47

II. ANÁLISE ECONÔMICA DO DIREITO DE EMPRESA — 51
II.1. Análise Econômica do Dircito — 51
II.1.1. Desenvolvimento histórico... — 51
II.1.2. Características da *Law and Economics* — 54
II.1.3. Teoria do comportamento baseado em regras — 57
II.1.4. Teoria positiva do direito — 60

II.2. Gestão corporativa — 62
II.2.1. Diagnóstico para tomada de decisões: a escolha racional — 62
II.2.2. A assimetria da informação — 66
II.2.3. A eficiência econômica e as falhas de mercado — 69

II.2.4. A eficiência social segundo Pareto	73
II.2.5. Conceito de eficiência segundo Kaldor-Hicks	77
II.2.6. O equilíbrio de Nash e a teoria dos jogos	79

II.3. Análise econômica da empresa	82
II.3.1. Teoria da firma: a empresa como instituição	82
II.3.2. Teoria da maximização dos lucros	85
II.3.3. Teoria schumpeteriana: a empresa como ente inovador	88
II.3.4. Teoria do oligopólio e a concentração do poder econômico	91
II.3.5. Empresas-rede: a cooperação empresarial no ambiente virtual	94
II.3.6. A competitividade empresarial na era da informação	98

III. O TRABALHO NA SOCIEDADE DA INFORMAÇÃO	103
III.1. A ordem econômica e o contrato de trabalho	103
III.1.1. Aspectos gerais sobre a economia e o trabalho	103
III.1.1.1. As forças produtivas e as relações de produção	103
III.1.1.2. A teoria do valor-trabalho e da mais-valia	107
III.1.1.3. Os meios de produção focados na eficiência	110
III.1.1.4. O sistema produtivo da Toyota: o *just in time*	113
III.1.2. Conceito de contrato de trabalho	115
III.1.3. Princípios jurídicos nas relações do trabalho	116
III.1.3.1. Princípio da proteção ao trabalho	117
III.1.3.2. Princípio da irrenunciabilidade de garantias e direitos	120
III.1.3.3. Princípio da continuidade do emprego	121
III.1.3.4. Princípio da primazia da realidade	122
III.1.4. O poder diretivo do empresário	122
III.1.4.1. Poder organizador	122
III.1.4.2. Poder de controle do empregador	124
III.1.4.3. Poder disciplinar do empregador	126
III.1.5. Os abusos do poder diretivo	128
III.1.5.1. Violações aos direitos de intimidade e privacidade	128
III.1.5.2. O assédio moral	136
III.1.5.3. O *dumping* social praticado contra os trabalhadores	139
III.1.5.4. A teoria do "não cumprimento eficiente" do contrato	142
III.1.5.5. A prática do "não cumprimento eficiente" do contrato de trabalho sob a ótica na Análise Econômica do Direito	146
III.1.5.6. A busca pela efetividade das sanções trabalhistas	150

III.2. O trabalho na sociedade da informação	154
III.2.1. A globalização e o trabalho fragmentado	154
III.2.1.1. Breve contexto sobre globalização	154

III.2.1.2. Os efeitos nocivos da globalização no trabalho 157
III.2.1.3. A erosão do trabalho 161
III.2.2. O trabalho na sociedade da informação 164
III.2.2.1. Sociedade da Informação: breves apontamentos 164
III.2.2.2. O teletrabalho na sociedade informacional 168
III.2.2.3. A mundialização do capital e a fragmentação do trabalho 172

III.3. Boa-fé e ética nas relações do trabalho 174
III.3.1. A nova empresarialidade 174
III.3.2. Boa-fé nas relações do trabalho 177
III.3.2.1. Conceito de boa-fé 177
III.3.2.2. Boa-fé como fundamento na gestão empresarial 182
III.3.2.3. Aplicabilidade do preceito contido no art. 422 do Código Civil
nas relações de trabalho 186
III.3.3. Ética nas relações do trabalho 191
III.3.3.1. Ética na sociedade pós-moderna 191
III.3.3.2. Ética do administrador empresarial 195
III.3.3.3. Ética nas relações de emprego 202

III.4. Dignidade da pessoa humana no ambiente laboral 206
III.4.1. Breve contextualização dos direitos humanos fundamentais 206
III.4.2. A dignidade humana como fundamento constitucional 212
III.4.3. Promoção da dignidade da pessoa humana como dever social 215
III.4.4. A dignidade humana e o capital humano 218

III.5. O princípio da solidariedade na ordem econômica 221
III.5.1. A solidariedade como forma de desenvolvimento social 221
III.5.1.1. Discussão sobre aplicabilidade da economia solidária 221
III.5.1.2. Sistema de dominação e sistema participativo 224
III.5.1.3. A responsabilidade social da empresa 229
III.5.2. A solidariedade e a proteção da dignidade individual 232
III.5.2.1. A solidariedade como fundamento constitucional 232
III.5.2.2. Desequilíbrios setoriais e crises econômicas 236
III.5.2.3. A prevalência do princípio da solidariedade sobre os desequilíbrios
setoriais e crises econômicas 240

CONCLUSÃO 245
BIBLIOGRAFIA 247

APRESENTAÇÃO

O ser faz com que a pessoa lute pela vida. Decorre do instinto de conservação. O conviver faz com que a pessoa lute pela dignidade de vida. Decorre do instinto de desenvolver. Por isso, ser e conviver são aspectos indissociáveis quando se trata de relação social e quando a convivência é regulada pelo Direito.

Ora, se todo o ser humano luta pela vida e, por conviver, luta pela dignidade de vida, o trabalho deve corresponder ao valor que representa dignidade de vida, e não apenas vida. O trabalho não deve, pois, apenas proporcionar conservação, mas se transformar em instrumento de desenvolvimento pessoal, hábil a proporcionar dignidade de vida.

Desde o advento do salário-mínimo, cujo precursor histórico é o código de Hamurábi, que continha, em seu epílogo, a tutela das viúvas, dos órfãos e dos mais fracos, busca-se a justiça social para que o ser (conservar) possa ser devidamente valorado socialmente, outorgando-se dignidade (desenvolvimento). A luta pelos direitos humanos é, antes de tudo, a luta pelo desenvolvimento do ser.

Promover a paz e a cooperação internacional é admitir, por todos os quadrantes do globo, que ao ser humano conservar não basta, é imprescindível garantir-lhe desenvolvimento pessoal.

Pode-se afirmar que a dignidade da pessoa humana é a matriz axiológica de todo o sistema jurídico.

Quando tive o primeiro contato com a dissertação de mestrado de Marcos de Mattos Martins, cujo título se tornou *A empresa e o valor do trabalho humano*, rapidamente duas indagações surgiram em minha mente finita: Quanto vale o trabalho humano? Qual é o valor da empresa para a sociedade? Já adianto o leitor que não encontrará uma resposta cartesiana, nem solução concreta e isenta de polêmicas para nenhuma das duas perguntas. Pode-se notar, desde logo, a ousadia do autor em dissertar sobre esse assunto. Essa ousadia resultou num esmerado trabalho que conduz o leitor a uma profunda reflexão sobre o problema proposto nessa dissertação.

O trabalho é, desde tempos imemoriais, o representativo de quanto vale socialmente o homem. Toda pessoa tem direito à dignidade, mas a mensuração social dela se daria por meio do valor do seu salário? Claro que não. Como observa o autor, a *vida social é condição de existência e sobrevivência da espécie humana*. Isso não significa que a vida possui valores diferenciados, nem mesmo a dignidade de vida; apenas representa a necessidade de se estabelecerem socialmente parâmetros que viabilizem o *conviver com dignidade* (e isso nada tem a ver com autoestima, que é o sentimento de dignidade própria). Se dignidade social envolve convivência, convém garantir um "piso" das necessidades da pessoa humana para o seu desenvolvimento (saúde, alimentação, educação, habitação, vestuário, transporte, cultura, esporte, lazer...). Logo, embora o salário não sirva para mensurar a dignidade social em sua totalidade, ele acaba se constituindo um dos seus indicadores.

Para adequadamente se indagar sobre dignidade da pessoa, não se pode olvidar que as metamorfoses sociais e econômicas decorrentes da revolução informacional e da expansão do comércio eletrônico tornam indispensáveis novas reflexões sobre os benefícios que advieram para a pessoa, valor-fonte da sociedade e do Direito.

Mesmo durante a era informacional na qual convivemos, há três categorias jurídicas que permanecem historicamente insubstituíveis, pouco interessando o tempo ou o lugar (e, portanto, a cultura de um povo): o contrato, a propriedade e a família. Dentre os inúmeros contratos, pode-se afirmar a importância indiscutível do contrato de sociedade, nascedouro formal da empresa.

A empresa exerce funções econômicas e sociais inegáveis. Promove a circulação de riquezas, expande a sua atuação negocial, admite pessoas para atuarem como empregados e prestadores de serviços, traz benefícios à comunidade da região na qual mantém seu centro de atividades... Enfim, a empresa é, na sociedade contemporânea, o mais importante polo de desenvolvimento.

Além disso, a sociedade empresária tem por objetivo o lucro, que se destina não apenas às vantagens acima arroladas, como também à distribuição em favor dos seus respectivos sócios. Nada mais legítimo, imediatamente se deve ponderar. Entretanto, a percepção de lucros sociais não pode ser feita mediante a inviabilização da dignidade das pessoas humanas que as quais se trabalha. Lucros empresariais e valor do trabalho humano são elementos que deveriam harmoniosamente ser efetivados.

Após proceder à cuidadosa análise dos princípios constitucionais da livre iniciativa e da valorização do trabalho humano, o autor revisita a teoria da empresa, dispondo sobre a importância da teoria da análise econômica, mas revelando que a maximização dos lucros, os oligopólios e a concentração do poder econômico proporcionam uma competitividade empresarial diferenciada na era da informação.

Num dos pontos altos de sua monografia, o autor afirma que *a empresa tem responsabilidade social que deve ser considerada na própria atividade-fim da organização. A lógica não pode ser somente o lucro. O lucro é necessário para a empresa sobreviver e competir no mercado em que atua, mas a ética e a responsabilidade social da empresa é que a tornam uma ação instrumental de implementar dos objetivos principais da Constituição Federal, entre eles, o de construir uma sociedade livre, justa e solidária.*

Ao proceder à reanálise das teorias do valor-trabalho e da mais-valia, a dissertação reintroduz o importante debate sobre a relação de emprego e os poderes outorgados ao empregador, que podem se transformar, muitas vezes, em violações aos direitos humanos, aos direitos fundamentais e aos direitos da personalidade, motivo pelo qual propõe uma nova eticidade, com a finalidade de se obter a proteção da dignidade da pessoa humana, através da solidariedade social.

Como lembra o autor, *o homem não é uma abstração ou uma virtualização criada pela sociedade da informação. O homem não é um avatar.* E, valendo-se das lições de Rosa de Luxemburgo, estabelece que *a solidariedade, então, visava a inauguração de uma democracia pautada na participação da classe operaria, sem qualquer sistema de dominação, onde os trabalhadores pudessem participar do poder, de forma a partilhar com as classes dominantes suas ideologias baseadas em condições dignas de trabalho, em que todos pudessem viver numa perspectiva de comunidade, para a vida social, para o bem comum.*

Certamente o leitor terá o maior apreço pelo conteúdo de *A empresa e o valor do trabalho*, que ora recomendo à comunidade acadêmica.

São Paulo, 30 de abril de 2012.

ROBERTO SENISE LISBOA
Livre-Docente em Direito Civil pela USP
Professor de Direito Internacional da PUCSP
Professor Titular de Direito Civil das FMU
Coordenador do Curso de Direito das FMU
Promotor de Justiça do Consumidor em São Paulo

INTRODUÇÃO

A ciência econômica encontra no direito o remédio impositivo e regulador de excessos decorrentes do poder econômico. Os desequilíbrios setoriais e as crises econômicas resultantes do uso desregulado do capital já existiam nos séculos XVI e XVII e coube ao Estado o dever de regular a ordem econômica através de medidas preventivas ou por meio de incentivos fiscais à livre iniciativa para evitar a insurgência de colapsos nas bases econômicas que sustentam o desenvolvimento dos países.

As mudanças ocorridas durante o desenvolvimento das sociedades proporcionaram ganhos de natureza jurídica no momento em que foram incorporadas garantias individuais e sociais em textos constitucionais, com a inclusão de direitos fundamentais, cidadania, direitos coletivos, entre outros, buscando-se atender contingentes cada vez maiores de pessoas, que participavam ativamente do processo político e econômico.

O conhecimento jurídico não se limita à investigação das causas do aparecimento e evolução das normas de direito. Compreende, também, sua análise epistemológica e a sua eficácia social. No estudo desses dois aspectos, a investigação que se procedesse à luz do simples condicionamento do Direito à Economia conduziria a explicações simplesmente extravagantes.

A livre iniciativa e o valor do trabalho humano são fundamentos prescritos em nossa Constituição Federal e, através dessas duas forças que provêm do ser humano, a sociedade deve buscar uma harmonização, um equilíbrio, uma relação focada na dignidade, para que o homem possa obter um desenvolvimento social adequado, com respeito mútuo nos conflitos que envolvam o capital e o trabalho.

A teoria de *Law and Economics* (Análise Econômica do Direito) traz a aplicação de determinados princípios econômicos – como os da racionalidade e da eficiência alocativa – com objetivo de explicar a conduta humana e como a legislação estimula ou não tais comportamentos na formação, estrutura e processos das relações sociais. Visa, ainda, entender qual é o reflexo econômico no Direito e nas instituições legais e o impacto do Direito na Economia.

Para possibilitar o estudo da utilização do capital por meio da livre iniciativa, respeitado o princípio da valorização do trabalho humano, a fim de assegurar a todos uma existência digna, a presente obra aprofunda suas pesquisas nos estudos de expoentes juristas que adotam a Análise Econômica do Direito como disciplina indispensável na interpretação das normas e suas repercussões econômicas nos diversos ramos da ciência jurídica, especialmente na utilização das regras sedimentadas na eficiência alocativa de recursos no âmbito empresarial e seus efeitos nos contratos de trabalho.

O contexto dissertativo aborda a propriedade privada, os meios de produção e a função social da empresa a fim de discutir os sistemas de trabalho adotados nas empresas e as razões pelas quais o empresário deve pautar suas condutas na boa-fé nas relações de trabalho, na moderação das relações interpessoais com seus colaboradores e, concomitantemente, atingir suas metas, sem violar o princípio da dignidade da pessoa humana.

Para tanto, a pesquisa traz em seu primeiro capítulo, os princípios fundamentais da ordem econômica, a livre iniciativa como fundamento constitucional, discorrendo sobre a propriedade e sua função social, bem como a propriedade dos meios de produção. A livre iniciativa e a valorização do trabalho humano são abordadas de forma a demonstrar a importância da conciliação desses dois relevantes princípios constitucionais, destacando-se, ainda, a livre concorrência e a intervenção do Estado contra abusos do poder econômico.

A atuação econômica da empresa na sociedade é apresentada como princípio de valorização da livre iniciativa. A pesquisa ressalta a discussão sobre a teoria da empresa, conceitos de empresa à luz do Código Civil Brasileiro e à Consolidação das Leis Trabalhistas, bem como o aparecimento de empresas transnacionais no mundo globalizado e seus diversos desdobramentos para justificar as razões pelas quais surgem os grupos econômicos e os oligopólios organizacionais.

O segundo capítulo é dedicado ao desenvolvimento histórico e conceito da Análise Econômica do Direito (*Law and Economics*), traçando as premissas fundamentais para aplicação dessa disciplina para compreensão dos diagnósticos de decisão, através da escolha racional, do estudo da assimetria da informação e das falhas no mercado e os conceitos de eficiência segundo

INTRODUÇÃO

Pareto e Kaldor-Hicks, além de discutir a importância do equilíbrio de Nash e a teoria dos jogos

Feita a conceituação e revelada a importância do estudo da Análise Econômica do Direito, essa disciplina é aplicada na empresa inserindo as teorias existentes sobre ela como instituição organizacional, de acordo com estudos feitos por Ronald Coase, Oliver Williamson, Richard Posner, entre outros. Além disso, são apresentadas formas de contratação e execução da mão de obra, com ênfase à busca contínua pela eficiência produtiva e a redução dos custos de transação, relacionando-os com a correspondente evolução das tecnologias no ambiente de trabalho, despertada pela competitividade e larga concorrência mundial.

No terceiro capítulo, a disciplina do trabalho é analisada por meio da concepção de suas forças produtivas, demonstrando como a empresa utiliza a mão de obra humana para realizar seus objetivos organizacionais e maximizar seus lucros. O contrato de trabalho é analisado sob a ótica legal, salientando-se os princípios protecionistas nas relações de trabalho, com vistas a evitar manobras dos empregadores que possam reduzir ou nulificar direitos e garantias constitucionalmente consagradas.

Os abusos do poder diretivo do empresário na sociedade da informação são exemplificados através da teoria do "não cumprimento eficiente do contrato", pelo assédio moral, pelo *dumping* social praticado contra os trabalhadores, com destaque às mudanças das formas de divisão de trabalho e sua fragmentação oriunda da globalização. Nesse ponto, a pesquisa traz os contornos da sociedade da informação e a nova ordem econômica baseada na mundialização do capital.

Após a exposição das diversas consequências que a globalização trouxe ao trabalho, a dissertação desperta a reflexão para os efeitos dos avanços tecnológicos e das diversas formas fragmentadas de trabalho que surgiram na sociedade da informação, e a necessidade da boa-fé e a ética prevalecerem nas relações de trabalho, devendo a conduta do empregador se pautar na dignidade da pessoa humana como núcleo principal de proteção de direito, devendo os direitos fundamentais predominar sobre os interesses econômicos privados.

A discussão sobre a inserção de uma economia solidária e a prevalência do princípio da solidariedade sobre os desequilíbrios setoriais e crises econômicas abrem novas perspectivas de gestão do capital humano na sociedade informacional, para se refletir sobre a forma pela qual o trabalhador está exposto a sistemas produtivos maléficos a sua saúde, onde predomina o rigor excessivo do empregador contra o empregado para atingimento de metas muitas vezes intransponíveis, devendo essas condutas serem combatidas com maior poder punitivo-pedagógico, sobretudo contra as organizações que buscam a acumulação do capital e a maximização dos lucros sem se preocupar com o ser humano.

Por fim, o princípio da solidariedade é insculpido na obra a fim de salientar sua importância na ordem econômica e no desenvolvimento social, demonstrando que a sua ação proporciona mais efetividade na proteção da dignidade individual do trabalhador.

I.

A Empresa e a Atividade Econômica

I.1. O PRINCÍPIO DA LIVRE INICIATIVA COMO FUNDAMENTO CONSTITUCIONAL

I.1.1. Breves apontamentos sobre o conceito de princípio

Para que se possa obter uma melhor compreensão da aplicabilidade de uma regra jurídica sobre um determinado caso em concreto, há necessidade de se buscar, na fonte estrutural do ordenamento jurídico, qual é a essência, a direção a ser tomada pelo intérprete da norma para efetivação de um direito.

O propósito de se conceituar o termo *princípio*[1] está no fato de auxiliar o intérprete da norma para obter, dentre seus significados e contexto, uma resposta harmônica sobre qual preceito ou regra deve ser aplicada, a partir de uma justaposição fundamentada de cada situação ou fato jurídico a ser investigado.

Canotilho[2] adota distinção entre "regras e princípios constitucionais" para ressaltar a compreensão do conjunto "articulado e dinâmico" do

---

[1] A definição registrada no Dicionário Aurélio, é a de que o termo *princípio* vem do latim "*principiu*: S.m. 1. Momento ou local ou trecho em que algo tem origem [...] 2. Causa primária. 3. Elemento predominante na constituição de um corpo orgânico. 4. Preceito regra, lei. 5. ext. Base; germe [...] 6. Filos. Fonte ou causa de uma ação. 7. Filos. Proposição que se põe no início de uma dedução, e que não é deduzida de nenhuma outra dentro do inquestionável. São princípios os axiomas, os postulados". FERREIRA, Aurélio Buarque de Holanda *et al.* **Novo Dicionário Aurélio da Língua Portuguesa.** Rio de Janeiro: Nova Fronteira, 1986. p. 279.

[2] CANOTILHO, J.J. Gomes. **Direito Constitucional e Teoria da Constituição**. 6 ed. Coimbra: Almedina, 2002, pp. 1145-1170.

ordenamento jurídico, onde tanto as regras como os princípios podem direcionar o aplicador da lei para a direção mais próxima do espírito da lei que motivou o legislador a criá-la dentro da ótica estrutural de normas.

Para Canotilho[3], devem existir critérios para distinção de princípios e regras dentro do conjunto normativo. Nessa diferenciação, "quanto ao grau de abstração", os princípios detêm "grau em nível bastante elevado; as regras, por sua vez, contêm um nível relativamente reduzido". No que tange ao "grau de fundamentação", os princípios são "normas de natureza fundamental no ordenamento jurídico, face a sua hierarquia privilegiada" e "quanto à proximidade da noção de direito e de justiça, os princípios são proposições vinculadas às necessidades de justiça e à noção de direito", enquanto que as regras "possuem um conteúdo meramente funcional".

Ronald Dworkin[4] argumenta que o termo princípio, em seu sentido genérico, pode ser conceituado como o conjunto de padrões que não constituam normas, mas sejam modelos que devam ser seguidos, por ser exigência de justiça, da equidade ou alguma outra dimensão da moralidade.

Eduardo Bittar e Guilherme de Almeida, ao comentarem sobre a "razoabilidade e a coerência do Direito", em capítulo denominado "A razoabilidade da Justiça", pronunciam que "normas e princípios" são vernáculos que devem merecem distinção no sistema jurídico " na medida em que normas jurídicas válidas se aplicam, e normas jurídicas inválidas não se aplicam, enquanto que princípios sempre se aplicam, com maior ou menor intensidade". Ou seja, os princípios sempre "serão considerados subsídios para que a interpretação de cada caso esteja escorada em valores morais de grande força e peso socioinstitucional".[5]

Essa breve distinção possibilita, pois, deduzir que os princípios têm uma natureza e amplitude maior que as normas.

Os princípios, por conseguinte, funcionam, para o juiz, como instrumentos de "auxílio à decisão judicial, e, para o Direito, como dados fundamentais para a validade do sistema".[6]

Desse modo, a distinção entre o conceito de princípio e norma é relevante, sobretudo porque o uso doutrinário e a multiplicidade de significa-

---

[3] Ibidem.

[4] DWORKIN, Ronald. **O império do direito**. São Paulo: Martins Fontes, 2003, pp. 12-14.

[5] BITTAR, Eduardo C. B.; ALMEIDA, Guilherme Assis de. **Curso de Filosofia do Direito**. 6 ed. São Paulo: Atlas, 2008, p. 461.

[6] Idem, p. 462.

dos utilizados no Direito podem confundir sua funcionalidade. Em cada caso concreto, os princípios podem conter objetivos que sobressaiam com maior dimensão social do que meramente a norma jurídica. Nesse ponto, no campo jurídico, as garantias fundamentais estudadas pelos juristas e pesquisadores que possam diferenciar e ressaltar os conceitos entre princípios e normas remonta há centenas de anos.[7]

No Brasil, o Decreto-Lei 4.657/42, que instituiu a Lei de Introdução às normas do Direito Brasileiro (antiga Lei de Introdução ao Código Civil Brasileiro), preconiza, em seu artigo 4º, que quando a lei for omissa, "o juiz decidirá o caso de acordo com a analogia, os costumes e os princípios gerais de direito".[8]

Note-se, pois, que, na inexistência de norma aplicável ao caso a ser julgado pelo juiz, deverá ele utilizar, dentre outros parâmetros, os princípios gerais de direito como forma de empregar a lei, máxime porque é vedado ao juiz julgar com o fundamento de desconhecimento da norma, ou seja, no caso em concreto, sustentar a inexistência de norma para aplicabilidade do direito.

Os princípios se revelam ainda mais vinculativos para atividade do juiz quando, a própria Lei de Introdução às normas supracitada determina que, na aplicação da lei, o juiz deverá atender aos fins sociais a que ela se dirige e às exigências do bem comum (artigo 5º, do Decreto-Lei 4.657/42). Quer dizer, antes da aplicabilidade da norma, o juiz deverá atender a função social de cada regra jurídica, levando-se em conta os princípios que norteiam a ordem jurídica.

Ao se deparar, então, o jurista, com tal concepção interpretativa, verifica-se que a essência de toda regra, em seu maior ou menor grau de abrangência, é demonstrar que existe por trás dela um princípio, um mandamento maior que se harmoniza com o conjunto de regras em vigor. Nesse sentido, chega-se à ilação de que o princípio sobressai como uma verdadeira fonte do direito, como um elemento geral que rege as condutas

---

[7] A dificuldade e a complexidade de se estabelecer as diferenças entre princípios e regras (ou normas em sentido estrito) levou Josef Esser a fazer estudos comparativos extraídos no direito anglo-saxão e continental, bem como na tradição romano-germânica. (ESSER, Josef. **Principio y norma en la elaboración jurisprudencial del derecho privado**. Tradução de Eduardo Valentí Fiol. Barcelona: Bosch, 1961).

[8] A Lei de Introdução ao Código Civil Brasileiro sofreu alteração em seu nome e passou a chamar a Lei de Introdução às normas do Direito Brasileiro por força da Lei 12.376/2010.

dos seres humanos que vivem em sociedade e que dele necessitam para manutenção da ordem social.

Para Miguel Reale[9] há necessidade de se desenvolver, no campo interpretativo uma tríplice combinação entre "tipos, leis e princípios". Segundo o autor, para a existência da norma jurídica é indispensável a tipificação ou configuração normativa por tipos relativos às situações de fato, encaradas sob os vários aspectos da vida social.

Há princípios gerais que são expressos e os que não são expressos, isso quer dizer que os primeiros advêm da leitura da norma, enquanto os segundos são abstraídos das normas, de sorte que o intérprete, servindo-se desses princípios ou normas generalíssimas, pode encontrar solução para cada caso.

Para Dworkin, os princípios servem para suprimir a lacuna da lei. As leis, por "essência", são abertas e vagas pela "indefinição de seus conteúdos semânticos, poroso para experiências em constante processo de construção." Dworkin não somente reconhece a vagueza da linguagem, como também reconhece a "subjetividade da interpretação, incluindo-as na lógica do processo decisório e na avaliação do funcionamento da ideia de Direito." [10]

Os princípios, então, constituem-se em fontes basilares para qualquer ramo do Direito, influenciando tanto em sua formação quanto na sua aplicação.

I.1.2. O princípio da propriedade privada e sua função social

A partir do século XVII, o direito de propriedade assumiu uma conotação "social", em oposição à característica individualista que se tinha em outras épocas, em que o homem poderia utilizá-la independentemente das necessidades locais e sem intervencionismo público voltado ao bem comum.[11]

Na Declaração de Direitos do Homem e do Cidadão, datada de 1789, está consignado, em seu art. 2º, que "A finalidade de toda associação

---

[9] REALE, Miguel. **Nova fase do direito moderno**, 2 ed. São Paulo: Saraiva, 1998, pp. 24-27.

[10] Esse é o método interpretativo traçado por Eduardo C. B. Bittar e Guilherme Assis de Almeida, no capítulo "Hermenêutica, razoabilidade e a coerência do Direito", quando estudam "Ronaldo Dworkin: A razoabilidade da Justiça". (BITTAR, Eduardo C. B.; ALMEIDA, Guilherme Assis de. *op. cit.*, 462)

[11] TAVARES, André Ramos. **Curso de direito constitucional**. São Paulo: Saraiva, 2008, p. 634

política é a conservação dos direitos naturais e imprescritíveis do homem. Esses direitos são a liberdade, a propriedade, a segurança e a resistência à opressão."

Na mesma Declaração, o artigo 17 garante que, sendo a propriedade um direito inviolável e sagrado, "ninguém pode ser dela privado, a não ser quando uma necessidade pública, legalmente constatada, exigi-lo de modo evidente e sob condição de uma indenização justa e prévia." [12]

Esse princípio também foi reiterado na Declaração dos Direitos do Homem e do Cidadão de 1793, em seu artigo 19.[13]

A Constituição Federal brasileira de 1988, em seu artigo 5º, especialmente no inciso XXII, garante o direito de propriedade dentre os princípios fundamentais de todo indivíduo.

No entanto, o mesmo artigo 5º da Constituição da República que garante o direito de propriedade, na norma seguinte (inciso XXIII) preconiza que "a propriedade atenderá a sua função social". Vale notar, nesse particular, que o direito de propriedade não tem caráter absoluto e individualista, pois deve atender aos fins sociais os quais deve se destinar, dentro do propósito solidário do legislador.

Limitações, obrigações e ônus oriundos do exercício do direito de propriedade vinculam a atividade do proprietário de acordo com os princípios fundamentais relacionados à dignidade da pessoa humana, direito à moradia e ao objetivo de se explorar uma atividade economicamente social que possa trazer um benefício a toda coletividade.

Dentre os princípios que regem a ordem econômica, o artigo 170 da Constituição Federal prevê que livre iniciativa deve observar a "função social da propriedade", conforme dispõe seu inciso III. Note-se, então, que mesmo inserido dentre o rol de "direitos individuais" previstos no artigo 5º, da Constituição, a propriedade privada e a necessidade de que ela atenda uma função social deve ser fomentada para atender os fins regidos constitucionalmente na ordem econômica.

Isso se deve ao fato de que a propriedade "não mais poderá ser considerada puro direito individual, relativizando-se seu conceito e seu

---

[12] *Ibidem.*

[13] O artigo 19 da Declaração dos Direitos do Homem e do Cidadão de 1793 menciona que "Ninguém pode ser privado da menor parte de sua propriedade sem consentir nisso, a não ser quando uma necessidade pública legalmente constatada exigi-lo, de modo evidente, e sob condição de uma indenização justa e prévia". (TAVARES, André Ramos. *op. cit.* p. 635).

significado", de modo a atingir os objetivos que estão contidos no caput do artigo 170, ou seja, "assegurar a todos existência digna, conforme os ditames da justiça social".[14]

André Ramos Tavares acentua que a propriedade apresenta, simultaneamente, "caráter dúplice, servindo ao individualismo e às necessidades sociais", devendo, por isso, impor a "necessidade de uma compatibilização de conteúdos dos diversos mandamentos constitucionais". Como direito individual, o instituto da propriedade é garantido, não podendo ser retirado da ordem constitucional. Entretanto, "seu conteúdo já vem parcialmente delimitado pela própria Constituição, quando impõe a necessidade de que haja o entendimento de sua função social, assegurando-se a todos uma existência digna nos ditamos da justiça social."[15]

O objetivo de se registrar na Constituição da República de que a propriedade deva cumprir sua função social, inserindo-a no capítulo da ordem econômica, é a de incentivar o empreendedorismo, de se fomentar o exercício da livre iniciativa pelas entidades privadas, buscando, na prática, que os proprietários de capital[16] e os investidores empreguem numa atividade econômica utilizando-se de seus recursos para perseguir um fim social, promovendo o desenvolvimento econômico através da promoção da busca do pleno emprego, assegurando a todos uma existência digna, reduzindo as desigualdades sociais.

I.1.3. A propriedade dos meios de produção

Segundos os princípios basilares da ordem econômica, o Estado deve fornecer meios para que o desenvolvimento das organizações possibilite dispor no mercado, bens e serviços para que seus cidadãos possam consumi-los para satisfazerem suas necessidades básicas. Para viabilizar a todos uma existência digna, a Constituição autoriza, por meio de suas garantias fundamentais, o uso da propriedade privada e os meios de produção inerentes ao

---

[14] SILVA, José Afonso da. **Comentário contextual à Constitucional**. São Paulo: Malheiros Editores. 2008, p. 712.

[15] TAVARES, André Ramos. *op .cit.*, p. 640.

[16] A palavra "capital" aqui utilizada, diz respeito ao fator de produção ou conjunto de valores, tangíveis ou intangíveis, que representa o poder ou a capacidade de algo ser transformado em um bem ou serviço. Não diz respeito somente ao dinheiro em espécie, mas representa a potencialidade de produção ou de transformação de algo em riquezas.

desempenho de uma atividade econômica, como um elo entre a iniciativa privada e a busca do pleno emprego.

José Afonso da Silva destaca que a propriedade de bens de consumo e de uso pessoal está vocacionada à apropriação privada, "porquanto são imprescindíveis à própria existência digna das pessoas, e não constituem nunca instrumentos de opressão".[17]

Logo, a intervenção do Estado para fomentar a economia, estimular a distribuição de bens de consumo e incentivar a concorrência constituiu forma legítima de fazer cumprir a função social da propriedade.

Os bens de produção, instrumentos de desenvolvimento econômico e social, "são os que se aplicam na produção de outros bens ou rendas". Chamados também de "capital instrumental", são "ferramentas, máquinas, fábricas, estradas de ferro, docas, navios, matérias-primas, a terra, imóveis não destinados à moradia do proprietário, mas à produção de renda".[18]

Quando o sistema de apropriação de bens está dividido entre o Estado e os particulares, o sistema de apropriação tende a organizar-se por meio de "empresas, sujeitas ao princípio da função social."[19]

Eros Grau ressalta a importância da manutenção da função social da propriedade dos bens de produção como função social da empresa, destacando que o "princípio da função social da propriedade ganha substancialidade precisamente quando aplicado à propriedade de bens de produção, ou seja, na disciplina jurídica da propriedade de tais bens", colocando em prática "a sua destinação". Diante desse fim, a "propriedade sobre a qual em maior intensidade refletem os efeitos do princípio é justamente a propriedade dinâmica, dos bens de produção". Chega-se à conclusão, pois, que quando "referimos à função social dos bens de produção em dinamismo, estamos a aludir à função social da empresa."[20]

As experiências de ampliação da ideia de setor econômico são vistas como fatores significativos em decorrência da crescente interdependência econômica e social entre os agentes que estão inseridos na livre iniciativa.

Para desempenhar seu papel econômico é preciso preservar o patrimônio da organização para que ela cumpra sua função social. Pontua-se, assim

---

[17] SILVA, José Afonso da. *op. cit.* p. 712.

[18] *Ibidem.*

[19] *Ibidem.*

[20] GRAU, Eros. **A ordem econômica na Constituição de 1988 – Interpretação e Crítica**. 12 ed., São Paulo: Malheiros Editores, 2007, p. 231.

"a existência de um interesse público na preservação da estrutura e da atividade empresarial, isto é, na continuidade das atividades de produção de riquezas" pela circulação de bens ou prestação de serviços.[21]

A propriedade dos bens de produção da empresa resguarda a segurança econômica de produtividade. Os efeitos danosos da extinção das atividades empresariais que, "mais do que prejudicar isoladamente o empresário ou sociedade empresária, bem como seu parceiros negociais diretos (trabalhadores, fornecedores, clientes), prejudica à sociedade em geral."[22]

Daí a razão pela qual o Código Civil[23] ressalta o princípio da preservação da empresa – e com ela seus meios de produção – posto que a constatação da relevância da empresa para a sociedade é um marco significativo para que os operadores do direito para agir de tal modo a, em caso de interdição, constrição de bens via processo judicial e outras medidas que inviabilizem sua continuidade, seja sopesada a medida para que se encontre, dentre outras possibilidades jurídicas, a permanência e manutenção dos bens de produção no estabelecimento a fim de que possa a sociedade empresarial produzir e vender seus bens, revitalizando-a para adimplemento de suas obrigações.

O princípio da manutenção da empresa e seus meios de produção não podem ser tidos como uma afirmação absoluta de proteção ao patrimônio. A conservação da empresa deve ser considerada ainda que o administrador ou sócio da empresa tenha que ser afastado em caso de ato fraudulento ou má administração, para que, em caso de insolvência, seja feita a nomeação de gestor judicial na recuperação de empresas.

O princípio da preservação da empresa e de seus meios de produção não é absoluto. Suas bases de sustentação para que suas atividades não sejam encerradas decorrem do fato de que sua função social é primordial para que sejam cumpridos os ditames da ordem econômica, notadamente a oferta de trabalho para possibilitar a todos uma existência digna.

---

[21] MAMEDE, Gladston. **Direito empresarial brasileiro: empresa e atuação empresarial**, vol. I, 4 ed. São Paulo: Atlas, 2010, p. 55

[22] *Idem, op. cit.*, p. 57

[23] O artigo 974 do Código Civil reflete o princípio da preservação da empresa, chegando a permitir que o incapaz continue a empresa após interdição civil ou após a sucessão hereditária. O mesmo se diga do artigo 1.033, IV, que permite que a sociedade empresária continue operando somente com um único sócio pelo prazo de 180 dias, evitando-se, assim, a dissolução da sociedade.

No entanto, quando ela deixa de cumprir sua função social e não observa os próprios princípios insculpidos na Constituição da República, como, por exemplo, age em desrespeito ao meio ambiente, exerce concorrência desleal, não observa os direitos do consumidor ao fazer propaganda enganosa ou causa-lhe prejuízos a sua saúde, aí, nesses casos, além de a lei prever a possibilidade de interdição ou paralisação de suas atividades por meio de medidas administrativas ou judiciais, poderá, ainda, em certas situações, sofrer constrição judicial de seus bens de produção para honrar as obrigações não adimplidas.

Em casos que a atividade empresarial promova risco à saúde pública ou potencialidade de dano ao meio ambiente, os agentes reguladores ou fiscais, com ou sem determinação judicial, poderão intervir nas atividades da empresa e os meios de produção poderão ser paralisados, caso o Poder Público entenda que essa seja a única forma de evitar prejuízos a coletividade.

I.1.4. A livre iniciativa e a valorização do trabalho humano

A livre iniciativa se reproduz através da atuação econômica do homem. Essa liberdade de atuação empreendedora, porém, deve ser exercida de forma a integrar o capital e o trabalho para evitar o desequilíbrio das relações em virtude da supremacia do poder econômico sobre as castas menos favorecidas.

Ao criar um vasto campo de atividades privadas e facilitar o funcionamento do livre mercado, "o liberalismo cria as condições necessárias, segundo nos ensina a experiência, para a liberdade pessoal e a prosperidade econômica". [24]

Para realizar ao mesmo tempo o desenvolvimento nacional e assegurar a existência digna de todos, à luz das regras da justiça social, a liberdade

---

[24] POSNER argumenta que os "Estados modernos mais fortes, nacional e internacionalmente, sempre foram os liberais: a Grã-Bretanha no século XIX e os Estados Unidos no século XX. O liberalismo fomenta as trocas de informação de que depende o progresso científico e tecnológico; arregimenta, sem coerção, o apoio aos cidadãos, maximiza a produção eficiente; estimula e recompensa a competência; previne a excessiva centralização das decisões; enfraquece as rivalidades entre famílias ou clãs e reduz os conflitos ideológicos. A justificação do liberalismo é pragmática." *In* POSNER, Richard A. **Para além do direito**. Tradução Evandro Ferreira e Silva. São Paulo: Editora WMF Martins Fontes, 2009, p. 26.

da iniciativa só se legitima quando voltada à efetiva consecução desses fundamentos, fins e valores da ordem econômica.[25]

A Constituição Federal, em seu artigo 170, ao dispor sobre a ordem econômica, põe em relevo o trabalho humano e a livre iniciativa como condutores do desenvolvimento socioeconômico, destacando, em seguida, os princípios da soberania nacional, da propriedade privada, da função social da propriedade, da livre concorrência, da defesa do consumidor, da defesa do meio ambiente, inclusive mediante tratamento diferenciado conforme o impacto ambiental dos produtos e serviços e de seus processos de elaboração e prestação.

Note-se, portanto, que o exercício da atividade econômica deve estar alinhado à valorização do trabalho humano, pois o trabalho humano é um dos recursos inexoráveis que está contido nos ativos intangíveis da empresa.

Fábio Konder Comparato enfatiza que a livre a iniciativa econômica privada não pode "desenvolver-se em contraste com a utilidade social ou de modo a causar dano à segurança, à liberdade, à dignidade humana." As normas jurídicas preveem "programas" e "meios de fiscalização destinados à direção e coordenação da atividade econômica política e privada, para fins sociais." Essas normas visam "a imposição de limites negativos" e "positivos à iniciativa econômica", compatibilizando o uso da propriedade privada de acordo com "a função social da empresa."[26]

Os limites negativos para o exercício da livre iniciativa devem ser analisados a partir da conquista dos trabalhadores por melhores condições de emprego na sociedade capitalista, cuja ordem está fincada em um regime econômico de desenvolvimento social baseado no capital e no trabalho.[27]

O trabalho é um direito social, previsto no artigo 6º, da Constituição da República. Federal, integrante do rol das referências contextuais, definidas

---

[25] SILVA. José Afonso da. *op. cit.*, p. 713.

[26] COMPARATO, Fábio Konder. Função social da propriedade dos bens de produção. **Revista de Direito Mercantil** n. 63. São Paulo: RT, p. 77.

[27] Na área social, "as novas diretivas contidas na Constituição previam: maior responsabilidade do Estado na regulação, financiamento e provisão de políticas sociais; universalização do acesso a benefícios e serviços; ampliação do caráter distributivo da seguridade social, como um contraponto ao seguro social, de caráter contributivo; controle democrático exercido pela sociedade sobre os atos e decisões estatais; redefinição dos patamares mínimos dos valores dos benefícios sociais; e adoção de uma concepção de 'mínimos sociais' como direito de todos." (PEREIRA, Potyara A. P. **Necessidades humanas: subsídios à crítica dos mínimos sociais.** 5 ed. São Paulo: Cortez, 2008, p. 153)

legislador constitucional, dentre elas, também elencadas a educação, a saúde, a moradia, o lazer, a segurança, a previdências, social, a proteção à maternidade e à infância, a assistências aos desempregados.

Para valorizar o trabalho humano e impedir abusos de direito contra sua dignidade, o artigo 7º, a Constituição Federal de 1988, consignou como direitos dos trabalhadores urbanos e rurais, além de outros que visem à melhora de sua condição social, a relação de emprego protegida contra despedida arbitrária ou sem justa causa (inciso I), observados o aviso prévio e a indenização decorrente da rescisão contratual.[28]

Luiz Alberto de Vargas, ao tratar sobre indenização compensatória ao trabalhador em caso de despedida arbitrária ou sem justa causa, sustenta que os efeitos do desemprego na sociedade são significativos na economia

---

[28] O art. 7º da Constituição Federal enumera que são direitos dos trabalhadores urbanos e rurais, entre outos que visem à melhoria de sua condição social: (...) II – seguro-desemprego, em caso de desemprego involuntário; III – fundo de garantia do tempo de serviço; (...) VI – irredutibilidade do salário, salvo o disposto em convenção ou acordo coletivo; VII – garantia de salário, nunca inferior ao mínimo, para os que percebem remuneração variável; VIII – décimo terceiro salário com base na remuneração integral ou no valor da aposentadoria; IX – remuneração do trabalho noturno superior à do diurno; X – proteção do salário na forma da lei, constituindo crime sua retenção dolosa; XIII – duração do trabalho normal não superior a oito horas diárias e quarenta e quatro semanais, facultada a compensação de horários e a redução da jornada, mediante acordo ou convenção coletiva de trabalho; (...) XIV – jornada de seis horas para o trabalho realizado em turnos ininterruptos de revezamento, salvo negociação coletiva; XV – repouso semanal remunerado, preferencialmente aos domingos; XVI – remuneração do serviço extraordinário superior, no mínimo, em cinquenta por cento à do normal; XVII – gozo de férias anuais remuneradas com, pelo menos, um terço a mais do que o salário normal; XVIII – licença à gestante, sem prejuízo do emprego e do salário, com a duração de cento e vinte dias; XIX – licença-paternidade, nos termos fixados em lei; XX – proteção do mercado de trabalho da mulher, mediante incentivos específicos, nos termos da lei; XXI – aviso prévio proporcional ao tempo de serviço, sendo no mínimo de trinta dias, nos termos da lei; XXII – redução dos riscos inerentes ao trabalho, por meio de normas de saúde, higiene e segurança; XXIII – adicional de remuneração para as atividades penosas, insalubres ou perigosas, na forma da lei; XXIV – aposentadoria; (...) ; XXVI – reconhecimento das convenções e acordos coletivos de trabalho; XXVII – proteção em face da automação, na forma da lei; XXVIII – seguro contra acidentes de trabalho (...) XXXI – proibição de qualquer discriminação no tocante a salário e critérios de admissão do trabalhador portador de deficiência; XXXII – proibição de distinção entre trabalho manual, técnico e intelectual ou entre os profissionais respectivos; XXXIII – proibição de trabalho noturno, perigoso ou insalubre aos menores de dezoito e de qualquer trabalho a menores de quatorze anos, salvo na condição de aprendiz; entre outros.

do que os meros resultados perseguidos pelo empresário, uma vez que os efeitos do empreendedorismo atingem sobremaneira a vida individual de cada trabalhador. [29]

Além disso, com o objetivo de manter a subsistência digna do trabalhador, o artigo 7º, da Constituição, ainda garantiu salário mínimo, fixado em lei, nacionalmente unificado, capaz de atender a suas necessidades vitais básicas e às de sua família com moradia, alimentação, educação, saúde, lazer, vestuário, higiene, transporte e previdência social, com reajustes periódicos que lhe preservem o poder aquisitivo, sendo vedada sua vinculação para qualquer fim (inciso IV); piso salarial proporcional à extensão e à complexidade do trabalho (inciso V); irredutibilidade do salário, salvo o disposto em convenção ou acordo coletivo (inciso VI); jornada de seis horas para o trabalho realizado em turnos ininterruptos de revezamento, salvo negociação coletiva (inciso XIV).

Para propiciar a harmonização desses princípios – de um lado, a valorização do trabalho humano e, de outro, a livre iniciativa como forma de ordenar o desenvolvimento econômico –, o legislador também garantiu, dentre o rol das garantias sociais do trabalhador elencados no artigo 7º, a participação nos lucros, ou resultados, desvinculada da remuneração (inciso XI)[30]; remuneração do serviço extraordinário superior, no mínimo, em cinquenta por cento à do normal (inciso XVI); redução dos riscos inerentes ao trabalho, por meio de normas de saúde, higiene e segurança (inciso XXII); adicional de remuneração para as atividades penosas, insalubres ou perigosas, na forma da lei (inciso XXIII).

Essas garantias sociais consagradas ao trabalhador estão difundidas em importantes capítulos de nossa Constituição Federal, notadamente no artigo 1º da Carta Federal, quando ela anuncia que a República Federativa do Brasil, formada pela união indissolúvel dos Estados e Municípios e do

---

[29] VARGAS, Luiz Alberto de. A proibição de despedida imotivada no novo texto constitucional, *in* **Aspectos dos Direitos Sociais na Nova Constituição**. São Paulo: LTr, 1990. p. 59

[30] Segundo José Afonso da Silva, o art. 7º, XI, manteve o direito de participação dos trabalhadores nos lucros das empresas, como também previa a Constituição de 1946. Entretanto, essa previsão de 1946 não teve aplicabilidade por falta de lei que a regulamentasse. A norma, segundo o autor, sugere duas formas de participação: "(a) participação nos lucros ou nos resultados; (b) participação na gestão. Ambas correlacionam-se com o fim da ordem econômica de assegurar a todos 'existência digna, conforme os ditames da justiça social". *op. cit.*, p. 194

Distrito Federal, constitui-se em Estado Democrático de Direito e tem como um de seus fundamentos, os *valores sociais do trabalho.*

Mais além, a Carta da República assinala em seu artigo 170, que a ordem econômica funda-se na *valorização do trabalho* humano, enquanto que o artigo 193 da Constituição, no capítulo que trata sobre a ordem social, tem como base o *primado do trabalho.*

A relevância desses comandos no corpo constitucional é indispensável para harmonização dos princípios basilares que sustentam os direitos humanos, uma vez que o trabalhador deve merecer o respeito necessário para exercer sua função, desempenhando sua atividade de forma digna, pois o contrato de trabalho, por si, não só representa uma utilidade para o homem desenvolver seu papel na sociedade em pé de igualdades com seus pares, mas, antes de tudo, expressa o conceito de que o homem aliena sua liberdade, sua mão de obra física ou seu conhecimento intelectual em troca de valor economicamente suficiente para manter-se integrado na sociedade em que vive.

I.1.5. A livre concorrência e a intervenção do Estado contra abusos do poder econômico

Diante da expectativa de que a economia seja alimentada por investimentos privados a fim de promover o desenvolvimento social, o Estado deve viabilizar o exercício dessas atividades econômicas de forma a permitir uma igualdade de condições de produção, de financiamento de bens produtivos, para que as empresas possam desenvolver seus projetos, contrair negócios, fomentar a economia e sustentar suas obrigações, atingindo, assim, seus objetivos sociais.

Para justificar a importância da intervenção do Estado e reprimir abusos contra a ordem econômica[31], há que se levar em conta, sobretudo, que o poder econômico, quando utilizado de maneira abusiva, é um caminho

---

[31] Washington Peluso Albino de Souza faz uma distinção entre intervenção econômica e ação econômica. Para o ilustre professor, "Ao considerarmos a 'ação econômica' do Estado devemos analisar: Conteúdo econômico: 'fato Intervenção Econômica'.(...) Para conceituar o assim chamado 'fato intervenção do Estado no Domínio Econômico', devemos ter me mente as 'funções do Estado', e situá-las em face das concepções políticas por ele adotadas. No Estado Liberal de um modelo 'puro', essas 'funções' seriam meramente 'políticas', em sentido geral, e 'administrativas', no tocante ao seu próprio funcionamento. (...) A expressão 'intervenção', portanto, traduz mais propriamente um preconceito liberal, pois nesse caso o

A EMPRESA E A ATIVIDADE ECONÔMICA

célere para destruição da harmonização entre o Estado e os indivíduos, podendo romper a integração dos demais poderes e corromper a ordem política e social.

Bobbio[32] assinala que, numa relação entre Estado e indivíduo, para objetivar o encontro de elemento específico do poder político, "parece mais conveniente o critério de classificação das várias formas de poder que se funda sobre os meios dos quais se serve o sujeito ativo da relação" a fim de que se possa apurar a comportamento do sujeito passivo.

Com base nesse critério, podem-se distinguir três grandes poderes: o poder econômico, o poder ideológico e o poder político.

O poder econômico, segundo Bobbio, é aquele que se vale da posse de "certos bens necessários, ou assim considerados em uma situação de escassez, para induzir aqueles que não os possuem a ter uma certa conduta, consistente principalmente na execução de um certo tipo de trabalho."[33]

Resultado dessa premissa é que na posse dos meios de produção existe uma imensa força econômica por parte daqueles que os possuem em relação àqueles que não a possuem, circunstância que justifica a colisão de valores: de um lado o aparecimento de organizações de forças produtivas (advinda da livre iniciativa) e de outro, a codificação de regulamentos, normas, leis que possibilitem a proteção do ser humano na venda de seu esforço pessoal – físico e intelectual – na criação de novos meios de produção (valores sociais).

A livre iniciativa necessita de nichos de mercados diversos e variáveis para permitir a inserção de empresas que sejam explorar esses segmentos. Nesse contexto, a concorrência há de existir justamente porque se pressupõe a composição de empresas que competem uma com outras para vender seus produtos e oferecer seus serviços à sociedade.

A função produtiva de uma empresa está voltada a um processo de internalização de externalidades, ou seja, a produção somente é feita se

---

Estado estar-se-ia fazendo presente contra aquela ideologia, o que somente seria admitido como 'exceção'. Não atuar economicamente seria a 'regra' da livre concorrência.

[32] BOBBIO, Norberto. **Teoria Geral da Política: A Filosofia Política e as Lições dos Clássicos**, Organizado por Michelangelo Bovero. Tradução Daniela Beccaccia Versiane. Rio de Janeiro: Campus, 2000, p. 162.

[33] BOBBIO, Norberto. **Teoria Geral da Política: A Filosofia Política e as Lições dos Clássicos...**, p. 162.

a empresa tem acesso ao mercado em que está inserida e nele consegue competir e vender seus bens em condições de igualdade.

Celso Bastos[34] ressalta que a livre concorrência é "um dos alicerces da estrutura liberal da economia e tem muito que ver com a livre iniciativa. É dizer, só pode existir a livre concorrência onde há livre iniciativa." A livre concorrência, portanto, é algo que se agrega à livre iniciativa, e que "consiste na situação em que se encontram os diversos agentes produtores de estarem dispostos à concorrência de seus rivais."

A livre concorrência está prevista como um dos princípios que regulam a ordem econômica e através dela que se manifesta a liberdade privada do empreendedorismo, cujo princípio, conjugado com o artigo 173, § 4º, da Constituição da República, preconiza que "a lei reprimirá o abuso do poder econômico que vise à dominação dos mercados, à eliminação da concorrência e ao aumento arbitrário dos lucros".[35]

A necessidade de o Estado intervir na economia – livre iniciativa – nasce do fato da relevância de se conciliar os elementos ideológicos do liberalismo, com o espírito de concessões e política de estímulos que o Estado faz em decorrência de sua política econômica.

Para Savy[36], os objetivos da intervenção do Estado visam garantir os grandes equilíbrios econômicos; garantir o desenvolvimento ou o crescimento econômico; exercer o papel regulador da conjuntura; prevenir ou reduzir tensões sociais geralmente provocadas por crises econômicas e corrigir os efeitos econômicos das disparidades regionais.

Nessa relação, a intervenção do Estado se faz presente no momento em que está em jogo a relação de poder em que um ente detém sobre o outro como forma de regular as atividades sociais.

---

[34] BASTOS, Celso Ribeiro. **Curso de Direito Constitucional.** São Paulo: Celso Bastos Editor, 2002. p 807.

[35] Segundo dispõe o art. 36, da Lei Antitruste (Lei 12 529/11), "Constituem infração da ordem econômica, independentemente de culpa, os atos sob qualquer forma manifestados, que tenham por objeto ou possam produzir os seguintes efeitos, ainda que não sejam alcançados: I – limitar, falsear ou de qualquer forma prejudicar a livre concorrência ou a livre iniciativa; II – dominar mercado relevante de bens ou serviços; III – aumentar arbitrariamente os lucros; IV – exercer de forma abusiva posição dominante.

[36] *Apud* Washington Peluso Albino de Souza. **Primeiras Linhas de Direito Econômico.** 6. Ed. São Paulo: LTr, 2005, p. 326

Marcus Elidius[37] afirma que toda a "luta da concorrência econômica, no comércio, na indústria" e em outras atividades econômicas, desenvolve-se em "torno da clientela, esforçando-se uns para formar a própria freguesia, atraindo para si a alheia, ao passo que outros porfiam em conservar e aumentar a clientela adquirida."

A concorrência desleal, portanto, não diz respeito a qualquer ato que tenha como desígnio apropriar-se de uma clientela, mas a utilização daqueles que "superam a barreira do aceitável, lançando mão de meios desonestos." [38]

Fábio Nusdeo argumenta que, num regime de concorrência, como a que fora expressa por nossa Constituição, a empresa está "condicionada em sua atividade pela manifestação dos preços relativos e por leis não apenas institucionais como também de caráter físico, técnico ou tecnológico". [39]

O Estado deve intervir na economia e estabelecer a manutenção da livre concorrência porque, se houver o monopólio econômico de determinados setores ou se ocorrer o domínio de mercado, as pequenas e as médias empresas podem sofrer prejuízos por abuso do poder econômico e concorrencial, ficando impossibilitadas ou até mesmo obstadas de negociar, vender, adquirir matérias-primas e alcançar seu espaço no mercado por força de uma ou mais empresas que dominam esse mesmo mercado.

Vale dizer, que os preços que ali estão se praticando não permitem que as empresas se sobrevivam, quer por seu caráter físico, quer pela qualidade, ou, ainda, pelo poder tecnológico de quem detém o mercado.

No entendimento de Washington Peluso Albino de Souza, a intervenção do Estado na regulação do mercado é imprescindível para se estabelecer equilíbrios e garantir o desenvolvimento econômico. Ao "regulamentar a

---

[37] ALMEIDA, Marcus Elidius Michelli de. **Abuso do direito e concorrência desleal**. São Paulo: Quartier Latin, 2004, p. 125.

[38] Marcus Elidius observa que a "concorrência é, portanto, a possibilidade de competitividade entre os fornecedores de um mesmo bem ou serviço, com o objetivo de trazer para si o maior número de consumidores (clientes)." Havendo concorrência, é imprescindível que haja clientela, uma vez que esta é quem "efetivamente faz o sucesso do negócio.". A busca da clientela "fora dos padrões do aceitável que identificam a concorrência como desleal." A deslealdade, nesse caso, representa "um ato resultante da violação de normas e de usos honestos, que seja suscetível de repreensão e que venha ou possa vir a causa prejuízo" (Idem, pp. 125-141).

[39] NUSDEO, Fábio. **Curso de economia: introdução ao direito econômico**. São Paulo: Editora Revista dos Tribunais, 1997, p. 289.

economia, o Estado atua por medidas legais e executivas de fiscalização da prática econômica privada nos mercados, de incentivo a essa atividades por parte da iniciativa privada", inserindo "medidas que vão além do funcionamento autorregulador do mercado pelas suas próprias forças."[40]

A Constituição Federal busca harmonizar não somente a função social da propriedade e a livre concorrência, mas garantir, para fomento da ordem econômica, a defesa do consumidor.

A repressão ao abuso do poder econômico objetiva a proteção dos direitos dos consumidores, uma vez que a dominação dos mercados acaba levando à eliminação da concorrência e, como consequência, inexistindo concorrência, as empresas que dominam determinado nicho mercadológico podem arbitrar seus lucros de forma a prejudicar os consumidores finais, desequilibrando a economia.

Vale notar que o consumidor é vulnerável nas relações de consumo, não só no aspecto da disponibilidade de ofertas que o mercado dispõe (livre concorrência), mas também pelo fato de desconhecer como os produtos são fabricados, fato esse "cada vez mais patente em decorrência do avanço tecnológico e da complexidade de informações referentes aos produtos e serviços lançados no mercado de consumo".[41]

Para impedir o domínio dos mercados, a lei, além de definir conceitos e critérios no campo do controle dos abusos econômicos, com mais largueza e objetividade, deu novos contornos ao CADE – Conselho Administrativo de Defesa Econômica, e abriu perspectivas mais claras sobre a possibilidade de intervenção estatal nos negócios privados quando o interesse coletivo se encontrar ameaçado.

As aquisições de empresas concorrentes por um mesmo grupo econômico ou as fusões entre empresas do mesmo ramo, ou ainda, o acerto de consórcios de operação entre empresas anteriormente concorrentes, devem ser objeto de profunda investigação do CADE, sob pena de, direta ou indiretamente, se privilegiar grandes grupos econômicos que acabam comandando segmentos de mercados e, ao mesmo tempo, impondo os preços que entenderem plausíveis para obtenção de lucros exorbitantes.

---

[40] SOUZA, Washington Peluso Albino. *op. cit.*, p. 210.
[41] LISBOA, Roberto Senise, **Responsabilidade civil nas relações de consumo**. São Paulo: Ed. Revista dos Tribunais, 2001. p. 40.

A EMPRESA E A ATIVIDADE ECONÔMICA

A dominação dos mercados por grupos econômicos deve ser fiscalizada e regulada pelos agentes estatais. E nessa via é que o Estado deve intervir quando houver necessidade de se estancar a supremacia das empresas mais economicamente poderosas sobre seus concorrentes.

I.2. A EMPRESA E SUA ATUAÇÃO ECONÔMICA

I.2.1. Teoria da empresa

Em 1850, no Brasil, editou-se a Lei 556, criando o Código Comercial Brasileiro, adotando, na ocasião, a Teoria dos Atos de Comércio, nos moldes do Código Comercial francês. Estabeleceu-se, naquela época, uma dicotomia no Direito Privado, entre o Direito Civil e Direito Comercial.[42]

No Código Comercial brasileiro estava normatizada a figura do comerciante como sendo sujeito ativo que praticava atos de comércio. Daí, o elemento qualificador da atividade comercial remetia o intérprete ao regime normativo do Direito Comercial, razão pela qual não se poderia aplicar normas civilistas.

Seguindo novamente uma tendência europeia, os juristas sentiram necessidade de mudança de normas e referências jurídicas que se fazia ao Direito Comercial às que efetivamente poderiam traduzir o significado de "atos de comércio". Havia uma dificuldade teórica de se sustentar uma distinção entre o ato jurídico civil e o ato jurídico comercial, além de se abstrair a própria identificação do Direito Comercial com o ato de comércio.[43]

Embora tenha se tentado enumerar quais seriam os atos de comércio por meio do artigo 19 do Regulamento 737, de 1850[44], com o passar

---

[42] Gladson Mamede ressalta que "O prestígio dos comerciantes brasileiros está na raiz da edição do Código Comercial, em 1850, bem como a constituição de um Tribunal do Comércio, composto por magistrado togados (bacharéis em Direito) e por comerciantes, com existência entre 1850 e 1875. Basta lembrar que o Direito Civil foi basicamente regido, até 1917, pelas Ordenações Filipinas do Reino de Portugal, editadas por volta de 1600, e que já haviam sido revogadas na Europa, com edição do Código Civil português de 1868." In. **Direito Empresarial Brasileiro – empresa e atuação empresarial**, *op. cit.*, p. 19

[43] *Idem, op. cit.*, p. 24-25

[44] O mencionado artigo 19 do Regulamento 737/1850, descreveu as seguintes condutas como sendo atos de comércio: par. 1º. A compra e venda ou troca de efeitos móveis ou semoventes, para os vender por grosso ou a retalho, na mesma espécie ou manufaturados, ou para alugar o seu uso; par. 2º. As operações de câmbio, banco e corretagem; par. 3º. As empresas de fábricas, de comissões, de depósito, de expedição, consignação e transporte de mercadorias,

38

A EMPRESA E SUA ATUAÇÃO ECONÔMICA

do tempo e o desenvolvimento econômico, as normas mercantilistas se mostravam ultrapassadas, não mais conseguindo acompanhar a evolução socioeconômica vivenciada pelos comerciantes, diante da necessidade de se comungar e integrar as normas civilistas aos agentes que praticavam o mercantilismo.

J. X. Carvalho de Mendonça explica que, com relação a essa complexidade, "os atos de comércio apresentam consideráveis matizes e prendem-se tão estreitamente às relações da vida civil que é difícil, muitas vezes, caracterizá-los devidamente". E, por conseguinte, "não vingaram as definições de atos de comércio que tentaram escritores de nota; todos não têm resistido à crítica". [45]

Em 1942, na Itália, surgiu um novo sistema de regulação das atividades econômicas dos particulares. Nessa nova concepção, aumentou-se o âmbito de incidência do Direito Comercial, "passando as atividades de prestação de serviços e ligadas à terra a se submeterem às mesmas normas aplicáveis às comerciais, bancárias, securitárias e industriais". A esse novo sistema disciplinar de atividades privadas, deu-se o nome de "teoria da empresa". [46]

No mesmo ano, o Código Civil italiano incorporou a teoria da empresa. A empresa foi, então, introduzida nesse contexto como sendo uma relação entre atividade econômica e organização (art. 2082). Sem muito se deter em conceitos e particularidades, o Código Civil italiano entregou à doutrina e à jurisprudência a tarefa de examinar os reflexos, no campo jurídico, desses elementos e verificar até que ponto os princípios tradicionais como o objetivo de lucro e a habitualidade são fatores determinantes do conceito de empresa. [47]

---

de espetáculos públicos; par. 4º. Os seguros, fretamentos, riscos, e quaisquer contratos relativos ao comércio marítimo; e par. 5º. A armação e expedição de navios". Apud MAMEDE, Gladson. *op. cit.*, p. 24.

[45] MENDONÇA, José Xavier Carvalho de. **Tratado de Direito Comercial brasileiro**. Campinas: Bookseller, 2000. v.1, p. 503.

[46] COELHO, Fábio Ulhoa. **Manual de Direito Comercial**. 16 ed., São Paulo. Saraiva, 2005, p. 8

[47] PACIELLO, Gaetano. A evolução do conceito de empresa no direito italiano. **Revista de Direito Mercantil, Industrial, Econômico e Financeiro**, São Paulo, v. 17, n. 29, p. 39-56, jan./mar. 1978, p. 41

A EMPRESA E A ATIVIDADE ECONÔMICA

Com a absorção da teoria da empresa pelo Código Civil italiano, Alberto Asquini[48], jurista italiano, considerou as aplicações do conceito de empresa sob as diversas óticas possíveis. Concluiu que a empresa deveria ser conceituada não de modo direto ou linear, mas detida e pormenorizadamente. Nesse contexto, sugeriu a empresa como fenômeno econômico poliédrico, que teria, no aspecto jurídico, não um, mas diversos perfis: o perfil subjetivo (a empresa como empresário); o perfil funcional (a empresa como atividade empresarial); o perfil objetivo (a empresa como estabelecimento); e o perfil corporativo (a empresa como instituição). A empresa, ainda, teria como disciplina, sua própria atividade empresarial, ou seja, a força de movimento rotacional que implica na atividade empresarial dirigida para determinada finalidade produtiva.

Quanto aos seus perfis patrimonial e objetivo, Alberto Asquini ponderou que atividade seria exercido pelo estabelecimento ou azienda e pelo mesmo fenômeno econômico, mas projetado sobre o terreno patrimonial, dando lugar a patrimônio especial, distinto, pela sua finalidade, do resto do patrimônio do empresário. Por fim, afloraria, para o corajoso autor italiano, o perfil corporativo: a empresa como instituição, considerada uma organização de pessoas, formada pelo empresário e seus colaboradores (dirigentes, empregados, operários), todos movidos por interesses individuais, mas formando um núcleo social organizado em função do fim econômico comum, qual seja, a consecução do melhor resultado econômico na produção.[49]

Alberto Asquini[50] buscava, então, com a teoria da empresa, explicar a razão pela qual o legislador italiano não atribuiu uma definição jurídica à empresa e, em decorrência dessa ausência de definição legislativa, apon-

---

[48] Fábio Konder Comparato, ao citar pensamento de Asquini, reforça que desvendar "os termos econômicos em termos jurídicos é tarefa do intérprete; mas, defronte ao direito o fenômeno econômico da empresa se apresenta como um fenômeno possuidor de diversos aspectos, em relação aos diversos elementos que para ele concorrem, o intérprete não deve agir com o preconceito de que o fenômeno econômico de empresa deva, forçosamente, entrar num esquema jurídico unitário. Ao contrário, é necessário adequar as noções jurídicas de empresa aos diversos aspectos do fenômeno econômico." ASQUINI, Alberto. Perfis da empresa. Tradução de Fábio Konder Comparato. **Revista de Direito Mercantil, Industrial, Econômico e Financeiro,** São Paulo, v.35, n. 104, out/dez 1996, p. 110.

[49] *Ibidem,* pp. 110-111.

[50] *Idem, op. cit.,* pp. 109-126.

tava a diversidade de definições baseada na multiplicidade de perfis do fenômeno econômico.

No Brasil, a teoria da empresa somente foi adotada com a edição da Lei 10.406, de 10 de janeiro de 2002[51], que instituiu o Código Civil, cujo conceito será explicitado a seguir.

I.2.2. Conceito de empresa à luz do Código Civil Brasileiro

O Direito de Empresa está contido no Livro II, do Código Civil (Lei 10.406, de 10 de janeiro de 2002), quando expressamente revoga a primeira parte do Código Comercial, deixando em vigor apenas a parte correspondente ao comércio marítimo. Está compreendido entre os artigos 966 a 1195, iniciando com o conceito de empresário, desdobrando-se em capítulos que regulam a atividade empresarial, com destaque aos tipos de sociedades empresariais, administração, conceitos de estabelecimento, regulamentando toda sua atividade.

Segundo Gladson Mamede[52], o Código Civil acentuou que "é a empresa – e não o tipo de ato praticado pelo empresário – que dá característica à disciplina jurídica". Desse modo, submete-se ao "regime do Direito de Empresa toda atividade econômica, negocial, que se apresenta sob a forma de uma organização voltada para a produção ou circulação de bens e serviços".

Fábio Ulhoa Coelho[53] adverte que no conceito de empresa adotado pelo Código Civil de 2002, existem elementos que necessariamente devem compor a conduta do empresário para conceituação de empresa. Entre elas, destacam-se "as noções de profissionalismo, atividade econômica organizada e produção ou circulação de bens ou serviços."

É relevante entender que a empresa, como um ente autônomo. Não se confunde com "sua base patrimonial (aspecto estático da empresa), que é o estabelecimento" (complexo organizado de bens, nos termos do art. 1.142 do Código Civil), nem se confunde com o seu titular, que será o "empresário ou a sociedade empresária (da mesma forma que esta não

---

[51] Nota-se que a revogação do Código Comercial foi somente da primeira parte. Assim dispõe a Lei 10.406/02, em seu artigo Art. 2.045: Revogam-se a Lei nº 3.071, de 1º de janeiro de 1916 – Código Civil e a Parte Primeira do Código Comercial, Lei nº 556, de 25 de junho de 1850.

[52] MAMEDE, Gladson. *op. cit.*, pp. 30-31.

[53] COELHO, Fábio Ulhoa. **Manual de Direito Comercial**... p. 11.

se confunde com as pessoas de seus sócios, nem de seu administrador ou administradores)".[54]

Tem-se por empresa a organização dos meios materiais e imateriais, incluindo pessoas e procedimentos, para a consecução de seus objetivos sociais, com o fim de produzir bens e serviços com vantagens econômicas que representem resultados positivos a seus titulares ou investidores.

Para Rubens Requião[55], a empresa é a "organização dos fatores da produção exercida, posta a funcionar, pelo empresário. Desaparecendo o exercício da atividade organizada do empresário, desaparece, *ipso facto*, a empresa." Por essa razão, a produção e circulação de bens e serviços são inerentes da atividade empresarial e o "conceito de empresa" se firma na ideia de que ela somente existe quando há o "exercício de atividade produtiva."

Portanto, a empresa pressupõe uma estruturação da atividade produtiva objetivando o exercício habitual e regular de atos de produção e circulação de bens e serviços, bem como a gestão de seus atos negociais firmados com terceiros que estão vinculados na atividade da sociedade empresarial.

O Código Civil de 2002 conceitua empresa em seu artigo 966, como "a atividade econômica organizada para a produção ou a circulação de bens ou de serviços." Vale notar, que nessa concepção, subsiste um complexo de atos que se desenvolvem no tempo, através da prática constante de atos negociais voltados para a "produção da vantagem econômica". A atividade empresarial deve conter uma estrutura estável, humana e procedimental, para a concretização dos atos voltados "não só à produção do resultado econômico esperado, mas igualmente à conservação da empresa". [56]

A pluralidade de pessoas, todavia, para o exercício da atividade empresarial não é uma regra necessária, pois o empresário individual pode ser o único responsável pela empresa e, ainda, pode ter ele um único responsável para exercer as atividades da empresa.

A exceção à regra está disposta no parágrafo único do artigo 966 do Código Civil, quando a lei não considera empresário quem exerce profissão intelectual, de natureza científica, literária ou artística, ainda com o concurso de auxiliares ou colaboradores, salvo se o exercício da profissão constituir elemento de empresa.

---

[54] MAMEDE, Gladston. *op. cit.*, p. 31.

[55] REQUIÃO, Rubens. **Curso de direito comercial**, vol. 1. São Paulo: Saraiva, 1991, pp. 54-55.

[56] MAMEDE, Gladston. *op. cit.*, p. 33.

Para Maria Helena Diniz[57], para a configuração jurídica do empresário individual ou da sociedade empresária é necessária a ocorrência de três condições: a) exercício de "atividade econômica destinada à criação da riqueza, pela produção e circulação de bens ou serviços"; b) atividade "organizada por meio da coordenação dos fatores de produção", nesse caso, mão de obra especializada, capital e tecnologia direcionadas para um fim; c) exercício da "atividade empresarial profissionalmente em nome próprio e com *animus lucrandi*".

Fábio Ulhoa Coelho[58] avalia que atividade empresarial é econômica "no sentido de que busca gerar lucro para quem a explora." E observa, ainda, que "o lucro pode ser o objetivo da produção ou circulação de bens ou serviços, ou apenas o instrumento para alcançar outras finalidades".

Maria Helena Diniz[59] pondera que o conceito de empresa adotado pelo Código Civil de 2002 não acatou a visão "multifacetária de Alberto Asquini", que concebe empresa com os quatros elementos que devem ser considerados para sua intelecção. São eles: a) subjetivo, que seria o empresário, sob o prisma de "seu titular e das condições que ele deve satisfazer para realizar juridicamente o empreendimento econômico"; b) material, ou "patrimonial, que abrange o estabelecimento (*patrimônio aziendal – azienda res*)", referente ao complexo de "direitos sobre bens empresariais, as relações com funcionários, fornecedores de material e de capital"; c) o funcional, atividade desenvolvida para "alcançar um fim, organizando a força de trabalho e o capital necessário para a produção e distribuição de bens ou serviços" e d) corporativo ou "institucional, relativo à parceria entre empresário e seus colaboradores, ao fato da participação dos empregados nos lucros da empresa".

Registra-se, ainda que na concepção da teoria poliédrica de Alberto Asquini, a empresa compõe-se de bens materiais e imateriais, que dão qualidade à ação produtiva, criando marca própria à atividade, cuja imagem é importante para destaque e compreensão de sua missão social na sociedade atual, devendo conduzir seus negócios com responsabilidade

---

[57] DINIZ, Maria Helena. Maria Helena. **Curso de direito civil brasileiro**, v. 8, direito de empresa, 2 ed. São Paulo: Saraiva, 2009. pp. 36-37.

[58] COELHO, Fabio Ulhoa. **Manual de Direito Comercial**... p. 13.

[59] DINIZ, Maria Helena. *op. cit.*, p. 13

A EMPRESA E A ATIVIDADE ECONÔMICA

social dentro de uma "percepção sociológica, que vê na totalidade dos elementos uma unidade, um ente a se considerar: a empresa".[60]

I.2.3. Conceito de empresa à luz da Consolidação das Leis Trabalhistas

Sob a ótica do Direito do Trabalho, o conceito de empresa difere daquele adotado pelo Código Civil e parte do pressuposto que existirá a figura do empregador toda vez que houver contratação de uma pessoa para exercer determinada função, ainda que o empregador tenha ou não o objetivo de lucro.

A Consolidação das Leis do Trabalho (CLT) considera empregador a empresa, individual ou coletiva, que assumindo os riscos da atividade econômica, admite, assalaria e dirige a prestação pessoal de serviço. [61]

Riscos da atividade econômica é a expressão que a legislação trabalhista salienta como conceituação de empresa, ou seja, o empregador ou a empresa é a pessoa física ou jurídica que assume os riscos do negócio empreendido.

Para John Adams[62], risco é a probabilidade de um evento futuro adverso do esperado ocorrer, multiplicada por sua magnitude. Para exemplificar a distribuição de riscos nos comportamentos humanos, John Adams cita observação de Mary Douglas no sentido de que a "essência do comportamento de risco está na estrutura das probabilidades, sua variância." O risco da atividade econômica, no caso, pressupõe a motivação pelo lucro. Em consequência, o risco está intimamente ligado aos efeitos resultantes da produção de riqueza.[63]

---

[60] MAMADE, Gladston. *op. cit.*, pp. 34-35.

[61] Art. 2º – Considera-se empregador a empresa, individual ou coletiva, que, assumindo os riscos da atividade econômica, admite, assalaria e dirige a prestação pessoal de serviço. § 1º – Equiparam-se ao empregador, para os efeitos exclusivos da relação de emprego, os profissionais liberais, as instituições de beneficência, as associações recreativas ou outras instituições sem fins lucrativos, que admitirem trabalhadores como empregados.
§ 2º – Sempre que uma ou mais empresas, tendo, embora, cada uma delas, personalidade jurídica própria, estiverem sob a direção, controle ou administração de outra, constituindo grupo industrial, comercial ou de qualquer outra atividade econômica, serão, para os efeitos da relação de emprego, solidariamente responsáveis a empresa principal e cada uma das subordinadas.

[62] ADAMS, John. **Risco**. Tradução: Lenita Rimoli Esteves. São Paulo: Editora Senac São Paulo, 2009, p.111.

[63] E complementa: "Um indivíduo prudente busca menos, aquele que se arrisca prefere mais variância. Uma teoria de tomada de decisão que considera a média da distribuição de

A EMPRESA E SUA ATUAÇÃO ECONÔMICA

A Consolidação Trabalhista, ao contrário do que dispõe o parágrafo único do artigo 966 do Código Civil, em razão do empreendedorismo que pressupõe a existência do risco equipara empregador, para os efeitos exclusivos da relação de emprego, com todas as suas implicações jurídicas, os profissionais liberais, as instituições de beneficência, as associações recreativas ou outras instituições sem fins lucrativos, que admitirem trabalhadores como empregados.

Ou seja, ainda que instituições de beneficência, associações ou instituições sem fins lucrativos contratem mão de obra para exercício de uma atividade, essas entidades serão consideradas pessoas empregadoras pela CLT, no sentido de "empregadoras" de mão de obra, devendo, nesses casos, prevalecer os interesses do ser humano (valorização do trabalho humano) e garantias individuais do trabalhador (dignidade da pessoa humana) em face de outros institutos que disciplinam e conceituam os diversos tipos de sociedades empresariais ou que diferenciam pessoas jurídicas de outras empresas, bem como pessoas físicas, profissionais liberais, autônomos e associações.

Augusto César Leite de Carvalho observa que o legislador "pretendeu realçar a estreiteza do vínculo entre o empregado e a organização produtiva, quando propôs a sinonímia entre empregador e empresa." [64]

Para designar a figura do empregador e empresa, o legislador celetista acrescentou à definição um elemento de onerosidade na relação contratual, vale notar, que o empregador seria aquele que, na persecução de seus objetivos, assumiria os riscos de sua atividade econômica.

Uma vez que o legislador preferiu fixar o conceito de empregador àquele que constitui empresa, exercendo atividade com riscos a ele inerentes, o fez com a intuição de designar que qualquer pessoa que explore economicamente e de forma organizada sua produção de bens e serviços, seria despiciendo a despersonalização da pessoa jurídica para responsabilizar scus sócios a cumprir as obrigações trabalhistas. Como o empregador apresenta-se impessoalmente, optou o legislador, com "respaldo na teoria institucionalista então em voga, que o outro sujeito da obrigação fosse a empresa, parecendo atribuir a esta personalidade jurídica."[65]

---

probabilidade desconsidera a própria essência do comportamento de risco, a distribuição em si." Apud John Adams. *op. cit.*, p. 94

[64] CARVALHO, Augusto César Leite de. **Direito individual do trabalho**. Rio de Janeiro: Forense, 2004, p. 158.

[65] *Idem*, p.160.

Para Cesarino Júnior "a empresa, em si mesma, é sempre uma pessoa jurídica, para os efeitos do Direito do Trabalho, distinta da pessoa física ou jurídica, a quem o direito comum atribui a sua propriedade". [66]

Maurício Delgado sustenta, por essa razão, que o empregador, para o Direito do Trabalho, "não é a empresa – ente que não configura, obviamente, sujeito de direitos na ordem jurídica brasileira. Empregador será a pessoa física, jurídica ou ente despersonificado titular da empresa ou estabelecimento." [67]

A norma trabalhista, pois, reprime qualquer tipo de alteração do contrato social que vise fraudar direitos do trabalhador, como poderia ocorrer em casos de venda do estabelecimento ou transferência ou cessão da empresa para terceiros com o objetivo de suprimir direitos do empregado.

O protecionismo ao trabalhador contra qualquer tipo de ato que visa nulificar ou mitigar seus direitos está muito bem incorporado no artigo 9º, da CLT. A norma preconiza que serão nulos, de pleno direito, os atos praticados com o objetivo de desvirtuar, impedir ou fraudar a aplicação dos preceitos contidos na Consolidação Trabalhista.

Por consequência, ainda que haja sucessão de empregadores, o artigo 10 da CLT, prevê que qualquer alteração na estrutura jurídica da empresa não afetará os direitos adquiridos por seus empregados em decorrência do princípio da continuidade do emprego.

Sempre que uma ou mais empresas, tendo, embora, cada uma delas, personalidade jurídica própria, estiverem sob a direção, controle ou administração de outra, constituindo grupo industrial, comercial ou de qualquer outra atividade econômica, serão, para os efeitos da relação de emprego, solidariamente responsáveis a empresa principal e cada uma das subordinadas.

Maurício Delgado adverte, ao tratar sobre grupos econômicos ou grupos empresariais ressalta que o Direito do Trabalho protege o trabalhador de manobras patronais de grandes corporações que podem contratar através de empresas coligadas e que possam não honrar os compromissos decor-

---

[66] CESARINO JÚNIOR, Antônio Ferreira. CARDONE, Marly Antonieta. **Direito Social**. Vol. I, São Paulo: LTr, 1993, p. 129.

[67] DELGADO, Maurício Godinho. **Introdução ao Direito do Trabalho**. 2. Ed. São Paulo: LTr, 1999, p. 327.

A EMPRESA E SUA ATUAÇÃO ECONÔMICA

rentes do vínculo empregatício. Quando "dois ou mais entes favorecidos direta ou indiretamente" se beneficiam "pelo mesmo contrato de trabalho em decorrência de existir entre esses laços de direção ou coordenação em face de atividades industriais, comerciais, financeiras, agroindustriais ou de qualquer outra natureza econômica", respondem elas solidariamente por eventuais dívidas decorrentes do contrato de trabalho. [68]

I.2.4. Os grupos econômicos e o surgimento da empresa transnacional

As empresas podem associar-se em grupos para obtenção de vantagem no mercado, visando, dentre seus objetivos, reduzirem custos na aquisição de insumos, bens de produção, mão de obra e, ainda, obterem prestígio em determinados segmentos.

Magano define grupo econômico como "o conjunto de empresas ou sociedades juridicamente independentes, submetidas à unidade de direção". [69]

Washington Peluso Albino de Souza[70] pondera que a prevalência de grupos econômicos no capitalismo moderno representa um risco à ordem econômica, podendo haver "várias delas cujo Poder Econômico é superior ao da grande maioria das nações de que se compõe o mundo atual". Ainda ressalta que a grande empresa "funcionando em países de economia fraca, configura o modelo de 'economia dominante' no qual o governo comparece como economia dominada" e o setor privado subjuga o poder público.

Magano[71] destaca que os grupos econômicos se apresentam para a sociedade com as mais diversas feições, podendo representar, até mesmo cartéis, consórcios, *holding company*, *pools*, *trade association*, conglomerados, multinacionais, *joint ventures*, entre outros.

Miranda Valverde[72] assevera que vários são os motivos que podem levar as empresas a se reestruturar societariamente, tais como: concorrência empresarial na exploração do mesmo ramo de atividade; convergência para

---

[68] DELGADO, Maurício Godinho. *op. cit.,* p. 334.

[69] MAGANO, Octavio Bueno. **Os grupos de empresas no Direito do Trabalho**. São Paulo: Revista dos Tribunais, 1979, p. 305.

[70] SOUZA, Washington Peluso Albino de. *op. cit*, pp. 230-233.

[71] MAGANO, Octavio Bueno. *op. cit.*, p. 305

[72] VALVERDE, Trajano de Miranda. **Sociedade por ações**. Rio de Janeiro: Forense, 1953, p. 75.

A EMPRESA E A ATIVIDADE ECONÔMICA

monopólio na distribuição de certos produtos; necessidade de absorção da empresa explorado de indústria primária ou complementar, entre outros.

Dentre as formas pelas quais as sociedades podem alterar sua estrutura jurídica para atender seus objetivos sociais e econômicos, destacam-se a transformação, a incorporação, a fusão e a cisão.[73]

Com as alterações nas suas formações societárias, seja transformando-se em outras, incorporando-se, fundindo-se ou cindindo seus capitais sociais, as empresas começam, então, a obter mais força e mais facilidade de penetração nos nichos mercadológicos em que deseja atuar, ultrapassando seu espaço geográfico de atuação. Passam, então, a atender não somente a demanda regional, mas nacional e, depois de atravessar as fronteiras, tornam-se transnacionais.

A formação de grandes grupos empresariais – através de reorganizações societárias entre empresas nacionais e multinacionais – revela a tendência mundial de criação de grandes potências econômicas.

Na sociedade pós-moderna[74], principalmente, as empresas têm buscado inserir-se em novos mercados, em novos países, para expor seus bens e ser-

---

[73] *Transformação* é a operação pela qual a "sociedade de determinada espécie passa a pertencer a outra, sem que haja sua dissolução ou liquidação, mediante alteração em seu estatuto social (CC, art. 1.113), regendo-se, então, pelas normas que disciplinam a constituição e inscrição de tipo sociedade em que se converteu". A *incorporação* é a "operação pela qual uma sociedade vem a absorver uma ou mais (de tipos iguais ou diferentes) com a aprovação dos sócios das mesmas (...), sucedendo-as em todos os direitos e obrigações e agregando seus patrimônios aos direitos e devedores (CC, art. 1.116). A *fusão* de sociedade consiste em se criar "uma nova sociedade para substituir aquelas que vieram a fundir-se e a desaparecer, sucedendo-as *ope legis*, por ter havido união dos patrimônios, nos direitos, responsabilidades e deveres, sob denominação diversa, com a mesma ou com diferente finalidade e organização (CC, art. 1.119)". "(...)Ter-se-á extinção das sociedades, cujos patrimônios líquidos comporão o capital social da nova sociedade, sem que haja prévia liquidação." Por fim, a *cisão* de sociedade consiste na "separação patrimonial de sociedades (...)" por "deliberação tomada na forma prevista para alteração do estatuto ou contrato social, transfere todo ou parcela do seu patrimônio para sociedades existentes ou constituídas para este fim, com a extinção da sociedade cindida, se a versão for total, ou redução do capital, se parcial." *In* Maria Helena Diniz, *op. cit.*, pp. 552-563.

[74] Embora complexo, é possível separar um conceito de "modernidade" e "modernismo", seguindo a visão de Krishan Kumar, mesmo que seja simplesmente por utilidade. Essas conceituações são fáceis de serem visualizadas, sendo útil distinguir "um conceito de modernidade em sua maior parte político ou ideológico de outro acima de tudo cultural e estético". Entretanto, não se pode fazer a mesma distinção quando a referência é a "pós-

A EMPRESA E SUA ATUAÇÃO ECONÔMICA

viços de modo a viabilizar sua posição do mercado mundial. Na dimensão organizacional, "passou-se da estrutura piramidal para a de rede, o foco deslocou-se do interno para o externo, e o alcance transferiu-se do mercado doméstico para o mercado global." [75]

Para Reinaldo Gonçalves [76], a expressão empresa transnacional tem sido utilizada em substituição da denominação empresa multinacional. Esta distinção surgiu pelo fato de a expressão "multinacional" estar reservada à empresa formada por "associações entre empresas de países em desenvolvimento" com atual regional, enquanto que "a expressão transnacional estaria referenciada às grandes empresas originárias dos países desenvolvidos com atuação em escala global."

A empresa transnacional tem uma estrutura complexa. Na dimensão microeconômica (ramo da economia que trata das questões das unidades de produção em nível individual, estabelecendo critérios para a determinação do ponto de equilíbrio entre receitas e custos operacionais), o estabelecimento é o agente de realização de processo de internacionalização da produção. O território é a base da produção e das trocas materiais, mas seu capital tem natureza macrodinâmica de acumulação em escala global. Ou seja, enquanto ela tem uma base territorial estrategicamente consolidada para produção de bens e serviços, suas operações vão além da base territorial e se expressa pelas exportações, licenciamento de ativos e investimentos de capital externo direto.[77]

Sob a ótica econômica, a empresa transnacional é vista como uma resposta contra a competitividade e às imperfeições de mercado. Há benefí-

---

-modernidade". Inexiste uma tradição de uso a que se possa embasar para diferenciar de forma mais harmônica a "pós-modernidade" daquilo que pode ser chamado de "pós-modernismo". Nesse caso, ambos são utilizados analogicamente, seja pelo conceito social e político, seja pelo campo cultural. (...) O "pós-modernismo pode ser para a sociedade pós-industrial ou do capitalismo tardio o que o modernismo é para a sociedade industrial em sua fase moderna ou classicamente capitalista." KUMAR, Krishan. **Da sociedade pós-industrial à pós- moderna: novas teorias sobre o mundo contemporâneo**. Tradução Ruy Jungmann. Rio de Janeiro: Jorge Zahar Editores. 1997, p. 112 a 158.

[75] GONÇALVES, Reinaldo. **A empresa transacional**. In Economia Industrial: fundamentos teóricos e práticos no Brasil. Organização: David Kupfer e Lia Hasenclever. Rio de Janeiro: Elsevier, 2002. p. 389.

[76] *Ibidem.*

[77] *Ibidem.*

A EMPRESA E A ATIVIDADE ECONÔMICA

cios da criação de mercados futuros dentro da empresa, o que garante o fornecimento permanente de fluxos de conhecimento.

Por essa razão, a internalização dos processos reduz a "incerteza do comprador, que controla melhor as atividades intraempresa do que as operações realizadas via mercado." Há, ainda, o benefício de se minimizar o efeito da "política governamental através do mecanismo de preços de transferência (subfaturamento e superfaturamento dos produtos importados e exportados)".[78]

Além disso, enquanto transnacionalizada, a empresa possibilita criar um sistema discriminatório de preços de produtos intermediários e de conhecimento, permitindo definir estruturas diferenciadas de custo em diferentes mercados.

[78] *Idem*, pp. 399-401.

II.

Análise Econômica do Direito de Empresa

II.1. ANÁLISE ECONÔMICA DO DIREITO

II.1.1. Desenvolvimento histórico

A Análise Econômica do Direito (AED), também conhecida e utilizada pelos juristas como *"Law and Economics"* (Direito e Economia), compõe uma corrente teórica que traça, em comum, observações e proposições a respeito do Direito a partir de uma perspectiva econômica. O tema é muito importante e tem grande influência sobre o cenário jurídico – em alguns países europeus e nos Estados Unidos da América – a ponto de ganhar, gradativamente, adeptos e estudiosos que buscam o desenvolvimento e a aplicação dessa disciplina no direito brasileiro.

O movimento tem como objetivo o estudo da aplicação da teoria econômica na explicação do direito, especificamente pela a aplicação das categorias e instrumentos teóricos da teoria microeconômica neoclássica, em geral, e de um de seus ramos desenvolvidos neste século, a Economia do Bem-estar, em particular, na explicação e avaliação das instituições e realidades jurídicas[79].

A Análise Econômica do Direito começou a apontar como uma disciplina relevante nos estudos sociais, quando Ronald H. Coase apresentou, em outubro de 1960, artigo denominado *"The Problem of Social Cost"*

---

[79] PACHECO, Pedro Mercado. **El análisis económico Del Derecho – una reconstrucción teórica.** Madrid: Centro de Estudios Constituticionales, 1994, p 27.

(O Problema do Custo Social), através do qual ele analisa a questão do custo social ou efeitos externos produzidos pelas atividades econômicas com críticas ao papel intervencionista do Estado e ênfase na inconsistência da economia de bem-estar[80].

Além da relevância do conceito de efeito externo, Coase introduz análise do "custo-benefício" e sustentou que a intervenção do Estado só é aceitável na correção de uma deficiência do mercado e desde que implique num custo menor que o custo da falha do mercado que se pretende corrigir.

Em 1961, Guido Calabresi apresenta estudo denominado *"Some Thougths on Risk Distribution and the Law of Torts"* (Pensamentos sobre a Distribuição do Risco e da Responsabilidade Extracontratual), em que sob a ótica da teoria econômica, examina a distribuição do risco como critério de imputação da responsabilidade que informa o direito de danos[81].

Richard Posner, em 1973, apresentou sua obra *"Economic Analisys of Law"*, (Análise Econômica do Direito) consolidando o movimento sobre o estudo relacionado ao *Law and Economics* (Direito e Economia), sistematizado por conter as principais teses da tendência predominante polarizada na Escola de Chicago e consistente na teoria positiva do sistema jurídico desde a perspectiva do paradigma do mercado e da eficiência econômica[82].

Segundo Mackaay [83], o movimento iniciado nos Estados Unidos no quarto final do século XX, divide-se, pelo menos, em quatro fases. *"O início"*, de 1957 a 1972, através da obra publicada em 1960, por Ronald Coase.

---

[80] Disponível em http://www.iders.org/textos/Coase_Traducao_Problema_Custo_Social.pdf. Acesso em 18/ maio/2010.

[81] PACHECO, Pedro Mercado. *op. cit.*, p. 28/29.

[82] O movimento *Law and Economics* não é homogêneo, ao contrário, congrega várias tendências, tais como a ligada à Escola de Chicago, também denominada *conservadora*, identificada com a figura de Richard Posner, e integrada, entre outros, por Landes, Schwartz, Kitch e Easterbrook. A *liberal-reformista*, com Calabresi como figura representativa e integrada por uma diversidade de autores como Polinsky, Ackermann, Kornhnauser, Cooter e Coleman; e uma terceira via, denominada por Leljanovski como *tendência neoinstitucionalista*, que se separa das anteriores tanto na temática como na metodologia e é integrada, entre outros, por A. Allam Schmid, Warren J. Samuels, Nicholas Mercúrio e Oliver E. Williamson. *In* PACHECO, Pedro Mercado. *op. cit.*, p. 30.

[83] MACKAAY, Ejan. **L'analyse économique du droit.** Quebec, Canada: Les Éditions Thémis, 2000. Tradução livre, pp. 14-16.

ANÁLISE ECONÔMICA DO DIREITO

A segunda fase, que medeia o período entre 1972 e 1980, é chamada de *"aceitação do paradigma"* pelos juristas, do qual se destaca o trabalho de autores como Guido Calabresi e Richard Posner.

Para Mackaay, nesse período o movimento da Análise Econômica do Direito se impõe nas maiores Faculdades Americanas e se coloca como a principal força de renovação da Teoria do Direito. O autor destaca que "os catedráticos acreditavam" que não poderiam mais "limitarem--se ao direito positivo, mas é preciso mais para dar aos estudantes as ferramentas – econômicas – para determinar se a lei é boa, e se cumpre a sua missão". [84]

Dentre os trabalhos desenvolvidos, tomou força o primado defendido pela chamada Escola de Chicago, pela qual é necessário avaliar a "validade" das normas sob o princípio da eficiência econômica. Nessa concepção, a melhor distribuição dos recursos disponíveis em uma sociedade seria dada pela soma das preferências de seus indivíduos. Esta seria determinada pelo *"Ótimo de Pareto"* e o *"Critério de Kaldor-Hicks"*, que serão abordados nos capítulos seguintes.

A Escola de Chicago se direcionou, nas citadas décadas, para a defesa da plena autonomia da vontade nas relações sociais, afastando-se a neces-sidade de regulação estatal, a qual, em regra, conduziria à ineficiência econômica. Essa concepção da Análise Econômica do Direito atinge o Poder Executivo e Legislativo dos Estados Unidos da América, país em que se observa um amplo processo de *"desregulação"*, bem como no Poder Judiciário, passando os Juízes a adotarem suas premissas para a interpre-tação jurídica.[85]

Nos anos de 1980 a 1982, tem-se o chamado *"período de questionamento"*. Ocorrem inflamados debates sobre os fundamentos adotados pela Escola de Chicago, principalmente entre Richard Posner e Ronald Dworkin[86]. O núcleo da divergência gravita justamente sobre a vinculação da inter-

---

[84] *Ibidem.*

[85] *Ibidem.*

[86] Ronald Dworkin é um filósofo do Direito norte-americano, atualmente é professor de Teoria Geral do Direito na University College London e na New York University School of Law. Ele é conhecido por suas contribuições para a Filosofia do Direito e Filosofia Política. Sua teoria do *direito como integridade* é uma das principais visões contemporâneas sobre a natureza do direito. Disponível em Disponível em stoa.usp.br/ied18221/files/-1/8372/Sobre+Ronald+Dworkin.doc. Acesso em 07/ dez/ 2010.

pretação do Direito a critérios de eficiência econômica em face dos direitos fundamentais.

Das décadas de oitenta para cá, proliferou-se os estudos da Análise Econômica do Direito, inaugurando-se um novo período de reflexão das normas, baseadas nos estudos de renomados economistas e juristas que estudam a disciplina como forma de auxiliar os agentes na tomada de decisões.

II.1.2. Características da *Law and Economics*

A teoria de *Law and Economics* traz a aplicação de determinados princípios econômicos – como os da racionalidade e da eficiência alocativa – com objetivo de explicar a conduta humana e como a legislação estimula ou não tais comportamentos na formação, estrutura e processos das relações sociais. Visa, ainda, entender qual é o impacto econômico no Direito e nas instituições legais e o impacto do Direito na economia. [87]

Richard Posner[88] destaca que a *Law and Economics* tem dois ramos: o primeiro originário do pensamento de Adam Smith[89] e que tem por objeto as leis que regulam os mercados explícitos, desenvolvido com o amadurecimento da economia como ciência e a expansão da regulação do governo no mercado e, o segundo, resultando do trabalho de Jeremy Bentham[90],

---

[87] MERCURO, Nicholas e MEDEMA, Steven G. **Economics and the law**. Pricenton: Pricenton University Press, 1996, p. 3.

[88] POSNER, Richard. **Usos y abusos de la análise económica.** in ROEMER, Andrés (org.) Derecho y Economia: uma revisión de la literatura. México: Fondo de Cultura Econômica, 2000, pp. 66-67.

[89] Adam Smith nasceu em 1723, na cidade de Kirkcaldy, na Escócia. Após estudar matemática e filosofia natural na Universidade de Glasgow, Smith ingressou, com 14 anos, na Universidade de Oxford. É o pai da economia moderna, considerado o mais importante teórico do liberalismo econômico. Autor de "Uma investigação sobre a natureza e a causa da riqueza das nações", inicialmente publicada em 1776 e sucesso até os dias de hoje, e que continua sendo como referência para gerações de economistas, na qual procurou demonstrar que a riqueza das nações resultava da atuação de indivíduos que, movidos apenas pelo seu próprio interesse (*self-interest*), promoviam o crescimento econômico e a inovação tecnológica. *In* SMITH, Adams. **A Riqueza das Nações**, vol. 1. Tradução Alexandre Amaral Rodrigues, Eunice Ostrensky. São Paulo: Martins Fontes, 2003, notas bibliográficas iniciais. xxiii.

[90] Jeremy Bentham foi um filósofo inglês. Político radical, ele é principalmente conhecido hoje por sua filosofia moral, especialmente o seu princípio do utilitarismo, que avalia ações baseadas em suas consequências. Disponível em: <http://wwwiep.utm.edu/bentham/>. Acesso em: 03/ nov/ 2010.

tendo por escopo as leis que regulam o comportamento alheio ao mercado, enfatizando que Bentham foi um dos primeiros e, até há pouco, um dos poucos pensadores que acreditou que as pessoas agiam como maximizadoras racionais de seu próprio interesse em qualquer aspecto da vida e acreditava que o modelo econômico, que para alguns é "o desenvolvimento das implicações de assumir que as pessoas são maximizadoras racionais, era aplicável a todo tipo de atividade humana, ao invés de confinar-se a mercados explícitos"[91].

A linha de pensamento da *Law and Economics* foi abraçada pelas faculdades de Direito americanas justamente por estarem ligadas às academias de economias mais liberais. Seus enunciados não surgem num vazio teórico, pois, antes, passam a entender o Direito como um sistema multidimensional e desconexo, fragmentado em todas as disciplinas, notadamente a da economia, voltada ao estudo da eficiência (bem-estar social) e a estudo da racionalidade humana.

Apesar de ser considerado um movimento americano, *Law and Economics* tem sua origem em outros continentes. Economistas clássicos como Adam Smith e Jeremy Bentham e, mais tarde, Pigou, Hayek, Leoni e Coase tiveram uma participação dominante, assim como também participação doutrinária como Max Weber (curiosamente também um advogado e economista).[92]

Entre as características mais marcantes desse movimento, está a rejeição da visão de que o Direito é ciência autônoma em relação às demais ciências sociais; a utilização das ideias e métodos de outras disciplinas na análise da realidade jurídica, quais sejam, respectivamente, a economia e a política e a reação ao convencionalismo ou tradicionalismo; a rejeição do raciocínio abstrato e a hostilidade em relação ao conhecimento e à ciência exatos, vale dizer, que, decidir conforme ao direito é decidir conforme as convenções jurídicas estabelecidas, sobre a interpretação, os precedentes e os direitos existentes, não conforme a uma determinada concepção política ou as normas da eficiência econômica.[93]

---

[91] POSNER, Richard. Usos y abusos de la análise económica..., pp. 66-67.

[92] MERCURO, Nicholas e MEDEMA, Steven G. *op. cit.* p. 5-6.

[93] PACHECO, Pedro Mercado. *op. cit.*, p 178/179. Sobre a concepção de autonomia, cabe ressaltar que essa foi objeto de rejeição pelo movimento realista, cujas críticas foram elencadas por Llewellyn, merecendo destaque as seguintes teses: 1- direito é cambiante, sendo indicador dessa mutabilidade a criação judicial; 2-o direito é um meio para conseguir uma

Paula A. Forgioni[94] identifica alguns aspectos de abordagem da Análise Econômica do Direito, expondo uma classificação baseada nas suas funções preditiva e normativa.

Inicialmente, por meio da denominada análise econômica preditiva, destaca-se que a Análise Econômica do Direito permite a identificação dos efeitos sociais de determinada norma jurídica ou decisão, o que permite apreciar se as consequências advindas de uma política legislativa adotada ou de decisões proferidas pelo Judiciário propiciam os resultados inicialmente pretendidos.

Num outro enfoque, tem-se a pretensão dessa teoria em explicar porque determinadas normas jurídicas encontram lugar no ordenamento. Nesse caso, dentro da denominada análise econômica normativa, a eficiência econômica passa a ser o valor máximo.

Paula A. Forgioni identifica dois aspectos importantes nesse estudo: o primeiro relativo ao uso dessas premissas como justificadores da *"desregulação"* e o segundo relativo ao seu emprego como base prescritiva da elaboração de normas que propiciem *"eficiência"*. [95]

A citada autora ressalta que, no primeiro aspecto, Richard Posner, ao demonstrar que normas emanadas pelo Estado, quando socialmente positivas, existiriam independentemente da previsão estatal, pois seriam adotadas informalmente pela sociedade, defende a *"desregulação"*. Afinal, a presença normativa do Estado nesse âmbito seria desnecessária. Forgioni refuta esse argumento destacando a distinção entre normas endógenas e exógenas. As primeiras são geradas pelos usos e costumes, as segundas pelo Estado. Enquanto o Estado pode reconhecer as primeiras e

---

finalidade social, razão porque qualquer setor do direito deve ser analisado em função de seus objetivos e efeitos; 3-a sociedade está em processo de mudança constante; 4-negam que as regras formalmente enunciadas nos termos normativos ao estilo langdelliano sejam o elemento determinante da produção das decisões. A motivação de uma decisão é uma racionalização *a posteriori* de decisões adotadas previamente; 5-cada setor do direito tem de ser valorado nos termos de seus efeitos reais; 6-desconfiança nos conceitos e regras jurídicas tradicionais enquanto são tomadas como descritivas do que os tribunais fazem. Para os realistas as normas jurídicas são apenas predições do que os tribunais efetivamente fazem. PACHECO, *Op.cit.*, p.183.

[94] FORGIONI. Paula A. Análise Econômica do Direito (AED): paranoia ou mistificação? **Revista de Direito Mercantil** nº 139. Ano XLIV. São Paulo: Malheiros Editores, julho--setembro de 2005, pp. 253-255

[95] *Ibidem. op. cit.*, pp. 253-254

as incorporar ao sistema jurídico, as normas exógenas, por outro lado, representam um meio para a coibição aos usos e costumes não desejáveis socialmente.

Quanto ao segundo aspecto ligado ao caráter prescritivo da Análise Econômica do Direito, acompanhando o raciocínio desenvolvido por Calixto Salomão Filho, afirma a autora que é "evidente que a eficiência paretiana não pode ser simplesmente transportada para o mundo jurídico, porque o Direito abarca outros valores, transformados em premissas implícitas no ordenamento". [96]

Amartia Sen observa que se a eficiência econômica (no sentido do ótimo de Pareto[97]) fosse o único critério para a avaliação econômica, e se as várias condições (como, por exemplo, a ausência de externalidades) impostas pelo chamado "Teorema Fundamental da Economia do Bem-Estar" vigorassem, "não haveria em geral nenhum argumento de economia do bem-estar para uma pessoa comportar-se a não ser do modo exigido para maximizar seu próprio interesse."[98]

Segundo posicionamento de Amartia Sen[99], um comportamento produziria o ótimo de Pareto, e a tentativa de qualquer pessoa de afastar-se da maximização do autointeresse, se viesse a produzir algum efeito, seria apenas o de ameaçar a obtenção da "eficácia econômica". Para o autor, portanto, se a economia do bem-estar fosse de fato encerrada nesse compartimento extremamente exíguo, e se as "suposições estruturais fossem válidas" – inclusive a exclusão das interdependências alheias ao mercado – "não haveria verdadeiramente nenhum argumento da economia do bem--estar contra o comportamento autointeressado."

II.1.3. Teoria do comportamento baseado em regras

Estudos análogos e que precederam a Análise Econômica do Direito podem ser encontrados em Jeremy Bentham, que formulou o princípio da maximização e explicitou as motivações dos comportamentos individuais ao avaliá-los em função dos resultados, com base em objetivos, e em

---

[96] *Ibidem. op. cit.*, p. 255

[97] O conceito de Ótimo de Pareto será abordado em tópico exclusivo, dada a importância desse tema.

[98] SEN, Amartia Kumar. **Sobre Ética e economia**. São Paulo: Companhia das Letras, 2008, pp. 87-88.

[99] *Ibidem.*

Beccaria[100] que analisa os delitos e penas em função dos danos e benefícios que trazem à sociedade; por sua vez, antecedentes próximos identificam-se na aplicação do raciocínio e das categorias econômicas na análise das normas reguladoras dos mercados explícitos, especificamente na avaliação e controle da conduta nos mercados.

Na avaliação de Posner, a disciplina *Law and Economics* busca o estudo da análise econômica às normas reguladoras da conduta, quer esta seja pertinente a mercados explícitos, quer não integre mercados[101].

A Análise Econômica do Direito (AED) é uma tentativa de dotar o pensamento jurídico de uma teoria que explique o comportamento dos indivíduos perante as regras e os efeitos destas na consecução de resultados eficientes.

Uma teoria preditiva e explicativa é possível ser adotada por dois motivos: em primeiro lugar, porque o direito influi no comportamento dos indivíduos e, em segundo lugar, porque esta influência é de natureza econômica.

Pedro Mercado Pacheco[102] destaca que o Direito influi nos comportamentos através de duas formas: pela primeira, fixa os preços para determinadas condutas, porquanto responsabilidade e obrigação é o preço de conduzir-se de determinada forma, e, pela segunda, fixa o direito na medida em que sanciona determinada estrutura de direitos, o que tem influência na eficiente alocação de recursos na sociedade.

É possível distinguir dois tipos de decisões por parte dos agentes, sujeitos de obrigações legais: (i) uma decisão sobre a intensidade com que o agente participa na atividade geradora da obrigação legal e (ii) a partir dessa participação o agente decide se cumprirá com sua obrigação ou não. Nesse contexto, a proteção do Direito impõe um preço às decisões dos agentes.

---

[100] *Cesare Bonasena*, marquês de Beccaria, foi economista e jurista italiano, que muito se preocupou com o desenvolvimento da aplicação das penas a serem fixadas aos criminosos. Esta sua preocupação é evidente em sua obra, sendo que o livro "Dos Delitos e Das Penas, publicado em 1764", traz um estudo detalhado sobre as condições para o cumprimento das penas na Europa do século XVIII e as condições em que o direito penal era aplicado. Disponível em: <http://www.direitonet.com.br/artigos/exibir/3848/A-influencia-de-Cesare-Beccaria-nas-Constituicoes-Brasileiras>. Acesso em 03 nov 2010.

[101] PACHECO, Pedro Mercado. *op. cit.*, p. 68/69.

[102] PACHECO, Pedro Mercado. *op. cit.*, pp. 38-39.

ANÁLISE ECONÔMICA DO DIREITO

A decisão de não cumprir uma obrigação resulta de uma ponderação estabelecida entre o custo relativo do descumprimento em relação ao custo relativo do cumprimento, enquanto que a decisão sobre o nível ou intensidade da atividade do agente resulta da magnitude do custo em que incorre como resultado de cumprir ou não cumprir com a norma[103].

Sob a ótica econômica, o agente é guiado por um padrão de conduta configurado pelos seguintes pressupostos: primeiro, a maximização e racionalidade no comportamento: os indivíduos têm a capacidade de ordenar suas preferências e escolher as que mais lhe satisfazem a partir do suposto paradigma do cálculo racional, o que não implica que de fato os indivíduos se comportem dessa forma; segundo, as preferências são estáveis, no sentido de que, via de regra, não variam e nem são afetadas pela ação de outras pessoas; terceiro, os titulares são os melhores conhecedores do valor de suas coisas; e quarto, o princípio do equilíbrio, no sentido de que a tendência do agente é somente alterar sua decisão havendo possibilidades de melhor resultados[104].

Desse modo, a decisão de cumprir ou não cumprir uma norma residiria no fato de o agente ter conhecimento da sanção decorrente do seu não cumprimento. Essa punição pode ser mensurada em razão do custo monetário ou da privação de direitos do agente inadimplente, incluindo, em alguns casos, a privação da sua própria liberdade.

A preferência do agente, portanto, passa a ser aquela em que entenda ser melhor economicamente – custo do não cumprimento da norma – e de que possa resultar a menor sanção – os efeitos jurídicos decorrentes do inadimplemento.

A escolha, então, passaria a ser feita a partir das regras inseridas no ordenamento jurídico e a consequente reação estatal pelo descumprimento, uma vez que, em muitos casos, a impunidade do agente descumpridor de normas ou infrator de leis também é sopesada pelo agente para tomada de decisões.

---

[103] KORNHAUSER, Lewis A. **El Nuevo Análisis Económico del Derecho: Las Normas Jurídicas como Incentivos**. In: ROEMER, Andrés (org). Derecho y Economia: una revisión de la literatura. México: Fondo de Cultura Económica, 1988. Tradução livre, pp.21-22.
[104] PACHECO, Pedro Mercado. *op. cit.*, Tradução livre, pp. 40-41.

II.1.4. Teoria positiva do direito

Da mesma forma que a economia, o estudo do Direito, desde a perspectiva econômica, admite o enfoque descritivo ou explicativo e normativo. Pode--se, então, utilizar a análise econômica para explicar o que foi o direito (visão de Posner) e para explicar o que deve ser (visão de Calabresi).

A partir dessa dimensão, a sociedade pode controlar de forma ótima o nível dos acidentes adotando normas institucionais baseadas em critérios econômicos. A este respeito afirma Posner que "a distinção entre positivo e normativo, entre explicar o mundo como é e tratar de transformá-lo para torná-lo melhor, é básica para entender a AED". Outra distinção relacionada com a Análise Econômica do Direito está entre o estudo do comportamento regulado e do comportamento regulatório. O economista pode estudar uma atividade regulada pelo sistema legal ou pode estudar a atividade regulatória do sistema, vale dizer, a própria estrutura do sistema[105].

O enfoque descritivo, teoria positiva, corresponde à corrente majoritária e traduz a economia positiva da escola de Chicago cuja metodologia é refletida na teoria de Posner.

A teoria de Posner ressalta a teoria econômica do impacto legal, onde se analisam os efeitos das normas desde o ponto de vista econômico, aplicando a teoria econômica e econometria[106] para especificar e quantificar os efeitos das normas: efeitos das normas, custos que acarreta e efeitos produzidos no mercado. Como resultado, introduz-se no processo de tomada de decisões um enfoque consequencialista[107].

Contudo, o elemento inovador do movimento não se reduz a este aspecto. A novidade da Análise Econômica do Direito é possibilitar uma fundamentação econômica à teoria do direito e, neste sentido, mais que se centrar nos efeitos das normas, terá que se centrar na eficiência e, portanto no princípio da maximização.

---

[105] POSNER, Richard. **Usos y Abusos de la Teoria Económica del Derecho...**, p. 69-72; PACHECO, Pedro Mercado, *op. cit.*, p. 45

[106] Econometria é o método para desenvolver modelos de previsões econômicas baseado na unificação de teoria e estatística econômicas, técnicas matemáticas e tecnologia computacional. In Aulete Dicionário Digital.

[107] PACHECO, Pedro Mercado, *op. cit.*, p. 47

ANÁLISE ECONÔMICA DO DIREITO

Nesse sentido, a respeito da eficiência no direito consuetudinário[108], a hipótese não é que o direito consuetudinário duplique ou possa duplicar perfeitamente os resultados dos mercados competitivos, mas que, dentro dos limites da viabilidade administrativa, o direito conduz o sistema econômico para a produção dos resultados por meio da qual a concorrência eficaz produz e complementa o raciocínio, em tanto se aceite que o economista pode medir custos e que os mesmos são pertinentes para a política, a teoria econômica tem um papel importante nos debates sobre a reforma legal [109].

No Brasil, Calixto Salomão Filho[110], ao tratar sobre o tema, posiciona-se de forma mais direta ao pensamento adotado por Posner e assevera que é um equívoco a concepção de verdade científica e de determinismo social que vem sendo dada às informações socioeconômicas que teriam transportado o âmbito da economia e influenciado as demais ciências sociais, dentre as quais o Direito.

Para o citado autor, a "diferença entre a teoria jurídica e as teorias econômicas do conhecimento" reside no fato de que para a primeira, "as regras gerais, quando formuladas, não são generalizações de fatos observáveis nas relações sociais e econômicas, mas sim concretização de valores sociais desejados". [111]

Enquanto as ciências sociais em geral veem o conhecimento como algo eminentemente empírico, seja ele teórico ou prático, para o Direito o conhecimento é "eminentemente valorativo". É nesse ponto, segundo Calixto Salomão Filho[112], que o Direito desenvolve papel relevante, de modo a determinar a preservação do "valor" sobre a "eficiente alocativa" defendida por aqueles que pretendem a sua análise tão somente a partir de premissas econômicas.

---

[108] Direito consuetudinário é o direito que surge dos costumes de uma certa sociedade, não passa por um processo de criação de leis como no Brasil onde o legislativo cria as leis (leis complementares, leis ordinárias, emendas constitucionais, medidas provisórias etc. No direito consuetudinário, as leis não precisam necessariamente estar num papel ou serem sancionadas ou promulgadas. Os costumes transformam-se nas leis. Disponível em http://wapedia.mobi/pt/Direito_consuetudin%C3%A1rio. Acesso em 01/ dez/ 2010.

[109] POSNER, Richard. **Usos y abusos de La análise económica...**, pp. 47-49.

[110] SALOMÃO FILHO, Calixto. **O novo direito societário**. São Paulo: Malheiros, 2002, p. 15.

[111] *Idem*, p. 19.

[112] *Idem*, p. 40.

II.2. GESTÃO CORPORATIVA

II.2.1. Diagnóstico para tomada de decisões: a escolha racional

O administrador empresarial tem o dever de zelar pelos recursos estruturais, financeiros e humanos da empresa. A função do administrador é a de gerir os recursos disponíveis, alocando-os de forma eficiente para atingir os resultados perseguidos por seus investidores. Essa atividade funcional do administrador pode ser definida como gestão corporativa.[113]

O bom gestor de negócios deve socorrer-se de métodos administrativos e jurídicos para tomar uma decisão que beneficie a empresa ou que, de certa forma, atenue eventuais danos decorrentes dos efeitos de sua escolha.

A forma racional pressupõe, então, um diagnóstico jurídico, administrativo e econômico para que o administrador possa tomar uma decisão mais adequada e precisa a respeito de determinado fato. Nesse ponto, mais uma vez a Análise Econômica do Direito pode auxiliar o gestor corporativo para fundamentar suas decisões.

Paula A. Forgioni[114] defende a necessidade de compreensão do método e das propostas da Análise Econômica do Direito para que essa disciplina possa propiciar um "ambiente institucional estável" e previsível, onde as relações econômicas possam ser desenvolvidas com previsibilidade e segurança, traçando os seguintes parâmetros:

(i) abandono da estrutura clássica adotada no âmbito da reparação, onde o Estado se limita à imposição da reparação dos danos que uma das partes gerou à outra. Em vez disso, deve o legislador ou julgador realizar o exame dos custos e benefícios pertinentes às condutas das partes e em relação ao objeto da lide, de modo a vislumbrar a solução mais eficiente;

(ii) o sistema jurídico existe para propiciar a redução dos custos de transação e facilitar o trânsito dos bens e direitos;

(iii) os custos gerados pela intervenção estatal não podem ser desprezados pelos juristas por ocasião da elaboração das normas e das decisões;

---

[113] O termo "gestor corporativo" é muito utilizado dentro da seara administrativa empresarial, nos corredores corporativos. Juridicamente, o termo utilizado é o de "administrador" da sociedade empresarial. Nesse particular, prevê o Código Civil que "O administrador da sociedade deverá ter, no exercício de suas funções, o cuidado e a diligência que todo homem ativo e probo costuma empregar na administração de seus próprios negócios" (art. 1.011).

[114] FORGIONI. Paula A. *op. cit.,* pp. 242-244.

(iv) a atuação do Estado deve se restringir à correção das falhas do livre mercado;

(v) a norma, em um enfoque utilitarista, nada mais representa do que um sistema de incentivos ou não incentivos ao comportamento humano, pautado pelo sopesar dos custos/benefícios e

(vii) o Direito deve ser dotado de neutralidade redistributiva, afastando-se de sua abordagem qualquer outro valor.[115]

Desse modo, a Análise Econômica do Direito deve viabilizar um caminho preditivo, eficiente, de forma a possibilitar o legislador fazer a melhor escolha na criação das normas e o julgador aplicá-las, levando-se em conta os custos de transação e todas as premissas que possam resultar em conflitos.

Vasco Rodrigues[116] aponta que a literatura econômica define o que é "atuar de forma racional" de três formas. A primeira delas é pressupor que o agente tem preferências completas e transitivas. Completas porque tem dados para dizer se prefere uma coisa à outra, ou se para ele ambas são indiferentes. Transitivas porque consegue fazer comparações entre objetos, podendo afirmar que se prefere A a B e B a C, o agente prefere A a C. Em suma, agir racionalmente desse modo seria saber comparar e decidir entre duas ofertas concomitantes.

Uma segunda forma de conceituar a escolha racional é afirmar que o agente, sabendo conhecer a utilidade de cada objeto posto, escolha entre eles em função da maior utilidade que o bem lhe oferta. Em terceiro lugar, escolher racionalmente seria o fato de o agente poder optar por uma alternativa que lhe oferecerá mais benefícios do que os eventuais custos que podem advir. O conceito de custo de oportunidade, que tem lugar nessa terceira definição, representa o que se perde por não escolher a alternativa mais favorável.

Cooter e Ulen[117] tratam da escolha racional – melhor alternativa permitida pelas restrições – como "maximização".

O agente, quando escolhe de forma racional, faz isso de acordo com o padrão das suas informações ou da forma como as analisa, o que justifica que por diversas vezes quem tenha mais informação ou saiba as analisar de

---

[115] *Idem*, p. 245-248.

[116] RODRIGUES, Vasco. **Análise económica do direito**. Coimbra: Almedina, 2007, p. 13.

[117] COOTER, Robert e ULEN, Thomas. **Derecho y economia**. México-D.F.: Fondo de Cultura Económica, 1998: p. 24.

forma mais apropriada considere que agentes praticam condutas irracionais. Portanto, um determinado indivíduo pode entender mais adequado gastar seu dinheiro com um vicio ao invés de comprar medicamentos de que necessita, mas nem assim não estará agindo de forma não racional, porque dada a condição pessoal do agente, o indivíduo pode entender que a conduta lesiva lhe traz mais utilidade do que os medicamentos.

Logo é possível afirmar que o pressuposto econômico refere-se ao "agir" de forma racional, ou seja, de acordo com as conclusões pessoais do que proporciona mais utilidade, não que os agentes "sejam racionais", ou seja, que escolhem o que seria mais lógico de um de vista coletivo.[118]

Posner[119] reconhece que são possíveis criticas a Análise Econômica do Direito por esta presumir que os agentes econômicos estão sempre agindo de forma racional, deixando de lado tantas outras variáveis, entretanto, afirma que essa presunção faz parte da abstração cientifica necessária para a teoria econômica do Direito.

Afirma, ainda, que o leitor não familiarizado com a economia poderia ficar desconcertado com o fato de que parecem muito pouco realistas os pressupostos da teoria econômica, principalmente ao considerar que o comportamento humano é racional, que mostra-se pouco provável diante das experiências e observações do cotidiano, ainda que a contradição seja menos flagrante quando se entende que o conceito de racionalidade é objetivo e não subjetivo.[120]

De qualquer forma, a abstração está na essência da investigação cientifica. Posner cita, como exemplo, que a lei de Newton acerca dos corpos que caem é pouco realista partindo do pressuposto de que o fenômeno ocorre em um vazio, mas mesmo assim é uma teoria útil, porque prevê com razoável exatidão o comportamento de uma grande diversidade de corpos que caem no mundo real. Arremata, afirmando que uma teoria cujos supostos reproduzissem fielmente a complexidade do mundo empírico seria antes uma descrição e não uma teoria.[121]

---

[118] COOTER e ULEN entendem que o princípio da escolha racional está ligado à chamada Revolução Marginalista (Neoclássicos) e à Escola Austríaca – em contraposição aos Economistas Clássicos – pois introduziram o conceito da "marginalidade" nas análises econômicas. *op. cit.*, pp. 24-25.

[119] POSNER, Richard A. **El analyses económico del derecho...**, pp. 24-25

[120] *Ibidem.*

[121] *Ibidem.*

GESTÃO CORPORATIVA

Interessante questionamento, porém, surgiu a partir da necessidade de classificar ou mensurar a utilidade. Como poderia se dizer o que era mais útil para um indivíduo? Como poderia se dizer o que era mais útil para dois indivíduos comparando-os? Era comum para os estudiosos atribuir um valor determinado e mensurável aos bens, o que se revela artificial e impossível de ser verificado na experiência. Com base nessa imperfeição teórica, foi elaborada a chamada teoria ordinalista esboçada por Ludwig Von Mises[122] e desenvolvida por seu discípulo Leonel Robbins.[123]

Portanto, em contraposição ao critério cardinal de utilidade, baseados em valores absolutos e arbitrariamente fixados, foi elaborado o critério ordinal, embasado nas preferências subjetivas de cada agente. Isso porque nem sempre a informação é completa a ponto de poder se aferir exatamente o critério.[124]

---

[122] Ludwig Von Mises escreveu e lecionou incansavelmente, divulgando o liberalismo clássico como um dos líderes da Escola Austríaca de economia. Em *Human Action*, Mises revelou o fundamento conceitual da economia, que chamou de praxeologia, a ciência da ação humana. Muitos de seus trabalhos tratavam de dois temas econômicos relacionados: (a) economia monetária e inflação; (b) diferenças entre economias planificadas e livre mercado. Mises defendia que as pessoas demandam dinheiro por causa da sua utilidade como meio para aquisição de outros bens, não por algum valor intrínseco desse, e que qualquer expansão de oferta de crédito causa ciclos econômicos. Disponível em http://www.mises.org.br/Ebook. aspx?id=28. Acesso em 07/ dez/ 2010.

[123] Explica Rothbard que "Outra importante realização de *The Theory of Money and Credit* foi erradicar algumas anomalias que, não tendo base na análise da ação individual, prejudicavam o conceito "austríaco" da utilidade marginal. Em contradição com sua própria metodologia básica – tomar por base as ações reais dos indivíduos – os "austríacos" tinham aceitado as versões da utilidade marginal propostas por Jevons e por Walras, os quais haviam procurado transformá-la numa quantidade matemática mensurável. Até hoje, todo manual de economia explica a utilidade marginal como base em "utils" – unidades supostamente suscetíveis de adição, multiplicação e outras operações matemáticas. E, se um estudante percebesse que não há muito sentido na frase: "atribuo em valor de 4 *utils* a este quilo de manteiga", estaria coberto de razão. Baseado em ideias de um colega, o tcheco Franx Cuhel, no seminário conduzido por Bohm-Bawerk, Mises refutou cabalmente a ideia de que a utilidade marginal fosse, de algum modo, mensurável, mostrando tratar-se de uma hierarquização estritamente ordinal, em que o indivíduo arrola seus valores por categorias de preferências (prefiro A a B, e B a C), sem pressupor qualquer unidade mitológica ou quantidade de utilidade. In ROTHBARD, Murray N. **O essencial Von Mises**. 2. ed., Rio de Janeiro: José Olympio Editora, 1998, pp. 24-25

[124] Por exemplo, em uma sala pode-se classificar de forma satisfatória as pessoas pelo peso em ordem crescente, entretanto, sem uma escala e um meio exato de medir, não é possível dizer que o peso da primeira e o da segunda equivalem ao da terceira. In ROTHBARD, Murray N. *op. cit.* pp. 24-25.

ANÁLISE ECONÔMICA DO DIREITO DE EMPRESA

Ilustra Cooter[125], que a maior contribuição dessa teoria é permitir uma analise conjunta das preferências e utilidade dos bens para a sociedade com base em um critério cientifico, tratando de uma possível classificação dos estados em bons e maus.

Segundo o citado autor, os números podem ser classificados de menor a maior. Assim, poderia se associar um número com um estado, de modo que os números maiores representariam os melhores estados: essa associação é uma fundação de utilidade ordinal, no sentido de ordem. A única informação proporcionada por este tipo de função é a ordem dos estados de acordo com o individuo classificador. Não proporciona, entretanto, informação necessária para comparar ou somar utilidades entre diferentes pessoas, que exige uma escala de utilidade cardinal, comparável entre indivíduos (função cardinal).[126]

Para que o indivíduo escolha de forma racional basta que saiba ordenar o que lhe é mais interessante, mais útil. Não há necessidade de saber quantificar o quanto lhe é mais útil algo em relação à outra alternativa. Por uma questão lógica, a escolha racional é subjetiva, ou seja, depende dos padrões e desejos de quem escolhe, não sendo possível eleger uma escala do que é mais útil de forma universal, para todos os agentes, sendo aferíveis as preferências do grupo pela análise da demanda por um bem de acordo com a variação de seu preço.

II.2.2. A assimetria da informação

Na teoria econômica, de um modo geral, está concebido o entendimento de que os gestores estão cientes de todas as características dos bens e serviços que são adquiridos.

Os agentes precisam obter informações sobre o mercado para decidir, de acordo com a escolha racional e prevalência dos interesses de suas organizações, para dar seguimento aos negócios.

Contudo, frequentemente os mercados são marcados pela presença de assimetria de informações, ou seja, é impossível um indivíduo determinar

---

[125] COOTER, Robert D. Las mejores leyes correctas: Fundamentos axiológicos del análisis económico del derecho. *In*: ROEMER, A. (Org.) **Derecho y Economia: uma revisión de ela literatura.** México-D.F: Centro d Estudios de Gobernabilidad y Políticas Públicas, 2000, pp. 43-44.

[126] *Ibidem.*

GESTÃO CORPORATIVA

a qualidade de um bem antes do mesmo ser adquirido ou, de forma similar, e muito custoso monitorar o comportamento de um agente.

Esse desequilíbrio decorrente das informações incompletas ou falsas causa aos agentes e aos grupos que têm interesse na informação, riscos decorrentes de suas atividades.

Stiglitz[127] parte dos seguintes pressupostos para estudar as assimetrias da informação: (i) a informação é imperfeita; (ii) a obtenção de informação pode ser custosa; (iii) as assimetrias de informação são importantes e (iv) a extensão desta assimetria é afetada pelas ações das organizações e dos indivíduos.

Cada pedaço de informação é diferente de outro. Um pedaço de informação não pode ser vendido como uma cadeira, conforme o exemplo apontado pelo autor. Um indivíduo pode olhar para uma cadeira e determinar suas propriedades antes de comprá-la. Mas se o vendedor de informação revela seu produto antes da venda, não há razão para o comprador pagar por ela. Além disso, enquanto um indivíduo pode repetidamente comprar e vender o mesmo produto da mesma loja, cada pedaço de informação, por definição, é diferente de outros pedaços de informação (de outra forma não seria uma nova informação). [128]

Neste caso, mercados com informação assimétrica são inerentemente imperfeitos, onde questões como reputação e garantia podem fazer toda a diferença. E, no campo da escolha racional ou alocação de bens e recursos, é indispensável que a informação esteja correta para que ela seja eficiente.

É bom notar que toda informação que é conhecida por todos ou verificável por todos é denominada como informação pública; em contrapartida, informação privada é aquela que é particularmente observada, ou seja, apenas alguns agentes possuem conhecimento sobre ela, enquanto outros não a possui.

---

[127] STIGLITZ, Joseph E.. **The Contributions of the Economics of Information to Twentieth Century Economics**. Quaterly Journal of Economics v. 463, 2000, pp. 41-79.

[128] Para Stiglitz a principal mudança com a economia da informação foi o reconhecimento de que a informação era fundamentalmente diferente de outras *commodities*. Para ele a questão central é como apropriar os retornos do investimento em informação e conhecimento. *In* STIGLITZ, Joseph E.. **The Contributions of the Economics of Information to Twentieth Century Economics**.... pp. 41-79

Nesse particular, a existência de informação privada é responsável pela ocorrência de informação assimétrica nos mercados e leva à elaboração de contratos incompletos.

Os contratos estão presentes na economia servindo de instrumento regulador entre as partes numa transação. Contrato ótimo corresponde aquele que especifica qualquer tipo de eventualidade que possa vir a ocorrer.

Segundo Kirmani e Rao[129] a abordagem da economia da informação é baseada na premissa que diferentes partes de uma transação geralmente têm diferentes quantidades de informação sobre a transação, e esta assimetria de informações tem implicações durante o relacionamento entre as partes. Conforme os autores, o problema de informação é reconhecido como sendo uma importante consideração a ser feita no estudo das trocas de mercado realizado pelas disciplinas de contabilidade, finanças, economia do trabalho e pelo marketing.

Para Macho-Stadler e Perez-Castilho[130] o objetivo da economia da informação é estudar situações nas quais os agentes procuram superar sua ignorância sobre uma informação relevante, tomando decisões desejadas para adquirir novas informações ou para evitar custos de sua ignorância. Quando a informação é assimetricamente distribuída entre os agentes estas decisões envolvem a estruturação de contratos que buscam promover incentivos para induzir a revelação de informações privadas.

Stiglitz[131] ressalta que existem muitos problemas de informação presentes na economia. Como exemplo, cita:

(i) empregadores querem conhecer a produtividade de seus empregados, seus pontos fortes e fracos;

(ii) investidores querem saber o retorno de vários ativos em que poderiam investir;

(iii) companhias de seguro querem saber a probabilidade de seus segurados se acidentarem ou ficarem doentes.

Estes são exemplos de problemas de seleção adversa, onde o que importa são as características dos ítens que são transacionados.

---

[129] KIRMANI, Amna e RAO, Akshay. No Pain, No Gain: A Critical Review of the Literature on Signalling Unobservable Product Quality. **Journal of Marketing**. vol.64, 2000. Tradução livre, pp. 66-79.

[130] STADLER, Inés Macho e CASTILHO, David Pérez. **An Introduction to the Economic of Information**. New York: Oxford University Press, 1997. Tradução livre, pp. 24-27.

[131] STIGLITZ, Joseph E. *op. cit.*, pp. 41-79.

Além disso, os empregadores também querem saber se seus empregados estão se esforçando no trabalho, as companhias de seguro querem saber se seus segurados estão se prevenindo contra acidentes, os credores querem conhecer os riscos que seus devedores estão assumindo.

Portanto, numa transação econômica sempre existe um desequilíbrio entre quem está comprando e quem está vendendo. Especificamente, no mercado de crédito, por exemplo, o banqueiro não sabe diferenciar quem pretende pagar ou não o empréstimo tomado.

Em situações onde o problema de assimetria não encontra solução, transações não são concretizadas acarretando prejuízos a compradores e vendedores, ou bancos e tomadores de empréstimo.

Vale notar, pois, que em ambientes de crises econômicas, onde a confiança entre as partes está ameaçada, os negócios ficam suspensos temporariamente entre seus agentes, até que informação de melhor qualidade torne-se disponível separando projetos mais arriscados e de má qualidade de projetos mais sólidos e, portanto, com risco menor.

II.2.3. A eficiência econômica e as falhas de mercado

Para Drucker[132] "eficiência é fazer as coisas bem feitas. Eficácia é fazer as coisas certas." Para obtenção dessa eficiência, o "desempenho empresarial exige que cada produtividade seja direcionada para os objetivos de todo o negócio".

Eficiência, então, é um termo utilizado para significar a realização de determinados processos com maximização de resultado pela menor utilização dos recursos existentes nas empresas.

Posner[133] entende que existirá eficiência quando houver "exploração dos recursos econômicos de tal forma que este valor" – a satisfação humana é medida pela disposição agregada por estes bens e serviços – "é maximizado".

Denota-se, dessas definições iniciais, uma diferenciação entre o que vem a ser eficiência do significado de eficácia. A eficiência decorre do processo produtivo que reproduz a maior quantidade de resultados com a

---

[132] DRUCKER, Peter. **O essencial de Drucker: uma selecção das melhores teorias do pai da Gestão**. Lisboa: Actual Editora. 2008, p. 211.

[133] POSNER, Richard. **Economic Analysis of Law**. New York: Aspen 5th ed, 1998. Tradução livre, p. 10

menor utilização de meios. A eficácia traduz-se na produção de resultados com a maior produção de efeitos. Efetividade, por fim, representa a maior produção de efeitos no tempo.

A eficiência econômica, então, irá buscar o sentido de maximização de determinados bens sociais eleitos como sendo de significativa importância para a organização, produtos com menor custo e maior margem de retorno.

Para Drucker[134], para se chegar a essa eficiência econômica, cada elemento do empreendimento deve contribuir com "algo diferente", porém "todos têm de contribuir para um objetivo comum". Os esforços têm de caminhar numa mesma direção e "as suas contribuições têm de se encaixar de modo a criar um todos – sem falhas, sem fricções, sem duplicações de esforços desnecessários".

O uso desses critérios tem por objetivo a determinação da "maximização da riqueza" considerada como o conjunto de bens desejáveis, ou seja, coisas que satisfaçam direta ou indiretamente as necessidades da organização.[135]

Em virtude da multiplicidade das necessidades e desejos humanos é indispensável encontrar um critério capaz de mensurar as diversas escolhas individuais e sociais. Por essa razão, o uso do critério de utilidade permite separar as preferências individuais daquelas de menor ou maior importância com relação a outras.

O critério da utilidade também é vantajoso no instante que ele pode dirigir-se a questões diversas da empresas, não somente levando a economia em consideração, mas o local e o ambiente de trabalho, as normas internas organizacionais, as diretrizes e os objetivos de cada departamento, os comportamentos humanos de cada setor e as razões pelas quais não estão se chegando aos objetivos traçados.[136]

Para obter a eficiência econômica dentro de uma organização é necessário, então, alocar eficientemente os recursos existentes, perseguindo o objetivo comum delineado pela diretoria.

Ocorre, porém, que muitas vezes ocorrem falhas externas (e não internas). Tais falhas são decorrentes do próprio mercado no qual a empresa

---

[134] DRUCKER, Peter. *op. cit.*, p. 129.
[135] MARSHAL. Alfred. **Princípios de economia**. Vol. 1. Col. Os Economistas. São Paulo: Abril Cultural, 1982, p. 65.
[136] DRUCKER, Peter. *op. cit.*, pp. 130-131.

está inserida e isso ocorre quando a economia não consegue alocar eficientemente os bens conforme os desejos dos consumidores.

Existem certas falhas de mercado que impedem que todas as relações econômicas possam alcançar a melhor eficiência apenas pela transação entre os agentes. Essas falhas devem ser consideradas e dirimidas, quando possível, pelas regras jurídicas.

Na visão de Paul Krugman[137], as falhas de mercado ocorrem a partir de três possibilidades: (a) competição imperfeita, ou seja, quando determinado agente econômico detém tanto poder que impede que os outros agentes econômicos recebam os ganhos esperados na economia; (b) externalidades ou efeitos colaterais que decorrem de ações de agentes econômicos, ou omissões de agentes reguladores do mercado; (c) informações assimétricas ou problemas de informações decorrentes da natureza de determinações segmentos.

Além dessas três principais condições listadas pelo citado autor, acrescenta-se, ainda, que um dos defeitos mais graves de mercado decorre da presença de instituições – agências reguladoras – que prestam serviços ineficientes, demonstrando um fraco desempenho fiscalizatório em certas elites econômicas.

Por essa razão, dependendo do mercado explorado pela empresa, os interesses de seus diretores podem mudar de acordo com as crises mercadológicas: alguns, dependendo da ocasião, podem defender a regulação do mercado por parte do Estado; outros, porém, condenarão toda e qualquer espécie de intervenção, entendendo que as falhas de mercado serão corrigidas pela própria economia, e, ainda, subsistirão os dirigentes empresariais que defendem uma intervenção moderada, apenas quando se verificar que as relações econômicas não promovem a melhor eficiência, a melhor alocação dos bens, tendo em vista a existência de falhas de mercado.

Dispõe a Constituição Federal, em seu artigo 195, que a seguridade social será financiada por toda a sociedade, de forma direta e indireta, nos termos da lei, mediante recursos provenientes dos orçamentos da União, dos Estados, do Distrito Federal e dos Municípios, e das seguintes contribuições sociais:

---

[137] KRUGMAN, Paul; WELLS, Robin; MYATT, Anthony. **Microeconomics**. Canadian Edition. Worth Publishers, 2006. Tradução livre, pp. 160-162.

I – do empregador, da empresa e da entidade a ela equiparada na forma da lei, incidentes sobre:

a) a folha de salários e demais rendimentos do trabalho pagos ou creditados, a qualquer título, à pessoa física que lhe preste serviço, mesmo sem vínculo empregatício;

b) a receita ou o faturamento;

c) o lucro;

II – do trabalhador e dos demais segurados da previdência social, não incidindo contribuição sobre aposentadoria e pensão concedidas pelo regime geral de previdência social de que trata o art. 201;

III – sobre a receita de concursos de prognósticos.

De se lembrar, ainda, que a atividade econômica, pressupõe um mundo caracterizado pela escassez de recursos produtivos, no qual as pessoas se comportam como indivíduos racionais e previsíveis que intentam maximizar seus benefícios.

A maior eficiência social no aproveitamento dos recursos se consegue quando, em mercados perfeitamente competitivos, chega-se a uma situação de equilíbrio geral em que ninguém pode melhorar sua situação sem prejudicar a de outro. Portanto, os integrantes desse movimento pressupõem modelos de mercado de concorrência perfeita e completa simetria de informações; logo, condenam a intervenção do Estado nas relações econômicas.

Em outras palavras, o equilíbrio geral da economia de mercado livre é obtido quando as empresas maximizam seus benefícios, ou seja, quando o preço que se obtém com o produto posto à venda é igual ao custo marginal de reduzi-lo.

Quando os consumidores maximizam sua utilidade, o preço sofre variação, pois o valor que estão dispostos a pagar pelo bem é igual à utilidade marginal que o produto lhes proporciona; assim, o preço da coisa transmite a informação necessária aos interessados e possibilita que o valor dado pelos consumidores ao bem seja igual ao seu custo marginal de produção[138].

---

[138] Custo marginal de produção corresponde ao acréscimo dos custos totais de produção quando se aumenta a quantidade produzida em uma unidade. A partir do cálculo dos custos totais, o custo marginal pode sofrer alteração em razão da quantidade de bem a ser produzido. Numa situação normal, o custo marginal começa a decrescer à medida que se aumenta a quantidade produzida, situação que se justifica pelo fato de existirem custos fixos que se diluem em quantidades maiores (chamado efeito de escala). Contudo, a partir de certa altura, os ganhos proporcionados pelo efeito de escala deixam de ser suficientes para

II.2.4. Princípios de eficiência segundo Pareto

Pareto[139] contribuiu para à economia neoclássica com, pelo menos, três estudos conhecidos: "a gestão de uma teoria ordinal de bem-estar, que foi provavelmente a que se enraizou de forma mais ampla e profunda; o desenvolvimento da Teoria do Equilíbrio Geral de Walras", que acabou desencadeando relevante mudança no pensamento da economia; e "a criação de um critério de avaliação do bem esta social (Ótimo de Pareto), que inaugurou uma nova linha de pesquisa e levou seu nome a todos os livros de texto e estudos na matéria."

Humanista, Pareto contestou a possibilidade de comparações interpessoais de utilidade e introduziu o conceito ordinal de bem-estar social. Segundo essa nova abordagem, apenas seria possível as comparações de bem-estar entre situações cuja mudança de uma para outra não envolvesse transferência de utilidade entre indivíduos.

O critério de avaliação do bem-estar social de Pareto estabelecia que o bem estar social associado a um estado x é maior que o de um outro estado y se e somente se há, em x, pelo menos um indivíduo com bem-estar maior do que em y e não há outro indivíduo que tenha um nível de bem-estar inferior; ou seja, um estado é superior a outro se é possível aumentar o bem-estar de pelo menos um indivíduo sem prejudicar os demais (*Superioridade de Pareto*). E, ainda, o bem-estar de uma sociedade "é máximo se não existe outro estado tal que seja possível aumentar o bem-estar de um indivíduo sem diminuir o bem-estar dos demais"; vale notar, "não há

---

contrariar os acréscimos de custos originados pelo aumento dos próprios custos variáveis, originando um aumento dos custos marginais. Este aumento dos custos variáveis é uma consequência direta da lei da produtividade marginal decrescente, cujos efeitos são maiores à medida que forem maiores as quantidades produzidas. *In* PARETO, Vilfredo. **Manual de Economia Política**. 5 ed. Tradução de João Guilherme Vargas Netto. São Paulo: Editora Nova Cultura, 1996, p. 56.

[139] Vilfredo Pareto nasceu em Paris, em 15 de julho de 1848. Foi político, sociólogo e economista italiano. As contribuições de Pareto à Economia moderna são abundantes. Pareto introduziu o conceito de ótimo de Pareto e ajudou o desenvolvimento da microeconomia com a ideia de curva de indiferença. A partir de então, tal princípio de análise, conhecida com Lei de Pareto, tem sido estendido a outras áreas e atividades tais como a industrial e a comercial, sendo mais amplamente aplicado a partir da segunda metade do século XX. O desenvolvimento da Microeconomia seguiu, em essência e métodos, os princípios por ele trabalhados na virada do século. *In* PARETO, Vilfredo. **Manual de Economia Política**..., pp. 7-8.

forma de melhorar a situação de um, sem prejudicar a situação de outros (Ótimo de Pareto)."[140]

Ao demonstrar que o equilíbrio de uma economia em concorrência perfeita conduzia ao máximo de bem-estar da sociedade, Pareto tornou preciso o conceito "clássico de 'mão invisível'; a capacidade de os agentes econômicos atingirem, de forma descentralizada e não intencional, o máximo de bem-estar da sociedade."[141]

Haverá, então, a eficiência ou "Ótimo de Pareto" se for impossível alterar determinada situação de forma a deixar ao menos um indivíduo em posição melhor sem que nenhum outro indivíduo piore sua posição. Nesse sentido, para que tal fenômeno ocorra, deve ser viável que um indivíduo melhore seus ganhos, sem que nenhum outro indivíduo se prejudique (nesse caso, fique numa posição inferior economicamente).[142]

Todavia, quando se estuda a microeconomia, concluiu-se que os custos de produção interferem diretamente no preço do produto que será colocado em circulação no mercado e nem sempre poderá haver concorrência perfeita em decorrência das diversas formas de se produzir um produto e os objetivos pelos quais os empresários fixam para se manter no mercado.

Para estudar essa questão, Pareto pesquisou detalhadamente a forma de produção empregada pela empresa. Ele parte do princípio de que, se, em vez de considerar a unidade de produto, se considerar uma quantidade "qualquer de produto, as quantidades dos outros produtos e dos serviços de capitais empregados para obter essas quantidades de produto constituem os fatores de produção."[143]

Os coeficientes de produção podem variar de diversas formas, mas os determinados pelas empresas estão alocados nas "transformações no

---

[140] *Idem*, pp. 12-13

[141] PARETO, Vilfredo. **Manual de Economia Política**..., p. 13

[142] Embora seja o grande parâmetro dos economistas, o conceito de Pareto sofre críticas. Cooter e Ulen ressaltam que "esse critério exige que os ganhadores – os que melhoram sua situação – explicitamente compensem os perdedores; caso contrário, esses poderiam vetar a mudança, exigindo-se o seu consenso para que ela realizasse". Os autores observam, ainda, "que isso teria claras desvantagens em relação a políticas públicas". Na prática, "seria quase impossível proceder a qualquer grande mudança – como aquelas de política econômica – sem que pelo menos alguém ficasse em situação pior". *Apud* Juliana Pitelli da Guia. O contrato preliminar e a Análise Econômica do Direito. **Revista de Direito Mercantil** nº 143, Ano XLV, São Paulo: Malheiros Editores, julho-setembro de 2006, p. 248.

[143] PARETO, Vilfredo. **Manual de Economia Política**..., pp. 238-239.

espaço" e nas "transformações do tempo". As "transformações no espaço necessitam de um trabalho e em custo que saltam à vista", não podendo deixar que se influencie no fato de que as diferenças do preço de mercadorias dependam "apenas da diferença de trabalho necessário para a produção dessas mercadorias ou, de modo mais geral, da diversidade do custo de produção." Já no que tange às "transformações do tempo", não se veem as dependências materiais", mas no fato de a empresa dispor de sua estrutura para produzir o mesmo bem em comparação à outra.[144]

Como premissa da utilização da análise econômica, dada a escassez de recursos em face das necessidades humanas, sua alocação mais eficiente possibilita o incremento do bem-estar e do fluxo de relações econômicas.

A alocação mais eficiente, denominada como "Ótimo de Pareto", teria que partir de uma harmonia sincronizada entre Estado, livre iniciativa e consumidores, para o fim de se atingir um ponto de equilíbrio, pois uma sociedade não se encontra em situação ótima se houver pelo menos uma modificação capaz de melhorar a posição de outrem.[145]

Não se pode confundir, entretanto, o "Ótimo de Pareto" com o "Princípio 80/20 de Pareto" (também conhecido como "Lei de Pareto"). Enquanto o primeiro diz respeito à eficiência relacionada ao bem-estar social (visão sociológica), o segundo advém de estudo científico de administração econômica focado na eficiência alocativa dos serviços e processos na empresa (visão microeconômica).

O "Princípio 80-20" parte da premissa que para muitos fenômenos, 80% das consequências advêm de 20% das causas. Assim, exemplificando: (a) em vendas comissionadas, 20% dos vendedores ganharão mais de 80% das comissões; (b) menos de 20% das celebridades dominam mais de 80% da mídia, enquanto mais de 80% dos livros mais vendidos são de 20% dos autores; (c) mais de 80% das descobertas científicas são realizadas por 20 % dos cientistas.[146]

---

[144] PARETO, Vilfredo. **Manual de Economia Política**..., pp. 246-249

[145] *"A Pareto-optimal allocation is one for which there is no other reasible reallocation that is preferred by one party and liked at least equally well by the other party"* (Robert Frank, *Microeconomics and Behavior*, 3.ª ed., Boston, Irwin/McGraw-Hill, 1977, p. 559), *apud* Paula A. Forgioni. *op. cit.*, p. 244.

146 A lei foi sugerida por Joseph M. Juran, que deu o nome em honra ao economista italiano Vilfredo Pareto. Disponível http://pt.wikipedia.org/wiki/Princ%C3%ADpio_de_Pareto. Acesso em 15/ out/ 2011.

Richard Koch, ao estudar Pareto, salienta que "Princípio 80/20" pode ser elucidativo e formador de diagnósticos para gestores empresariais. Por exemplo, se o empresário constata que apenas 20% dos clientes garantem 80% do lucro de sua empresa, para que manter os outros 80% de clientes pouco lucrativos? Para o autor, compreender o "Princípio 80/20" é conquistar um amplo poder de discernimento do que ocorre à sua volta.[147]

Para Guido Calabresi[148], o teorema de Pareto não passaria de um guia jurídico, econômico e jurieconômico, servindo ao aprimoramento da sociedade, na medida em que via estabelecer situação fática em que todos se encontrem na melhor posição possível.

É legítimo que o foco do ordenamento jurídico repouse na eficiência alocativa porque resultante da consideração integral das preferências individuais. Nesse ponto, a Análise Econômica do Direito (AED) pressupõe ser o comportamento econômico global a agregação das decisões individuais, ou seja, o comportamento do indivíduo é o ponto de referência para análise no sentido de adequação de meios a fins para ordenar – ou, ao menos, possibilitar a ordenação – os objetivos dos agentes econômicos de acordo com suas preferências.

Calabresi entende, portanto, que partindo da verificação de que os operadores do direito não podem dizer algo de "científico" sobre os pontos de partida do ordenamento ou sobre os valores distributivos, a Análise Econômica do Direito sustenta que esses valores devem ser ignorados, analisando-se o direito apenas com base na eficiência econômica, definida abstratamente como maximização do bem-estar.[149]

Para que se atinja um grau maior de bem-estar social, há necessidade de um bom funcionamento do mercado. Entretanto, o mercado apresenta falhas que distorcem o grau de eficiência buscado pelos agentes econômicos, reduzindo, portanto, as chances de se obter o equilíbrio econômico desejado.

Esse pressuposto neoclássico, porém, foi criticado por diversas escolas da economia. O rechaço está fundado no fato de que sobressai, ao contrário do que prega o conceito maximizador, que existe uma racionalidade limitada, a partir da qual se considera que os agentes econômicos nem

---

[147] KOCH, Richard. **Princípio 80/20: O segredo de se realizar mais com menos**. Tradução: Nivaldo Montingelli Jr. Rio de Janeiro: Editora Rocco. 2009, pp. 23-24

[148] *Apud* Paula A. Forgioni, *op. cit.*, p. 244.

[149] *Apud* Paula A. Forgioni. *op. cit.*, p. 245.

sempre adotam comportamento maximizador, muitas vezes buscando tão somente a sua satisfação.

No aspecto social, o Estado teria que proporcionar um bem-estar comum de tal forma a intervir, quando necessário, nas atividades privadas para regular o sistema produtivo. No sistema capitalista de produção, há de se levar em conta os custos de produção para se obter os coeficientes produtivos.

II.2.5. Conceito de eficiência segundo Kaldor-Hicks

O Estado criou normas de prevenção e repressão à concorrência desleal justamente para incentivar a livre concorrência, para conter abusos e incrementar uma filosofia de equilíbrio econômico nos mercados.

Essa a razão pela qual Pareto[150] afirma que "não se deve confundir o estado de direito com o estado de fato; este último tem sentido somente, ou quase somente, para o equilíbrio social". Daí a razão para os economistas Nicholas Kaldor e John Hicks (Kaldor-Hicks) terem proposto uma concepção de eficiência distinta, fundada na maximização da riqueza.[151]

O critério de eficiência denominado eficiência de Kaldor-Hicks[152] pressupõe que, ocorrendo uma mudança que melhore a condição de um determinado grupo de indivíduos (por exemplo, a edição de uma nova lei)

---

[150] PARETO, Vilfredo. **Sociologia.** Organizador: José Albertino Rodrigues. Coordenador: Florestan Fernandes. Tradução Ruy R. Cunha. São Paulo: Ática, 1984, 79.

[151] De acordo com essa concepção, uma alocação será Kaldor-Hicks eficiente (ou eficiente no sentido de maximizar a riqueza) caso os indivíduos que dela se beneficiem experimentem benefícios que excedam as perdas de quaisquer outros indivíduos. Dessa forma, aqueles que se prejudicam podem ser *potencialmente* compensados pelos que se beneficiam com a vantagem de que, ao final, haverá um ganho líquido. É relevante notar que, de acordo com o teorema de Kaldor-Hicks, a compensação dos prejudicados não é necessariamente devida – caso contrário, voltar-se-ia para a situação de ótimo de Pareto. Assim, a diferença principal entre o sistema paretiano e o assim chamado teorema de Kaldor-Hicks reside no fato de que, quanto ao segundo, a compensação pode ser hipotética e não real. O teorema de Kaldor-Hicks possibilita, consequentemente, a avaliação de políticas que produzem perdedores com resultado. Se houver pagamento de compensação aos perdedores, o estado de alocação Kaldor-Hicks volta a um estado de superioridade de Pareto.

[152] No Brasil, o Ministério da Justiça, através de sua Secretaria de Direito Econômico proferiu parecer no sentido de que para ajustar-se ao artigo 54 da Lei 8.884/94 (revogado pela Lei 12.529/11), que determina que todos os atos, acordos e contratos associativos que tenham o potencial de limitar ou de qualquer forma prejudicar a livre concorrência ou resultar na dominação de mercados relevantes de bens ou serviços devem ser submetidos à apreciação do Conselho Administrativo de Defesa Econômica – CADE.

os indivíduos que saíssem prejudicados acabariam sendo compensados pelo prejuízo através de ações dos ganhadores ou do próprio Estado, a fim de que se possa adotar o equilíbrio e a eficiência nas relações. A compensação não precisa ser efetiva, bastando que seja possível. Esse conceito de eficiência maximiza o bem-estar social e é multo aplicado no ramo da economia denominado *Welfare economics*.[153]

O critério Kaldor-Hicks, às vezes chamado de "superioridade potencial de Pareto", pode ser traduzido, também, como critério de compensação. Em vez de exigir que ninguém saia prejudicado por uma alteração na alocação de recursos, esse critério estabelece apenas que o aumento no valor seja suficiente para compensar plenamente os prejudicados.[154]

Também chamado como ótimo de Kaldor-Hicks, essa concepção indica que, nas situações em que o produto da vitória de um indivíduo excede os prejuízos da derrota de outro, ocorre um aumento no excedente total, o que representa para coletividade uma situação de eficiência. Logo, a forma de redistribuição desse excludente poderia ser obtida por mecanismos compensatórios.

Kaldor-Hicks é muito criticado, mesmo por economistas, pelo fato de não garantir a maximização de utilidade. Entretanto, Posner entende que é incorreto afirmar que o critério de Pareto seja a única "acepção profissional normal" do termo eficiência, pois, quando os economistas exemplificam monopólio como sendo ineficiente na concorrência e na distribuição de riqueza, eles querem dizer ineficiente no sentido de Kaldor-Hicks, ou da maximização da riqueza, e não no de Pareto.[155]

Pode-se defender o uso da palavra "eficiência", no sentido de Kaldor-Hicks como simples conveniência analítica que torna possível discutir, em separado, questões de alocação e as de distribuição de riquezas.

O próprio Kaldor defendeu esse uso e ainda apresentou um argumento ético nessa utilização. Kaldor afirmava que o governo sempre poderia "transformar um aumento da riqueza em um aperfeiçoamento segundo Pareto, oferecendo, com os dividendos dos ganhadores, compensação aos prejudicados."[156]

---

[153] Significa "Economia do bem-estar social".

[154] POSNER, Richard A. **A economia da justiça**. São Paulo: Editora Martins Fontes, 2010, p. 108

[155] POSNER, Richard A. **A economia da justiça**. p. 109.

[156] *Apud* POSNER, Richard A. **A economia da justiça**... p.110

No Brasil, a utilização de distribuição de riqueza em forma de compensação (critério de Kaldor-Hicks), e a investigação sobre a eficiência da norma em prol do bem-estar da coletividade foi estudado pelo próprio Ministério da Justiça, através de sua Secretaria de Direito Econômico.

A Secretaria de Direito Econômico proferiu parecer relacionado a Acordos de Código Compartilhado (*codeshare*) e Potencial Lesivo à Concorrência, utilizando-se, para tanto, os conceitos de eficiência segundo Pareto e o critério de compensação, conforme Kaldor-Hicks[157].

O mencionado estudo teve como objetivo verificar se estava sendo cumprido o artigo 54 da Lei 8.884/94, que determina que todos os atos, acordos e contratos associativos que tenham o potencial de limitar ou de qualquer forma prejudicar a livre concorrência ou resultar na dominação de mercados relevantes de bens ou serviços devem ser submetidos à apreciação do Conselho Administrativo de Defesa Econômica – CADE.

II.2.6. O equilíbrio de Nash e a teoria dos jogos
O equilíbrio de Nash[158] consiste em um postulado lógico segundo o qual em determinados jogos – não cooperativos – cada jogador visa apenas

---

[157] Parecer CGAE/SDE nº 003/20008. Disponível em www.mj.gov.br/services/Document Management/FileDownload.EZTSvc.asp?DocumentID=%7B129EC17C-B95E-4078. Acesso em 16/ jun /2009. No citado parecer, discutia-se a obrigatoriedade ou não de notificação de acordo de código compartilhado entre companhias aéreas (*codeshare*) que importasse na necessidade de apreciação do CADE em face de potencial lesividade à coletividade. A análise em relação ao potencial lesivo para fins de identificar quais as operações nao exigem notificação levaria em conta a situação ótimo de Pareto e não a eficiência no sentido de Kaldor-Hicks. Isto porque, segundo o parecer, o critério ótimo de Pareto é eficiente se é possível aumentar o bem-estar de algum agente sem implicar na piora na situação de outro agente. Por sua vez, uma situação é eficiente no sentido de Kaldor-Hicks se, considerando a situação dos beneficiados e prejudicados com uma medida, o saldo líquido é positivo. Por essa razão, o parecer do Ministério da Justiça foi no sentido de se considerar que somente é possível dispensar a notificação no primeiro caso (ótimo de Pareto), sendo necessário, todavia, a notificação, na segunda situação (Kaldor-Hicks) diante dos efeitos normativos que dispunham o artigo 54, da Lei. 8.884/94 (revogado pela Lei 12.529/11).

[158] John Forbes Nash foi um matemático norte-americano que trabalhou com a Teoria dos Jogos. Criador da Geometria diferencial e equação de derivadas parciais, serviu como Matemático Sênior de Investigação na Universidade de Princeton, Estados Unidos. Em 1978, Nash recebeu o Prêmio John Von Neumann Theory Prize, por suas descobertas quanto aos equilíbrios não-cooperativos, que fora denominados "Equilíbrio de Nash". Em 1999, como resultado de seu trabalho com a Teoria dos Jogos, recebeu o prêmio Leroy P. Steele Prize. Em

aumentar seu resultado final individual, prescindindo do resultado a ser obtido pelo outro como fim.[159]

Trata-se de uma estratégia normalmente utilizada pelos administradores ou gestores empresariais, por meio do qual o "jogador" (uma das parte interessadas) utiliza o resultado a ser obtido pelo adversário para fazer sua própria escolha. Ocorre que nesse caso, haverá uma situação, um resultado final, que, embora não seja ótimo para cada parte, é um resultado a que chegarão ou tenderão a chegar se o jogo for repetido sucessivas vezes.

É uma situação em que as partes buscarão uma estabilidade como resultados parciais (intitulado como *pay-offs*) não necessariamente maximizadores dos desejos de cada um, mas em vista das estratégias adotadas, aquela que garantirá uma solução razoável para ambos.

Larry Cardoso e Luís Façanha entendem que a "teoria dos jogos" pode ser definida como "conjunto de técnicas de análise de situações de interdependência estratégica, já possuindo história, tradição e prestígio consolidados no âmbito da matemática".[160]

Para melhor compreensão do que seja a "teoria dos jogos" e sua importância na tomada de decisões entre as empresas no mundo competitivo de hoje, há que se levar em conta que a informação é chave-mestra que envolve os competidores.

O equilíbrio só se verifica em vista do fato de que a alteração da estratégia que implicará a solução de Nash por um jogador (*player*), e apenas por ele, não aumentará seu grau de satisfação de desejo, "medida pelo seu *pay-off* parcial, em vista da possibilidade de alteração do comportamento do outro jogo." [161]

A avaliação quantitativa do potencial de mercado, taxas interna de retorno e outros critérios de seleção de oportunidade de investimento

---

decorrência de seu sucesso, sua vida foi retratada em um filme: Uma mente brilhante (*A beautiful mind*), produzido por Ron Howard e Brian Grazer, para a *Universal Studios* e *DreamWorks*.

[159] PENTEADO, Luciano de Camargo. **Teoria dos Jogos: por uma propedêutica à elaboração racional da decisão**. Revista de Direito Mercantil nº 132. Ano XLII. São Paulo: Malheiros Editores. 2003, p. 162.

[160] Conceito adotado por Larry C. Cardoso e Luís Otávio Façanha, no artigo intitulado *Uma introdução à Teoria dos Jogos*. Extraído da obra **Economia Industrial: fundamentos teóricos e práticos no Brasil**. Coordenação: David Kupfer & Lia Hasenclever. Rio de Janeiro: Elsevier, 2001, p. 151.

[161] PENTEADO, Luciano de Camargo. *op. cit.*, p. 162.

GESTÃO CORPORATIVA

permitem apenas às empresas que ordenem as situações tidas como possíveis, de acordo com suas preferências.[162]

No mercado da competição, tal como acontece em leilões e licitações, em que os competidores (sem competição prévia entre si) apresentam suas propostas em envelopes fechados, nos "jogos com informação completa, mas imperfeita" representa-se a dificuldades de comunicação entre os jogadores.

Para cada conduta a ser tomada, uma empresa estuda a outra; sua estratégia passa a ser regra de conduta que especifica um movimento e uma escolha de ramificação para cada um dos conjuntos de informações do jogador.

Para Anita Kon, como condição básica da Teoria dos Jogos, cada participante da situação de competição conhece os possíveis resultados de uma situação e tem um padrão de preferência entre esses resultados, que será a referencia a ser buscada caso não houvesse o conflito de interesses entre os competidores. Sua decisão individual entre várias alternativas pode ser representada por uma "função-utilidade". Assim, "o desejo individual para determinados resultados a serem obtidos, na teoria dos jogos, é um problema de maximização da utilidade esperada." [163]

As variáveis que controlam os possíveis resultados também são assumidas como bem especificadas. É possível caracterizá-las precisamente e os valores que elas assumem. "Cada jogador escolhe uma estratégia que leva em conta seus possíveis ganhos e perdas se o outro participante reagir ao seu movimento de varias formas.".[164]

Luce e Raiffa descrevem exemplos de situações de conflitos de interesse no âmbito econômico em que são utilizadas estratégias da Teoria dos Jogos. Enfatizam que uma situação econômica básica envolve vários produtores, cada um tentando maximizar seus lucros, mas tem apenas limitado controle sobre as variáveis que o determinam. Um produtor

---

[162] *Idom*, p. 153.

[163] KON, Anita. **Economia Industrial**. Ed. Nobel: São Pulo, 1999. pp. 43-45.

[164] Anita Kon exemplifica a situação: "O caso mais simples, análogo à competição, é do jogo de dois participantes. Se o que um jogador ganha for exatamente igual ao que o outro perde, o jogo é de soma-zero. Se o número de participantes for maior que dois, a situação torna-se mais complexa, desde que existe a possibilidade de se formarem coalizões de dois ou mais jogadores contra os outros, se for vantajoso para os que se unem. Ainda que se forme uma coalizão, o resultado do jogo não será determinado com certeza e a solução adotada dependerá dos padrões de comportamento do grupo especifico de jogadores. Estes comportamentos são baseados em produtos homogêneos e a gama de resultados possíveis se ampliaria com a possibilidade de diferenciação do produto." *op. cit.,* pp. 43-45.

não terá controle sobre as variáveis controladas por outro, embora estas influenciem consideravelmente seus resultados.[165]

Esses autores chamam a atenção para dois problemas que tornam difícil a prática da Teoria dos Jogos[166]. Primeiramente, é difícil especificar precisamente os conjuntos de estratégias disponíveis pelos jogadores, devido a muitas causas, como o surgimento de uma nova invenção ou descoberta científica, que abre toda a gama de novas atividades ao produtor, ou acontecimentos exógenos fortuitos e condições que se transformam durante o processo do jogo, interferindo na estratégia. Segundo, em decorrência de complicações internas da própria empresa, motivadas por desentendimentos de seus agentes, os quais, por falta de eficiência na gestão de seu pessoal, podem tomar decisões pautadas em elementos subjetivos e pessoais ou em até mesmo em informações imprecisas.

II.3. ANÁLISE ECONÔMICA DA EMPRESA

II.3.1. Teoria da firma: a empresa como instituição

De acordo com Coase[167], a empresa é vista como um arranjo institucional que substitui a contratação renovada de fatores no mercado por outra

---

[165] E complementam: "Assim, cada executivo prevê todas as possíveis contingências para a sua tomada de decisão e descreve em detalhe a ação a ser empreendida – que pode ser deixada nas mãos dos funcionários ou das maquinas – em cada caso, em vez de esperar os problemas acontecerem. Essas estratégias são na realidade um guia para a ação com respeito ao estabelecimento de preços, produção, publicidade, emprego etc." *Apud* Anita Kon. *op. cit.*, pag. 43-45.
Uma segunda complicação na determinação das estratégias de muitas situações econômicas é o fato de que a maior parte das decisões não é apenas descrita em termos de alternativas, mas requer uma especificação de tempo. A introdução do tempo no conjunto de alternativas tende a causar dificuldades práticas consideráveis. Os conjuntos de estratégias tornam-se rapidamente gigantescos e a determinação das quantidades necessárias para descrever a situação econômica no jogo torna-se uma dificuldade prática. *Apud* Anita Kon. *op. cit.*, pp. 43-45

[166] *Apud* Anita Kon. *op. cit.*, pp. 43-45.

[167] COASE, Ronald. "The Problem of Social Cost", in **The Journal of Law & Economics,** v. III, 1960. Ronald Coase foi economista e escreveu cerca de doze artigos importantes. Seus artigos tiveram impacto profundo na economia. Seu primeiro artigo *"The Nature of the Firm"* foi feito quando ainda era universitário, ocasião em que partiu da sua nativa Inglaterra para uma viagem pelos Estados Unidos. Ele era um socialista na época, e decidiu fazer uma visita a Norman Thomas, um eterno candidato presidencial pelo Partido Socialista. Coase também visitou a Ford e a General Motors, o que o instigou a pensar no seguinte enigma: como os economistas podem dizer que Lenin estava errado em achar que a economia russa pode ser

ANÁLISE ECONÔMICA DA EMPRESA

forma de contratação, "representada por um vínculo duradouro entre fatores de produção."

Na contratação entre capital e trabalho, por exemplo, seria a diferença entre contratar um autônomo para uma tarefa avulsa ou contratar um trabalhador mediante um contrato de trabalho. Nesse caso, haveria de se buscar o que seria mais vantajoso para a empresa, pois dela depende o custo dos negócios jurídicos que celebra para a persecução de seus objetivos.

Dessa maneira, Coase identifica duas formas alternativas de alocação de recursos: "um pelo mercado, flexível, elástica, respondendo às mudanças nas condições e sinalizada por preços; outra, hierárquica, correspondendo às ordens emitidas pela hierarquia interna à empresa", de acordo com a convicção das decisões de seus gestores, destinados "aos fatores contratados" para sua "utilização produtiva".[168]

No entendimento de Zylbersztajn e Sztajn[169], o que mais importa no trabalho de Coase é a identificação da "firma contratual", a substituição da função de produção pelo nexo de contratos e a relevância dos direitos de propriedade.

Para se buscar uma resposta sobre a relação entre mercado, economia e direito, entendem Zylbersztajn e Sztajn que "se a firma pode ser entendida como um nexo de contratos", o direito deve regular a sanção aplicável em caso "de quebras contratuais", criando mecanismos para manter os contratos e, especialmente, "mecanismos que permitam resolver problemas

---

administrada como uma grande fábrica se as grandes firmas nos Estados Unidos parecem tão bem administradas? Para responder a sua própria pergunta, Coase teve um *insight* fundamental sobre o motivo porque as firmas existem. As firmas são como economia centralmente planejada, mas diferente dessas elas são formadas por causa das escolhas voluntárias das pessoas. Mas por que as pessoas fazem essas escolhas? Em resposta Coase escreveu que a diferença está nos "custos de transação (na época ele usou a expressão "marketing costs"). Se não houvesse custo para usar o mercado, as firmas não existiriam. As pessoas fariam apenas transações diretas. Mas porque existem custos envolvidos no uso do mercado, o processo de produção mais eficiente às vezes ocorre dentro de uma firma. Sua explicação sobre a razão para a existência das firmas é atualmente aceita e deu origem a todo um corpo de estudos sobre o assunto. Disponível em http://www.ordemlivre.org/node/293. Acesso em 05/ nov/ 2010.

[168] DANTAS, Alexi *et al*. **Empresa, indústria e mercados.** In **Economia Industrial: fundamentos teóricos e práticos no Brasil.** Organizado por David Kupfer e Lia Hasenclever. Rio de Janeiro: Campus, p. 28.

[169] ZYLBERSZTAJN, Décio e SZTAJN, Rachel. **Direito e Economia.** Rio de Janeiro: Elsevier, 2005, p. 7.

ANÁLISE ECONÔMICA DO DIREITO DE EMPRESA

de inadimplemento, total ou parcial, dos contratos", pois esses efeitos têm repercussões econômicas[170]

A empresa para Coase é uma hierarquia que economiza custos de transação. Ao manter o problema alocativo como central e ao empregar o "cálculo racional e análise marginal na formulação do tamanho ótimo da empresa que maximiza lucros", a empresa deve ser entendida como um "desenvolvimento teórico ainda no âmbito da abordagem neoclássica".[171]

Williamson[172] avalia que qualquer crítica ao trabalho de Coase não ofusca a magnitude da Teoria da Firma. Aliás, a Teoria da Firma como forma de governança responde aos avanços que se sucederam na Teoria das Organizações nos seguintes aspectos: trabalha a partir do cenário de contratos incompletos (racionalidade limitada) no qual acidentes ocorrem entre partes bilateralmente dependentes (ativos específicos) quando são agastados da curva de contrato por desequilíbrios (incerteza), consequentemente as partes são levadas a barganhar (oportunismo).

As transações decorrentes de ações de gestores pressupõem o afastamento de conflitos, promovendo adaptação cooperativa, via inserção de canais de negociações que traduzem confiabilidade e credibilidade entre as partes.

Pode-se citar como exemplo, acordo coletivo de contrato de trabalho, onde a empresa e os empregados, através do sindicato de sua categoria, celebram uma avença normativa para melhorar as condições de trabalho, criar gratificações de acordo com o tempo de serviço, promover formas de reduzir as desigualdades salariais em segmentos imersos na mesma região.

Essa perspectiva de economia para as organizações voltada à transação como mecanismo de negociações para redução de conflitos são interessantes à medida que ganhos recíprocos serão sempre alcançados pela troca de uma vantagem menos eficiente para uma alternativa mais eficiente, contanto que os custos de implementação não dissipem suas vantagens.

Para Williamson, os fatos revelam que "a maior parte das disputas, incluindo muitas que poderiam ser levadas às cortes, é resolvida por medidas de precaução, autossuporte e formas similares". [173]

No entendimento de Sztajn, modelar condutas com base no princípio da escolha racional corresponde aos critérios de avaliação da compreensão

---

[170] *Ibidem.*
[171] DANTAS, Alexi *et al. op. cit.,* p. 28.
[172] WILLIAMSON, Oliver. *op. cit.,* p. 20.
[173] WILLIAMSON, Oliver. *op. cit.,* p. 48.

das pessoas em face das consequências de seus atos. Esse o "principal esquema de imputação de responsabilidade, de vinculação, acatado pelo ordenamento", em que a capacidade dos agentes determina a validade das ações. Essa capacidade pode ser comparada à racionalidade econômica.[174]

II.3.2. Teoria da maximização dos lucros

Antes da revolução industrial, as empresas eram identificadas pelo exercício de suas atividades econômicas no âmbito mercantil, mas a produção se fazia, em geral, de forma doméstica ou em oficinas de dimensões reduzidas.

Mesmo no século XIX, "as primeiras empresas industriais (da indústria têxtil, por exemplo)" eram empresas familiares ou "sociedade de natureza jurídica simples, não separando a responsabilidade do patrimônio familiar dos compromissos assumidos pelas empresas". Nesse sentido, a empresa da "escola clássica se identifica com o capitalista, e seu objetivo é acumular capital em um ambiente competitivo representado por um sistema capitalista em expansão".[175]

A lei dos rendimentos procurava relacionar a ampliação da atividade econômica à produtividade.

O estabelecimento empresarial é o local onde se combinam diversos fatores produtivos e de serviços para possibilitar a criação de bens que serão colocados à circulação e de serviços que serão oferecidos aos clientes da empresa, estando "a produção sujeita às leis dos rendimentos, que são discutidas primordialmente no interior de cada unidade de produção isolada".[176]

Na visão de Alfred Marshall[177], enquanto agente de um sistema alocativo de recursos, a "empresa neoclássica" é vista como um agente que toma

---

[174] SZTAJN, Rachel, *op. cit.*, p.224.

[175] DANTAS, Alexi *et al. op. cit.*, p. 25.

[176] *Idem*, pp. 26-27.

[177] Alfred Marshall foi um economista britânico, nascido em 1842 e falecido em 1924. Professor em Cambridge, teve Keynes por aluno. A sua principal obra é *Principles of Economics*, publicada entre 1890 e 1907. Marshall tem na teoria econômica uma posição central e dominante. A forma como utilizou a matemática trouxe à economia alcance e profundidade e transformou metodologicamente a abordagem desta ciência. Utiliza os métodos de análise dos marginalistas para uma espécie de renovação da escola clássica e tenta conciliar três teorias de valor: a da oferta e da procura, a da utilidade marginal e a dos custos de produção. A teoria marginalista, formulada em 1870, defende que o valor de troca de um produto não depende da quantidade de trabalho incorporado (concepção objectiva dos clássicos) mas da utilidade da

"decisões de produção (curto prazo) e de escolha de tamanha da planta (longo prazo)", incluindo a entrada ou saída de mercadorias onde "os lucros estejam acima ou abaixo dos lucros normais".[178]

As escolhas individuais das empresas são governadas pelo objetivo de maximização de lucros, que corresponde à quantidade produzida que proporciona os maiores lucros dentro de um conjunto de departamentos, quantidades que uma planta (filial) permite produzir em "curto prazo" ou "à escolha da planta ótima, a que permite obter a maior lucratividade dentre o conjunto de dimensões alternativas de plantas no âmbito da tecnologia vigente".[179]

Para Léon Walras[180], a empresa se apresenta sob a forma de empresários que compareçem no mercado de fatores como "demandantes de seus serviços e no mercado de bens como ofertantes dos produtos." Se as remunerações concebidas são os lucros do capital, salário do trabalho e a renda dos recursos naturais, "os lucros extraordinários a que empresários poderiam eventualmente visar como resíduo – resultante do desconto dos custos de produção do valor dos bens – se anulam por pressão da competição."

As teorias tradicionais de equilíbrio nas estruturas de mercado admitem a maximização de lucro como hipótese, mas, ao mesmo tempo, não conseguem abordar elementos significantes e presentes em cada área e segmento de mercado para justificar esses objetivos.

Quando ocorre a tomada de decisão, as empresas podem optar por metas que não correspondam, necessariamente, ao "pressuposto de maximização de lucros, criando uma lacuna na explicação do comportamento da empresa". A suposição de maximização de lucros, portanto, "é frequentemente utilizada pelo fato de prever o comportamento empresarial de forma relativamente exata, evitando complicações analíticas desnecessárias."[181]

---

sua última unidade disponível, utilidade necessariamente menor em função da lei da utilidade marginal decrescente (concepção subjetiva). Estas teses foram simultaneamente defendidas por Walras e Pareto (Escola de Lausana), por Menger, Wieser, Bohm-Bawerk, (Antiga Escola de Viena ou Escola Psicológica), Hayek, Morgenstern e Schumpeter. Disponível em http://www.infopedia.pt/$alfred-marshall. Acesso em 07/ dez/ 2010.

[178] DANTAS, Alexi *et al. op. cit.*, p. 26.
Ibidem.

[179] *Ibidem.*

[180] *Idem*, p. 27.

[181] PINDYCK, Robert S. RUBINFELD, Daniel L. **Microeconomia**. São Paulo: McGraw-Hill, 1994, p. 23.

ANÁLISE ECONÔMICA DA EMPRESA

Existem várias especulações sobre os motivos que levariam as empresas a decidir por um tipo de política em termos de lucros. O lucro manteria a empresa operante, e ao maximizá-los, eles fortaleceriam ainda mais as estruturas das organizações, não precisando, em tese, de se buscar dinheiro no mercado a um custo mais alto.

Pindick e Rubinfeld[182] explicam que na prática, a teoria pode não resultar na maximização dos lucros. Os autores citam exemplos tirados em dois tipos de empresas: nas pequenas e nas grandes organizações. Nas pequenas empresas, o lucro almejado será cobrado diretamente do proprietário da empresa, que, normalmente dominará todas as decisões e se sentirá na obrigação natural de fortalecer cada vez mais seu capital. Porém, muitas vezes, não possui capacitação profissional administrativa e de custos de produção para verificar, efetivamente, se está ou não maximizando seus lucros, mas apenas tendo a sensação ilusória de estar obtendo lucro. Nas empresas maiores, os "administradores que tomam as decisões no dia a dia geralmente têm pouco contato com os proprietários (isto é, acionistas)." Esses administradores, por motivos diversos, dispõem de "alguma liberdade de atuação em termos de gestão da empresa, podendo de alguma forma desviar-se do comportamento capaz de maximizar lucros.[183]

Baumol[184] entende que a sensação de maximização de lucros estaria no fato de o empresário realizar mais vendas. Quanto mais vendas o empresário realizar para cobrir suas despesas, melhor sua satisfação pessoal por entender que a empresa e seus produtos estão sendo aceitos e consumidos pelo mercado. No mesmo sentido, pode haver também maior receita total que satisfaça um lucro mínimo, embora um nível menor de receita possa gerar o lucro máximo.

Uma justificativa para esse comportamento seria que a busca de maiores vendas pode resultar em mais prestígio para a empresa, gerando também uma maior possibilidade de crédito, além de diminuir o risco, facilitando a organização das atividades.

A incerteza, portanto, presente na busca incessante do lucro máximo, pode ser o ponto de partida para que as decisões empresariais sejam feitas dessa forma. Logo, a maximização dos lucros, deve ser considera a partir

---

[182] *Idem*, pp. 25-27.
[183] *Ibidem.*
[184] HOLMAN, Mary A. WATSON, Donald S. *op. cit.*, pp. 45-49.

ANÁLISE ECONÔMICA DO DIREITO DE EMPRESA

da compreensão de cada atividade econômica tomando-se como base um equilíbrio geral no mercado atuante, de acordo com investimento em novas tecnologias e, até mesmo, da forma em que a empresa se organiza para seus fins econômicos.

II.3.3. Teoria schumpeteriana: a empresa como ente inovador

Competição "em seu sentido lato, significa luta pela existência." O homem, por natureza, compete para sobreviver em meio aos conflitos da sociedade. Na ordem econômica, a competição das empresas contém a mesma natureza da competição humana: lutar para sobreviver no mercado em que atua.[185]

O austríaco Joseph A. Schumpeter[186] criou a "teoria da concorrência" no século XX, entendendo que a empresa, para evoluir no decorrer do tempo, passa por um "processo ininterrupto de introdução e difusão de inovações em sentido amplo". Para Schumpeter, a empresa depende de "mudanças nos produtos, nos processos produtivos, nas fontes de matérias-primas, nas formas de organização produtiva, ou nos próprios mercados, inclusive em termos geográficos" para sobreviverem em meio ao mercado competitivo.

Ao examinar o lucro empresarial, Schumpeter apresenta algumas reflexões sociológicas sobre a impossibilidade de os "empreendedores transmitirem geneticamente a seus herdeiros as qualidades que os conduziram ao êxito, por meio de inovações e novos métodos produtivos."[187]

A concorrência schumpeteriana caracteriza-se pela "busca permanente de diferenciação por parte dos agentes, por meio de estratégias deliberadas, tendo em vista a obtenção de vantagens competitivas".[188]

Para Schumpeter[189], o desenvolvimento econômico é sinônimo de "mudança tecnológica descontínua". Essa descontinuidade é que caracteriza o "desenvolvimento", pois mesmo uma "nova combinação das forças

---

[185] TORRE, Maria Benedicta L. Della. **O homem e a sociedade.** São Paulo: Companhia Editora Nacional, 1971, pp. 76-77

[186] POSSAS, Mario L. **Concorrência schumpeteriana. In Economia Industrial: fundamentos teóricos e práticos no Brasil.** Organizado por David Kupfer e Lia Hasenclever. Rio de Janeiro: Campus, pp. 418-423.

[187] SCHUMPETER, Joseph Alois. **Teoria do desenvolvimento econômico.** Tradução de Maria Sílvia Possas. São Paulo: Editora Nova Cultural, 1997. pp.11-12.

[188] POSSAS, Mario L. *op. cit.,* pp. 418-423.

[189] SCHUMPETER, Joseph A. *op. cit.,* p. 132.

materiais da produção, saindo de uma velha para um ajuste contínuo em pequenos passos, caracteriza apenas uma mudança em termos de crescimento".

A busca de novas oportunidades, ou inovações em sentido amplo, tende a gerar mais lucros a seus investidores porque visa enfraquecer as forças dos seus concorrentes com a inserção de novos bens ou serviços no mercado.

Qualquer inovação, em sentido amplo, é entendida como "resultado da busca constante de lucros extraordinários, mediante a obtenção de vantagens competitivas entre os agentes (empresas)."[190]

As empresas devem se diferenciar umas das outras, nas mais variadas dimensões dos processos competitivos (veja-se que Schumpeter não faz alusão aos meios de produção, mas a processos que visem criação e inovação de produtos com ênfase na competitividade), tanto nos tecnológicos quanto nos de mercado (processos produtivos, produtos, insumos, organização).

A livre iniciativa propicia, pela lógica do mercado, o ingresso de empresas em diversos segmentos produtivos, competindo-se entre si para conquistar os consumidores com seus bens e serviços.

Por força da livre iniciativa, a concorrência representa "um processo (ativo) de criação de espaços e oportunidades econômicas", e não apenas, "um processo (passivo) de ajustamento em direção a um suposto equilíbrio".[191]

A concorrência implica, pois, o surgimento "permanente e endógeno de diversidade no sistema econômica capitalista", como processo evolutivo do sistema de criação de diferenças.[192]

Para Mario Possas, a empresa é "a unidade de análise da concorrência schumpeteriana, por ser a unidade de decisão e de apropriação de ganhos." O mercado, então, seria o espaço de interação "competitiva principal" entre as empresas em sua rivalidade e "orientação estratégica".[193]

A orientação estratégica compreende um conjunto de elementos que a empresa adota para obtenção de seus objetivos propostos, levando-se em conta seus concorrentes. As estruturas de mercado acabam provocando nas empresas alterações em sua dinâmica industrial, produtos, processos,

---

[190] POSSAS, Mario L. *op. cit.,* pp. 418-423.
[191] POSSAS, Mario L. **Concorrência schumpeteriana**. *op. cit.,* pp. 418-423.
[192] *Ibidem.*
[193] *Ibidem.*

ANÁLISE ECONÔMICA DO DIREITO DE EMPRESA

tecnologias e todas as mudanças ocorridas ao passar do tempo tendem a alimentar novos desenhos de processos, novos produtos e novos mercados.

Existem, ainda, autores[194], que defendem uma nova teoria baseada naquela criada por Schumpeter: a teoria neoschumpeteriana.

A teoria neoschumpeteriana é aquela segundo a qual, além de seguir as principais ideias de Schumpeter sobre a dinâmica das concorrências, "propõem romper com os pressupostos metodológicos tradicionais". Nesse particular, o equilíbrio, substituído pela noção mais geral de "trajetória"; e o de "racionalidade maximizadora" ou "substantiva", substituindo pelo de "racionalidade limitada" ou "processual".

Na analogia evolucionária de Nelson e Winter são introduzidas as noções básicas de busca de inovações, procedidas pelas empresas a partir de estratégicas e de seleção dos resultados econômicos dessas mesmas inovações, realizada pelo mercado.

Na teoria neoschumpeteriana, então, a empresa seria um conjunto de processos de rotina por meio do qual, para inserir-se no mercado competitivo, utiliza-se dos problemas detectados nas rotinas, pondo em ação "rotinas de solução de problemas" e demandas de "alterações nas próprias rotinas" como forma de justificar a introdução de inovações procedimentos, servindo-se ou não de inovações tecnológicas. A própria geração de inovações, segundo essa teoria, é uma atividade passível de "organização em rotinas que consistem em princípios de busca de soluções de problemas por parte de cientistas, engenheiros e gerentes."[195]

Ao invés da escolha racional e permanentemente renovada proposta pela corrente principal da teoria econômica, as empresas, na verdade, se comportam com "rotinas" consolidadas através de sua experiência, "que possuem o papel de coordenar a atividade interna dos membros da empresa", ao mesmo tempo em que "encerram o conhecimento da organização, à semelhança de um "código genético".[196]

---

[194] Entre eles Richard Nelson e Sidney Winter, que fincaram o marco inicial dessas perspectivas em seu livro clássico denominado "Uma teoria evolucionária da mudança econômica", *apud* POSSAS, Mario L. *op. cit.*, pp. 418-423.

[195] MELO, Luiz Martins de. Modelos tradicionais de concorrência. *In* **Economia Industrial: fundamentos teóricos e práticos no Brasil.** Organizado por David Kupfer e Lia Hasenclever. Rio de Janeiro: Campus, pp. 31-33.

196 *Ibidem.*

ANÁLISE ECONÔMICA DA EMPRESA

A discussão das rotinas enfatiza um aspecto central do comportamento das empresas: o de que não bastam os equipamentos e seus manuais para sua utilização; "a empresa não é uma planta operada com custos variáveis na forma de trabalho que pode ser contratado ou determinado", pois as rotinas encerram o "conhecimento da empresa" e incluem a "produção, transmissão e interpretação das informações provenientes do ambiente externo e as geradas no interior da empresa".[197]

A teoria neoschumpeteriana do conceito de empresa advém da preocupação central da lógica do processo de inovação e seus impactos sobre a atividade econômica. O papel da mudança tecnológica na conformação das estruturas de mercado e no processo de mudança estrutural ou na atribuição de papel ativo por parte das empresas adviria de acordo com as capacidades e competências individuais de cada organização.

Para inserir a empresa no mercado competitivo seria necessário que a maior factibilidade de certas trajetórias de mudanças técnicas pudessem ser conhecidas antes do concorrente. É nesse contexto que a noção de paradigmas e trajetórias tecnológicas é introduzida.

Como exemplo dessa ilação, cita-se o caso de uma indústria que se beneficia de aumentos de produtividade graças ao acesso a uma tecnologia de vanguarda, mantendo preços relativos sem alteração, conservando salários por meio de otimização de seus recursos, transformando em maiores lucros a redução dos custos de produção, ou seja, "se beneficia de uma quase-renda".[198]

Por essa característica schumpeteriana, Lia Hasenclever e Paulo Tigre[199] observam que a empresa deve ser concebida como um "organismo vivo em permanente mutação que recebe influências de seu ambiente (mercado), mas ao mesmo tempo é capaz de transformá-lo ou criar novos mercados" a partir da introdução de inovações tecnológicas.

II.3.4. Teoria do oligopólio e a concentração do poder econômico
Na abordagem de Anita Kon[200], a industrialização capitalista, que resultou em "uma crescente acumulação e centralização do capital no final do

---

[197] *Ibidem.*
[198] FURTADO, Celso. *op. cit.*, p. 115.
[199] HASENCLEVER, Lia; TIGRE, Paulo. **Estratégias de inovação**. In KON, Anita. *op. cit.*, pp. 431-433.
[200] KON, Anita. *op. cit.*, pp. 27–28.

século XIX e inicio do século XX, trouxe consigo a difusão dos mercados supridos por um pequeno número de grandes empresas."

Concomitantemente às criticas à convencional Teoria da Firma, desenvolveu-se então a "Teoria do Oligopólio". O pressuposto básico sobre o tipo de organização de mercado concorrencial era de que, quando a competição se dá entre um número razoavelmente pequeno de produtores, inevitavelmente surgem problemas de interdependência, ou seja, "nenhuma forma pode agir com a suposição de que sua ação não provocará a reação de seus competidores."[201]

As primeiras teorias de oligopólio concentravam-se em modelos clássicos de competitividade e concorrência. A primeira aproximação ao oligopólio foi dada pela teoria do duopólio, em que duas empresas dividiam o mercado e eram assumidas reações padrões entre os competidores.

No modelo "desenvolvido por Cournot, publicado inicialmente em 1838", porém, apenas discutido com maior intensidade a partir de 1930, já era assumida a interdependência entre as empresas produtoras ou vendedoras, "estabelecendo a noção de curvas de reação ou funções de reação", que representam a maneira pela qual cada empresa reage às ações de outras oligopolistas. Essas reações referem-se ao processo em que cada firma estabeleceria as quantidades de sua própria produção, supondo que a produção da outra permaneceria inalterada.[202]

Esta reação existe e, embora não possa ser prevista com absoluta certeza, as reações de seus rivais podem ser parcialmente antecipadas através de conhecimentos, dos custos relativos de produção, da história passada de mercado e da possibilidade de dividir este mercado em cotas.

O que interessa, nesse particular, é que o oligopólio acaba revelando um mercado onde poucas empresas são responsáveis pela maior parte ou por toda a produção de determinado produto ou serviço. Em um oligopólio, as empresas influenciam os preços de mercado e interagem entre si de forma estratégica.

François Chesnais[203] sustenta que a forma de concentração de capital utilizado na economia do século XIX e que permanece inalterada até a

---

[201] *Ibidem.*

[202] *Ibidem.*

[203] CHESNAIS, François. **A mundialização do capital**. Tradução Silvana Finzi Foá. São Paulo: Xamã Editora, 1996, pp. 92-93.

sociedade pós-moderna, pressupõe a existência do oligopólio. Isso porque, segundo ele, a "existência de situações de oligopólio não se reduz mecanicamente ao grau de concentração", mas, para descrever o oligopólio internacional que atualmente impera sobre a economia, basta se verificar a interdependência das grandes companhias. "As companhias não reagem mais a forças impessoais provenientes do mercado, e sim, pessoal e diretamente, a suas rivais".

Anita Kon[204] ressalta, ainda, que os oligopólios permitem a formação de preços por força da concentração econômica de recursos. Os mercados oligopolistas são formados pela "concorrência entre um número pequeno de empresas de porte econômica grande, que se colocam como rivais entre si". Daí pode-se compreender que "a formação de preços nesta estrutura de mercado é determinada pela capacidade das firmas de dirigirem o comportamento da demanda e de anteverem as ações e reações de mercado."

Ainda que esses acordos para formação de preços não sejam feitas de maneira escrita – posto que violariam o princípio da livre concorrência e constituiriam crimes contra a economia popular quando verificada a formação de cartéis e trustes – o oligopólio acaba se formando por ações independentes, com ações de *marketing* que visem a busca do melhor preço a ser fixado a fim de atender as necessidades das próprias empresas dominantes.[205]

A formação de preços no oligopólio ainda pode ser estabelecida através da fixação de normas ou regras práticas entres as empresas. Estas normas são baseadas "no princípio da determinação do preço pelo custo total e não pelo custo marginal". Este princípio estabelece que deve ser acrescentada "aos custos unitários estimados uma margem de lucro ou de rendimento desejado do capital investido."[206]

Por tal fato, no oligopólio as empresas podem se comportar de forma sequencial, com uma empresa líder decidindo o preço ou a quantidade dos produtos a serem colocadas à circulação. Por força desse prestígio

---

[204] KON, Anita. *op. cit.*, pp. 32-34.

[205] A Lei Antitruste brasileira foi criada para atender o mandamento constitucional da regulamentação da atividade econômica e financeira, no que se refere à repressão do abuso do poder econômico que vise à dominação dos mercados, à eliminação da concorrência e ao aumento arbitrário dos lucros, prevê a participação do Ministério Público Federal nos processos de prevenção e repressão às infrações contra a ordem econômica.

[206] KON, Anita. *op. cit.*, pp.34-35.

econômico, as demais empresas – que dependem da matéria ou do produto principal da líder para sobrevirem – são obrigadas a acompanhar as regras ditadas pela aquela que detém o maior poder econômico sobre as demais.

Note-se que a Lei Antitruste prevê que a conquista de mercado resultante de processo natural fundado na maior eficiência de agente econômica em relação a seus competidores não caracteriza o ilícito de dominação de mercado relevante de bens e serviços (artigo 20, § 1º). Todavia, o artigo 21 do citado diploma prevê infração a fixação de preços e condições de venda de bens ou de prestação de serviços quando firmada entre os próprios concorrentes.

II.3.5. Empresas-rede: a cooperação empresarial no ambiente virtual

Manuel Castells[207] aponta que a partir de 1990, houve uma verdadeira revolução da tecnologia da informação que culminou com a criação de novas redes transnacionais de comunicação e de livre comércio, interligadas na internet, passando as empresas a trabalhar de forma conectadas umas as outras, transformando sensivelmente a forma de trabalho e a economia global.

A União Europeia deixou de ser apenas uma região, para se transformar numa economia. A China e a Índia afirmam-se como "economias autônomas, continentais, que estabelecem suas próprias conexões internacionais com as redes de comércio internacional." O Japão e a Europa fazem "incursões substanciais na América Latina". Os Estados Unidos intensificam seu comércio com a Ásia e a Europa. Enfim, os países e blocos continentais, movidos pela economia, intensificam suas estruturas de "padrões comerciais de diversas camadas, diversas redes", buscando sobreviverem em meio à competitividade mundial.[208]

A tecnologia da informação está transformando o modo de operação das empresas e afetando todo o processo de criação de produtos.

Para Porter,[209] um conceito que acentua o papel da tecnologia da informação na competição entre as empresas é o de "cadeia de valor". O conceito

---

[207] CASTELLS, Manuel. **A sociedade em rede**. Tradução Roneide Venâncio Majer. 6 ed., São Paulo: Paz e Terra, 199, pp. 146-154.

[208] *Idem*, pp. 155-157

[209] PORTER, Michael E. **Competição**. Tradução Afonso Celso da Cunha Serra. Rio de Janeiro: Elsevier, 2009, pp. 74-75.

ANÁLISE ECONÔMICA DA EMPRESA

identifica as "várias atividades diferenciadas, do ponto de vista tecnológico e econômico, que a empresa desempenha para executar seu negócio."

O valor gerado pela empresa é medido através do "preço que os compradores estão dispostos a pagar pelo produto ou serviço." O negócio somente passaria a ser rentável quando o valor que cria é "superior ao custo do desempenho das atividades de valor." Para conquistar a vantagem competitiva em relação aos concorrentes, ela precisa desempenhar essas atividades "a um custo inferior ou executá-las de modo a promover a diferenciação e justificar preços mais altos". [210]

A infraestrutura da empresa abrange funções que estão distribuídas em departamentos nas diversas áreas organizadas. A cadeia de valor de uma empresa representa um sistema de atividades fragmentadas, mas conectadas por elos que mapeiam toda a atividade, de acordo com a estratégia adotada.

Porter[211] entende que a vantagem competitiva no custo ou na diferenciação do produto é função da cadeia de valor da empresa. Ocorre, porém, que a tecnologia da informação está "permeando todos os pontos da cadeia de valor, transformando a maneira como as atividades de valor são desempenhadas e a natureza dos elos entre elas".

A transformação tecnológica está expandindo as possibilidades de as empresas agirem com maior rapidez do que a própria capacidade dos gestores para explorar as oportunidades. A tecnologia da informação gera mais dados à medida que a empresa desempenha suas atividades e possibilita a coleta ou a captação de informações que até então não estavam disponíveis ou era de difícil acesso aos gestores.

O surgimento da tecnologia da informação acabou influenciando o desempenho das atividades individuais, "através de novos fluxos", ampliando a capacidade da empresa de explorar os elos entre as atividades. Os sistemas informacionais "permitem que as empresas coordenem as atividades de valor entre localidades geográficas com grande dispersão." Além disso, a tecnologia informacional cria relacionamentos novos entre as empresas e a propagação das informações acabou mudando a própria forma de se integrar à competitividade.[212]

---

[210] *Ibidem.*
[211] *Idem,* p. 78.
[212] PORTER, Michael E. *op. cit.,* pp. 78-82.

Em meio a essa nova dimensão, o impacto da tecnologia da informação sobre os custos é significativo. Com novas tecnologias, menos mão de obra é necessária para executar determinadas funções. Ainda que haja necessidade de mão de obra específica para exercer as atividades criadas com novas tecnologias, é certo que existe um hiato entre a necessidade da empresa para criar valor econômico imediato no mercado competitivo e a qualificação e especialização da mão de obra, reduzindo, portanto, a oferta de emprego.

As novas tecnologias podem ser alvo de investimentos de uma única empresa ou através de cooperação entre as empresas que estão inseridas num mesmo segmento de mercado.

A cooperação entre as empresas, "além de favorecer a eficácia produtiva, permite avançar mais rapidamente na criação tecnológica, agregando competências não disponíveis em uma empresa".[213]

O termo redes de empresas é característica da sociedade da era do informacionalismo, significando uma predominância e abrangência dos diferentes tipos de redes digitais, sociais, organizacionais, focadas na economia.

A palavra rede tem um grande número de definições em diversos campos de aplicação. Elas vão desde a computação, passando pela teoria das organizações, pesquisa operacional e teoria da comunicação.

Para Nohria e Eccles[214], a utilização da noção de rede (*network*) para o estudo das organizações e seus comportamentos está fundamentada em cinco premissas básicas: (i) todas as organizações estão ligadas a um conjunto de relações sociais; (ii) o ambiente de uma organização pode ser visto como uma rede de outras organizações; (iii) as ações dos atores podem ser explicadas por suas relações dentro da rede; (iv) redes condicionam e são condicionadas pelas ações de seus atores integrantes; (v) nas comparações das organizações deve ser considerada a característica de redes em que elas estão inseridas, ou seja, suas características próprias.

Uma inovação tecnológica representa a uma empresa poder de se apropriar dos benefícios econômicos do "progresso técnico, tanto nos processos quanto nos produtos, sob a forma de 'quase-rendas' ou 'sobrelucros'." Logo,

---

[213] HASENCLEVER, Lia; TIGRE, Paulo. *op. cit.*, p. 442.

[214] NOHRIA, N., ECCLES, R. G. **Networks and organizations: structure, form and action**. Harvard: Harvard University Press, 1992. Tradução livre, pp. 121-122.

ANÁLISE ECONÔMICA DA EMPRESA

assim que se estuda as diferentes restrições que pesam sobre a empresa inovadora, há de se destacar "aquelas vindas das empresas concorrentes, que podem ter estratégias de imitação", e das empresas potenciais entrantes, que "podem dispor de produtos ou de tecnologias que desloquem as anteriores, através de estratégias de preços dos fornecedores e dos clientes".[215]

Cada empresa possui uma tecnologia própria para produzir seus bens ou prestar seus serviços. No momento em que seus concorrentes se apropriam dessa mesma tecnologia ou imitam a forma de prestar serviços, a competitividade passa a ser focada não mais na tecnologia em si, mas na forma de se apresentar esse bem ou serviço aos consumidores e no preço final.

A cooperação entre as empresas de um mesmo segmento focadas na inovação de bens e serviços está alinhada na aquisição de matérias-primas e no custo de desenvolvimento a ser pago para um determinado fornecedor ou pesquisador de novas tecnologias.[216]

O fornecedor dessa nova tecnologia acaba reduzindo os custos de fabricação em razão da demanda cooperada desses grupos de empresas. Esses investidores acabam pagando um valor menor ao fornecedor que desenvolverá a nova tecnologia, justamente para reduzir os custos de inovação dos bens e serviços em suas indústrias, colocando-os, posteriormente, em um valor abaixo das concorrentes que não participaram dessa cooperação de tecnologia, obtendo, em troca, maior poder de barganha no mercado.

Nos períodos de "nascimento de tecnologias há lugar para uma competição entre padrões concorrentes que tentar se impor sobre os demais no sentido de estabelecer um 'padrão de fato' para o mercado." Nem sempre um único padrao é destacado e se impoe, mas "nao há espaço para muitos". Por outro lado, o padrão dominante "nem sempre é tecnicamente melhor. Nos dois casos identificam-se ineficiências econômicas".[217]

Os empreendedores enfrentam constantemente correções ou novas estratégias e tomar decisões sobre mercados, clientes, custos e produtividades. O cenário propiciado pela internet requer respostas rápidas não só para não perder sua posição competitiva atual, mas também detectar e desfrutar das oportunidades oferecidas pelo mercado nacional e internacional.[218]

---

[215] HASENCLEVER, Lia; TIGRE, Paulo. *op. cit.*, p. 442-443.

[216] *Ibidem.*

[217] *Idem*, pp. 444-445.

[218] NOHRIA, N., ECCLES, R. G. **Networks and organizations: structure, form and action**... Tradução livre, pp. 121-122.

ANÁLISE ECONÔMICA DO DIREITO DE EMPRESA

De fato, uma vez adquirida a tecnologia, a diferenciação entre uma empresa concorrente e outra passa a ser de gestão interna produtiva, que precisa passar por padrões de produções e de uso para ser mais acessível e poder reduzir os custos de produção. Vale notar, as técnicas de produção podem, a partir de determinando tempo de fabricação, passar por diversas alterações interna, mas o referencial dessas mudanças estará baseado em duas grandes forças: a de criação de novos meio de produção e no investimento e treinamento das pessoas que estão envolvidas com a produtividade.

II.3.6. A competitividade empresarial na era da informação

Os mercados de bens e serviços estão cada vez mais globalizados. Durante a década de 1990, houve um intenso processo de internacionalização de produção, de distribuição de bens e de serviços. Baseados na cooperação das empresas que estão situadas em diversos países, as organizações tiveram acessos a informações regionais para despejar seus produtos nos mercados em desenvolvimento e até mesmo desenvolver novos produtos para atender as demandas.

A era da informação está representada pela revolução tecnológica e dos métodos de produção baseados na microeletrônica. O processamento de dados e do processamento de informações conduziu a evolução tecnológica das telecomunicações. Essa revolução tecnológica está se propagando e disseminando-se para todos os demais setores das atividades socioeconômicas.[219]

A intensa competição na área de alta tecnologia de informática tem provocado não só o aumento de novos mecanismos de produção, mas também a própria competitividade da área tecnológica. Esta acabou trazendo uma acentuada queda de custos de produção, associada aos dispositivos e aos equipamentos que são colocados no mercado para suprir as demandas das empresas de outros segmentos que investem em tecnologia para ganhar e manter seu espaço mercadológico.

Friedman[220] descreve que na era da informação, indivíduos, empreendedores e grandes companhias "juntam e misturam todo tipo de tecnologias,

[219] ZUFFO, João Antonio. **A sociedade e a economia no novo milênio: os empregos e as empresas no turbulento alvorecer do Século XXI**. Livro I: a tecnologia e a infossociedade. Barueri: Manole, 2003, pp. 3-10.
[220] FRIEDMAN, Thomas L. **O mundo é plano: o mundo globalizado no século XXI**. Tradução Serra, Cristiana ET AL. 3. Ed. Rio de Janeiro: Objetiva, 2009. pp. 396-398

ANÁLISE ECONÔMICA DA EMPRESA

mercados e inovações para iniciar novos negócios ou dar uma dimensão totalmente nova a negócios antigos".

Zuffo[221] salienta que o desenvolvimento de novas tecnologias na era informacional propiciou uma sociedade que os negócios eletrônicos "são uma realidade irreversível" e que "qualquer empresa que deseje manter-se competitiva não poderá a eles furtar-se".

A tendência, segundo Friedman[222], é que o "achatamento do mundo" está se tornando um dos "motores mais poderosos da economia global, permitindo que um número maior de pequenas e médias empresas tenha um alcance mais global do que muitos percebem" e até mesmo do que "os economistas conseguem dimensionar plenamente".

Para Porter, os gestores terão que adotar pelo menos cinco passos para aproveitar as oportunidades provenientes da revolução da informação: a) avaliar a intensidade da informação; b) determinar o papel da tecnologia da informação na estrutura setorial; c) identificar e classificar as maneiras pelas quais a tecnologia da informação seria capaz de criar vantagem competitiva; d) investigar como a tecnologia da informação poderia gerar novos negócios; e) desenvolver um plano para se beneficiar com a tecnologia da informação.[223]

Se a empresa deve ser vista como um conjunto complexo e ordenado de atividades coordenadas para um fim, a tecnologia da informação deve ser utilizada para implementar essa estratégia.

As empresas que anteciparem o desenvolvimento de uma tecnologia da informação para obtenção de vantagens internas e externas e descortinar os benefícios que a era da informação pode trazer às organizações estarão no controle da competição. Se, ao contrário, não houver investimento na tecnologia informacional, os custos não poderão ser reduzidos e ficará difícil competir com aquelas que conseguem diminuir tempo e custo da produção.

Chesnais[224] observa que as empresas que primeiro se beneficiaram dos elementos de domínio tecnológico peculiares à operação de uma tecnologia totalmente nova, e, identifica e aplica os elementos de economia de escala

---

[221] ZUFFO, João Antonio. *op. cit.*, pp. 184-185.
[222] FRIEDMAN, Thomas L. **O mundo é plano: o mundo globalizado no século XXI**..., pp. 396-397.
[223] PORTER, Michael. *op. cit.*, pp. 93-95.
[224] CHESNAIS, Francois. *op. cit.*, pp. 100-101.

na produção, "ganham dianteira sobre as que vêm depois, lançando as bases de um saber tecnológico novo" sobre o qual podem então se renovar, "beneficiando-se, ao mesmo tempo, das quase-rendas de inovação de tipo schumpeteriano, que podem reinvestir imediatamente".

Com a competitividade global, o fator *custos* acaba sendo cada vez mais um grande diferencial para a empresa se manter no mercado. Diferentes custos de país para país, altos custos para desenvolvimento de novos produtos e tecnologia em rápida evolução acabam interferindo diretamente na produção de bens e serviços e na criação de novos empregos.

Se o mercado não está somente competitivo no âmbito regional – como ocorria na era industrial – mas agora tem amplitude globalizada – mundial – as economias globais passaram a ser em escala[225], reduzindo a entrada de novos concorrentes.

As economias globais de escala aumentam a extensão da rivalidade competitiva. Com economias nacionais de escala, os concorrentes devem se preocupar com a parcela do mercado nacional para permanecerem na escala economicamente eficiente. Entretanto, com economias globais de escala, os concorrentes deve se preocupar com sua parcela, influência global. A perda de parcela de mercado em qualquer país afetará diretamente a posição de custo de qualquer país coligado com o qual as atividades são compartilhadas.

Quando um dos concorrentes de um negócio usa estratégia global para explorar o potencial da globalização no segmento, o negócio precisa igualar-se ou superar estes concorrentes. Estas ações envolvem expandir-se para mercados importantes e ser o primeiro a introduzir um

---

[225] **Economia de escala** é aquela que organiza o processo produtivo de maneira que se alcance a máxima utilização dos fatores produtivos envolvidos no processo, buscando como resultado baixos custos de produção e o incremento de bens e serviços. Ela ocorre quando a expansão da capacidade de produção de uma empresa ou indústria provoca um aumento na quantidade total produzida sem um aumento proporcional no custo de produção. Como resultado, o custo médio do produto tende a ser menor com o aumento da produção. Mais especificamente, existem economias de escala se, quando eu aumento os meus fatores produtivos (trabalhadores, máquinas, etc.), a produção aumenta mais do que proporcionalmente, por exemplo se se duplicarem todos os fatores produtivos a produção mais do que duplicará! Numa função produção com dois *inputs' (trabalho e capital, L e K respectivamente) F(K,L) tenho economias de escala se:* $F(aK,aL) > aF(K,L)$ sendo 'a' uma constante. Sendo assim os custos médios serão decrescentes! Disponível em http://dicionario.babylon.com/economia_de_escala/. Acesso em 02/ nov/ 2010.

produto padronizado ou o primeiro a usar um programa de marketing uniforme.[226]

A necessidade de sobrepujar um concorrente global pode ser o impulso para a participação maior ou mais sólida no mercado. Os concorrentes que têm estratégias globais integradas podem recorrer a seus ativos e recursos mundiais para suprimir os novos concorrentes nacionais predominantemente potenciais. Logo, a capital e o investimento pode estar em um determinado país hoje, e, em decorrência da competitividade global, pode ser transferido a outro país ou região de acordo com as estratégias e as necessidades do mercado.

Nesse sistema de competição, a era da informação e a rivalidade empresarial globalizada trazem um novo desconforto ao gestor de negócios: equacionar a flexibilização propiciada pelas novas tecnologias, que permitem a geração de novos produtos, rompendo as limitações impostas pelo espaço e tempo, e, ao mesmo tempo impedir que ocorra fragmentação do trabalho para longe de um único espaço físico, onde o trabalhador fique sem utilidade, deixe de ser valorizado como ser humano e seja apenas uma mola propulsora de produção.[227]

Na "era de transnacionalização dos mercados de insumos, produção, capitais, finanças e consumo", as vidas das pessoas são "orientadas e estruturadas para atingir objetivos específicos". As organizações são "complexas" e se caracterizam pelo alto grau de "sua diferenciação interna, por seus centros dinâmicos de poder com funções de gestão, direção, planejamento e controle, pela sua capacidade de agir estrategicamente".[228]

O mecanismo de poder e de diferenciação no mercado decorre da capacidade que a empresa tem de determinar os níveis de investimento, as formas pela quais esse investimento será utilizado em sua organização e se ela levará em conta a capacitação de seu pessoal, de seu capital humano como forma de atingir os objetivos traçados.

Dessa forma, não adianta a organização obter novas tecnologias e reduzir os custos se seus diretores não investirem no capital humano. O capital humano é elemento indispensável para proporcionar o

---

[226] PORTER, Michael. *op. cit.*, pp. 227-259.

[227] DUPAS, Gilberto. **Ética e poder na sociedade da informação. De como a autonomia das novas tecnologias obriga a rever o mito do progresso**. São Paulo: Editora UNESP, 2001. pp. 24-25.

[228] FARIA, José Eduardo. **O Direito na sociedade globalizada**. São Paulo: Malheiros. p. 172

desenvolvimento das ações e conduzir a empresa a um destaque no mercado local e mundial.

Por meio de política de condicionamento de níveis de emprego e de salário, zelando pela ordem econômica focada na valorização do trabalho humano, é que a empresa se destacará dentro da competitividade global.

III.

O Trabalho na Sociedade da Informação

III.1. A ORDEM ECONÔMICA E O CONTRATO DE TRABALHO

III.1.1. Breves anotações sobre a economia e o trabalho
III.1.1.1. As forças produtivas e as relações de produção

Para possibilitar a assimilação da análise da economia empresarial, sobretudo a importância do capital humano na produção de riquezas, há necessidade de se buscar apoio aos estudos de Marx[229] sobre a base econômica da sociedade e os elementos que compõem seu modo de produção.

Marx afirmava que o trabalho era a atividade fundante da humanidade. O trabalho, sendo a centralidade da atividade humana, se desenvolve socialmente, sendo o homem um ser social. Sendo os homens seres sociais, suas relações de produção e suas relações sociais fundariam todo processo de formação da humanidade. Esta compreensão e concepção do homem é radicalmente revolucionária em todos os sentidos, pois é a partir dela que Marx irá identificar a alienação do trabalho como a alienação fundante das demais.[230]

---

[229] Filósofo alemão nascido em Trèves (Renânia) em 1818. No século dezenove foi o pensador que teve, de longe, a influência mais direta, deliberada e poderosa sobre a Humanidade. Sensível aos problemas sociais da época foi influenciado pelas doutrinas do socialismo utópico de Saint-Simon, Charles Fourier e Robert Owen e pelas teorias da economia política de Adam Smith e David Ricardo. Disponível em http://www.infopedia.pt/$karl-marx. Acesso em07/ nov/ 2010.

[230] FREEDMAN, Robert. **Escritos Econômicos de Marx**. Introdução de Harry Schwartz. Tradução de Zahar Editores. Rio de Janeiro. Zahar Editores, 1966, pp. 28-31.

O TRABALHO NA SOCIEDADE DA INFORMAÇÃO

Para Marx, o modo de produção compunha-se de dois elementos: (1) as forças produtivas e (2) as relações de produção. As forças produtivas englobavam as ferramentas, fábricas, equipamentos, o conjunto de habilidades e conhecimentos adquiridos pela força de trabalho, os recursos naturais e o nível tecnológico. As relações de trabalho constituíam as relações sociais que os homens mantinham entre si, em particular, a relação de propriedade ou não propriedade que cada classe de homens estabelecia com os meios de produção, implicando determinada forma de repartição dos frutos da atividade produtiva.[231]

O conjunto do sistema econômico, ou modo de produção, foi denominado por Marx, de "base" ou "infraestrutura". As religiões, a ética, as leis, os costumes e as instituições sociais compunham a *superestrutura*.[232]

Não obstante o modo de produção e a superestrutura interagissem numa relação recíproca de causa e efeito, o modo de produção constituía a base sobre a qual se erguia a superestrutura. Por conseguinte, na relação causal partindo da base econômica e agindo sobre a superestrutura, prevalecia sobre a relação causal agindo em sentido contrário. Para Marx, a ideia de que a base econômica determina, de maneira absoluta e rígida, todos os aspectos da superestrutura é incorrer numa exatidão grosseira (que infelizmente acontece com frequência). No entanto, Marx realmente afirmou que o modo de produção, tomado isoladamente, constituía o determinante principal não só da superestrutura existente, como também da direção para a qual tendem as mudanças sociais.

Ao falar de relações de produção, Marx referia-se à estrutura de classes da sociedade, o aspecto mais importante do modo de produção. Os antagonismos entre as classes sociais constituíam, a seu juízo, a força motriz da história. "A história de toda sociedade existente até hoje tem sido a história das lutas de classe"[233], declarou na abertura do *Manifesto Comunista*.[234]

---

[231] *Idem*, pp. 34-38.

[232] FREEDMAN, Robert. *op. cit.* p. 22.

[233] MARX, Karl. ENGELS, Friedrich. **O Manifesto Comunista**. Rio de Janeiro: Zahar, 1967, p. 93.

[234] "Na produção social de sua existência, os homens contraem relações determinadas, necessárias, independentes de sua vontade, relações de produção que correspondem a um grau determinado de desenvolvimento das forças produtivas materiais. O conjunto dessas relações de produção constitui a estrutura econômica da sociedade, a base sobre a qual se eleva uma superestrutura jurídica e política, e à qual correspondem determinadas formas de consciência

A ORDEM ECONÔMICA E O CONTRATO DE TRABALHO

Quando Marx estudou as forças produtivas, ele identificou quatro sistemas econômicos, ou modos de produção distintos, que marcaram a evolução da civilização europeia: (1) comunismo primitivo, (2) escravismo, (3) feudalismo e (4) capitalismo. Em cada um destes sistemas econômicos, dominava um único modo de produção caracterizado por determinadas forças produtivas e determinadas relações de produção ou uma estrutura particular de classes. A necessidade de ampliar e aperfeiçoar a produção, visando satisfazer a crescente demanda social, conduzia inevitavelmente, a modificações nas forças produtivas, sem que as relações de produção, isto é, as relações de classe defendidas veementemente, sofressem alterações.

Instauravam-se, então, conflitos, tensões, e contradições entre as forças produtivas em transformação e as relações sociais de produção que se mantinham inalteradas. Tais conflitos e contradições cresciam em intensidade, até que uma sucessão de violentas erupções sociais punha abaixo o antigo sistema, dando origem a um novo sistema, caracterizado por novas relações de classe, compatíveis (ao menos por algum tempo) com as forças produtivas transformadas.[235]

Em todo o modo de produção, as contradições entre as forças produtivas e as relações de produção manifestavam-se sob a forma de lutas de classes. Travava-se uma luta incessante entre a classe que detinha os

---

social. O modo de produção da vida material condiciona o desenvolvimento da vida social, político e intelectual em geral. Não é a consciência dos homens que determina o seu ser; é o seu ser social que inversamente determina a sua consciência. Ao alcançarem em certo estágio de desenvolvimento, as forças produtivas materiais de sociedade entram em contradição com as relações de produção existente ou o que é apenas a sua expressão jurídica, com as relações de propriedade no seio das quais se tinham movido até então. Formas de desenvolvimento das forças produtivas que são, estas relações transformam-se no seu entrave. Surge, então, uma época de revolução social. A transformação da base econômica altera, mais ou menos rapidamente toda a imensa superestrutura. Ao considerar tais alterações, é necessário sempre distinguir as alterações materiais ocorridas nas condições econômicas de produção, e que podem ser comprovadas com a exatidão que é própria das ciências naturais, das formas jurídicas, políticas e religiosas, artísticas ou filosóficas, em resumo, as formas ideológicas pelas quais os homens tomam consciência desse conflito, levando-o às últimas consequências." MARX, Karl. **Critique of Political Economy**. Reimpresso parcialmente em Howard Selsam e Harry Martel, editors, *Reader in Marxist Philosophy* (Nova York: International Publishers, 1963), p. 186-187, *apud*. FREEDMAN, Robert. *op. cit*. pp. 34-35.

[235] FREEDMAN, Robert. *op. cit.*, pp. 37-46.

meios de produção bem como a maior parte das riquezas e privilégios engendrados pelo sistema (por exemplo, os proprietários de escravos romanos) e a classe majoritária, controlada e explorada por ela (no caso, os escravos romanos).

Em todos os sistemas econômicos anteriores ao capitalismo, a luta de classes provocava a destruição de um sistema para que, em seu lugar, surgisse outro sistema, baseado também na exploração das massas por uma nova classe dominante, reiniciando-se as lutas de classe. Contudo, o capitalismo, na visão de Marx, seria o último modo de produção baseado na existência de antagonismos de classe. [236]

Mészáros[237] observa que quando Marx advertia a sociedade que o capital era empregado de forma desigual, trazendo prejuízos a toda comunidade, com predominância dos mais fortes sobre os menos favorecidos, ele assim fazia para demonstrar a necessidade de se aplicar "corretivos" ao sistema produtivo e de distribuição de riquezas existentes naquela época.

A explicação marxista para as forças produtivas e as relações de produção buscava alertar para o fato de que os homens deveriam modificar "de cima a baixo as condições de sua existência industrial e política e, consequentemente, todo o seu modo de ser". [238]

Por defender a valorização do trabalho humano, Marx anunciava que quando a própria existência da humanidade está em jogo, uma das únicas saídas para se chegar a um equilíbrio e evitar desperdícios e destruição, é a reestruturação radical da sociedade. Quando chegar esse tempo, a humanidade, vista e consolidada "de cima para baixo", pela totalidade das instituições sociais, das condições industriais, deve impor um novo modo de produção que reveja "toda a maneira de ser" dos homens, afastando as crises decorrentes do capital, o "desperdício voraz de recursos do nosso planeta" e, ainda, agravado pela "poluição e pelo envenenamento do meio ambiente humano, decorrentes da produção em massa de lixo e efluentes".[239]

---

[236] *Ibidem.*
[237] MÉSZÁROS, István. **A crise estrutural do capital.** Tradução Francisco Raul Cornejo *et al.* São Paulo: Boitempo, 2009, pp. 55-59.
[238] *Idem*, p. 72.
[239] *Idem*, pp. 71-73.

III.1.1.2. A teoria do valor-trabalho e da mais-valia

Partindo do principio de que o modo de produção capitalista baseava-se no conflito capital-trabalho, Marx analisou inicialmente a relação existente entre estas duas categorias. O capital e o trabalho mantinham entre si uma relação essencialmente de troca. O trabalhador vendia sua força de trabalho para o capitalista, e com o dinheiro adquiria os elementos indispensáveis para satisfazer suas necessidades materiais de vida. Obviamente, essa relação de troca constituía apenas um caso especial de problema mais amplo dos valores de troca no âmbito de uma economia de mercado capitalista.[240]

Como Adam Smith, David Ricardo[241] e a maior parte dos economistas clássicos, Marx acreditava que o valor de troca de uma mercadoria era determinado pelo tempo de trabalho necessário para produzi-la. Por essa razão sua teoria é comumente denominada *teoria* do valor-trabalho. Admitia Marx que os trabalhadores se diferenciavam quanto às suas habilidades, treinamento e motivação, mas julgava que o trabalho especializado podia ser calculado como múltiplo do trabalho desqualificado e, por conseguinte, todo tempo de trabalho podia ser reduzido a um denominador comum.

Percebeu, também, que o tempo de trabalho despendido na produção de uma mercadoria inútil (para a qual não houvesse procura) criaria uma

---

[240] Marx iniciou o 1.º volume do *Capital* com um capítulo intitulado "As mercadorias", no qual definiu *mercadorias* como os objetos destinados à troca, por oposição aos objetos de uso pessoal e direto do produtor. Procurou, então, analisar o que determinava o valor de trocas das mercadorias ou, em outras palavras, a proporção segundo a qual determinadas mercadorias podiam ser trocadas por outras, por oposição à noção de valor de uso, que constituía a medida da utilidade das mercadorias para seus possuidores. *In* FREEDMAN, Robert. *op. cit.*, p. 57.

[241] David Ricardo (1772-1823) sintetizou as teorias da população e da renda numa doutrina geral do valor e da distribuição. Com bom critério começou por ai, por entender que "a determinação das leis que regem essa distribuição (a do produto) é o problema primordial da economia política", deslocando assim, o centro de gravidade da economia, colocado por Smith no problema da distribuição. Ricardo formulou com clareza o princípio básico de sua teoria do valor: o valor dos bens depende da quantidade de trabalho necessária a sua obtenção. A seguir, analisou questões diretamente relacionadas àquela afirmação básica: as diferentes qualidades do trabalho podem ser reduzidas a um só tipo homogêneo; o capital pode ser considerado como trabalho acumulado; a diferente proporção entre capital fixo e circulante, ou a diferente amplidão do período de produção levantam problemas. Utilizando a teoria contemporânea da renda, Ricardo propõe um modelo que representa a evolução do cultivo das terras de um país: começa com as de melhor qualidade e vai se deslocando para as de menor qualidade, de acordo com a pressão exercida pelo aumento da população. Disponível em http://www.fae.edu/intelligentia/pensadores/ricardo.asp. Acesso em 07/ dez/ 2010.

O TRABALHO NA SOCIEDADE DA INFORMAÇÃO

mercadoria cujo valor de troca não corresponderia ao tempo de trabalho englobado nela. No entanto, o desejo de maximizar os lucros levaria os capitalistas a evitar a produção de mercadorias para as quais não houvesse procura. Os capitalistas produziriam apenas mercadorias cuja procura no mercado permitisse realizar, no mínimo, os custos de produção. O nível da procura no mercado determinaria que mercadorias seriam produzidas, e em que quantidades relativas.

Para Marx, a força de trabalho é uma mercadoria e deve ser governada pela "lei do valor." A força de trabalho tem um valor (o valor de seus meios de reprodução), determinado socialmente (pela produtividade do próprio trabalho e por circunstâncias histórico-culturais). Os salários podem, portanto, ser analisados e fixados pelo valor correspondente à qualificação profissional do trabalhador, variando de acordo com a demanda do mercado.[242]

Marx não chega ao resultado sobre a "teoria do valor" pela simples abstração lógica, mas pela penetração da essência das relações sociais do capitalismo. Essa penetração exige o "método dialético, o único capaz de respeitar as complexidades e contradições da própria realidade", ao contrário do que criticam outros autores que discordam de Marx.[243]

Marx descreveu, inicialmente, a forma pela qual o capitalista adquiria os meios de produção e a força de trabalho. Quando os trabalhadores concluíam o processo de produção, o capitalista vendia as mercadorias por uma quantia superior à quantia investida no inicio do processo. Marx considerou essa diferença a origem dos lucros capitalistas e denominou-a *mais-valia*.[244]

---

[242] CUTLER, Antony *et al*. **O capital de Marx e o capitalismo de hoje**. vol I. Rio de Janeiro: Zahar Editores, 1988, p. 64.

[243] Críticos como "Böhum-Bawerk deixam de reconhecer a forma teórica que Marx dá ao problema do valor. O objeto de Marx é visto erroneamente por esses críticos – criando objeções improcedentes Böhm-Bawerk critica Marx pelas contradições inerentes baseada no valor-trabalho equiparando o objeto de Marx com o seu próprio objeto. Rubin questiona a afirmação de Böhm-Bawerk de que Marx deduz o valor do trabalhado do problema da troca de equivalentes. A apresentação de Marx do problema e seu método de análise são diferentes – o processo de análise não pode ser equiparado ao de exposição. Böhm-Bawerk identifica análise e exposição porque concebe o método de Marx como uma dedução lógica". (...) Ao contrário do que expõe esses críticos "A teoria do valor-trabalho não é baseada numa análise das transações de troco como tais em sua forma material, mas numa análise das relações de produlção sociais expressas nas transações". *In* CUTLER, Antony *et al. op. cit.*, pp. 71-72.

[244] FREEDMAN, Robert. *op. cit.*, pp. 98-99.

A formação da mais-valia devia-se ao fato de que os capitalistas adquiriam uma mercadoria – a força de trabalho – e vendiam uma mercadoria diferente: aquela produzida com a força de trabalho no decorrer do processo de produção. O valor da força de trabalho era inferior ao valor das mercadorias produzidas com o emprego dela: tal diferença explicava a existência do lucro

O valor da força de trabalho era "determinado, como no caso de qualquer outra mercadoria, pelo tempo de trabalho necessário" para a sua manutenção e reprodução. Em outras palavras "o valor da força de trabalho... (equivalia ao) valor dos meios de subsistência necessários para a manutenção do trabalhador a um padrão mínimo de vida socialmente definido". Contudo, a duração média da jornada de trabalho excedia o tempo necessário para que o trabalhador produzisse o valor equivalente ao seu salário de subsistência: o excedente, tudo o que fosse produzido daí por diante, era apropriado pelo capitalista. [245]

Por esta razão, as lutas das classes trabalhadoras buscam, na maior parte das vezes, reduzir a vantagem econômica que o empregador possui na relação produtiva. Os trabalhadores e suas organizações sindicais têm como objetivo fazer reivindicações para reduzir ou anular a defasagem existente entre a exploração econômica daquele que detém o capital e daquele que presta serviços.

Os capitalistas podem negar-se a conceder o pleito dos trabalhadores, reprimindo ou procurando, por meios diretos ou indiretos, enfraquecer suas pressões. Os custos marginais dessa repressão são, porém, "muito elevados, porque a luta de classes é um processo suscitado permanentemente pela produção de mais-valia."[246]

Na sociedade pós-moderna, busca-se, de forma contínua, o investimento em novas tecnologias para que o aumento da produtividade suporte a redução do tempo de trabalho despendido pelos meios produtivos e, assim, reduzir os custos do valor global produzido.

---

[245] Marx chamou esse processo de a *exploração* dos trabalhadores pelos capitalistas. Se o operário trabalha durante 8 horas, mas depende somente de 6 horas para produzir o valor dos bens que adquire com o seu salário, ele é explorado, uma vez que trabalha 2 horas suplementares gratuitamente para o capitalista. *In* FREEDMAN, Robert. *op. cit.,* pp. 99-101.

[246] BERNARDO, João. **Economia dos conflitos sociais**. 2 ed. São Paulo: Expressão Popular, 2009, p. 91.

Em resposta a uma redução do tempo de trabalho, o capitalismo consegue manter ou aumentar o número de unidades produzidas, reduzindo o valor de cada unidade produzida. Isto revela que tais unidades, ao entrarem em outros processos de fabricação, constituem um elemento do seu capital constante, transmitindo ao novo produto uma fração de valor menor do que sucederia no caso de o sistema mais produtivo não ter começado a vigorar.[247]

O mesmo tempo de trabalho acrescenta aos produtos a mesma soma de valor novo, porém conserva e transmite somas diferentes de valor dos elementos de capital constantemente empregados, de acordo com a produtividade com que eles forem fabricados. Daí porque toda produtividade corresponde à força de trabalho e aquilo que excede do custo da produção humana vendida acima do custo correspondente ao valor do trabalho, é considerada mais-valia.

III.1.1.3. Os meios de produção focados na eficiência

A ideia da divisão do trabalho com o intuito de aprimoramento e maior rapidez para obtenção de resultado já havia sido observada por estudiosos, no século XVI, como Adam Smith[248].

A divisão do trabalho no âmbito empresarial, na verdade, advém de uma necessidade de se organizar as atividades de produção para se chegar a um fim específico: o produto a ser colocado em circulação na sociedade para consumo ou o serviço a ser oferecido no mercado.

Existem, dentro da administração das organizações, modelos de desenvolvimento de trabalho ou sistemas de produção que buscaram a eficiência produtiva, justamente para evitar desperdícios, prejuízos e, ainda, otimizar tempo e trabalho dos empregados que estavam à disposição do empresário para cumprimento das tarefas.

Dentre os modelos mais conhecidos de produção, pode-se citar o taylorismo, o fordismo, o fayolismo e o toyotismo. Para melhor entendimento dos sistemas de administração de processos e sua relação com a opressão da classe operária, há de se destacar, nesse tópico, os três primeiros sistemas produtivos.

---

[247] *Idem*, pp.100-101

[248] Adam Smith afirmava que "o maior aprimoramento das forças produtivas de trabalho, e a maior parte da habilidade, destreza e bom-senso com os quais o trabalho é em toda parte dirigido ou executado, parecem ter sido resultados da divisão do trabalho." (SMITH, Adam. **A riqueza das nações**. Tradução de Luiz João Baraúna, vol. I, 3.ed. São Paulo: Nova Cultural, 1988, p. 41).

No fim do século XIX, Frederick Winslow Taylor[249], descobriu que se podia produzir muito mais bens e oferecer mais serviços com menos trabalho se as fábricas, os escritórios, os hospitais, os transportes e quaisquer atividades coletivas fossem organizados cientificamente.

O modelo adotado pelo taylorismo estava fundado, basicamente, na separação do trabalhador intelectual do braçal e no controle dos processos produtivos (tempos e movimentos), por meio do qual a organização buscava captar a boa-vontade do trabalhador para aumentar sua produção com incentivo ao aumento de salário.[250]

Vale notar que o estudo de Taylor resultou na concepção de que caberia a um "gerente científico", descobrir a melhor maneira para aumentar ou otimizar a produção para atingir o máximo de eficiência.

No início do século XX, Henry Ford descobriu que a oficina, a fábrica, a cidade e a sociedade podiam se transformar em outras tantas e eficientíssimas linhas de montagem.

O fordismo[251] tinha como pressuposto o processo de "linha de montagem" e a mecanização (tecnologia) da produção de automóveis.

O fordismo desenvolveu-se com o surgimento das sociedades de consumo de massa emergidas logo após a Segunda Guerra Mundial. Nesse regime de gestão de produção incidiram novas formas de controle do ritmo do trabalho, como, por exemplo, a redução da jornada diária em decorrência de aquisição de novas tecnologias, o aumento de salários e busca de uma qualidade total na produção dos bens de consumo.

A teoria da eficiência do fordismo eclodiu com princípios ligados à otimização do tempo do empregado que fica à disposição na empresa. Deveria

---

[249] Modelo criado por Frederick Taylor, que idealizador de uma forma de gestão de trabalho, lançou em 1911 o livro *The principles of scientific management* (Os princípios da administração científica). Para criar esse sistema de gestão produtiva, Taylor foi trabalhar como operário para aprender a entender a objetividade do processo de produção e conhecer a subjetividade do trabalhador. *In* HELOANI, Roberto. **Gestão e organização no capitalismo globalizado: história da manipulação psicológica no mundo do trabalho**. São Paulo: Atlas, 2007, p. 27.

[250] HELOANI, Roberto. *op. cit.*, pp. 40-41.

[251] Mais que uma disciplina, Ford impunha um padrão de conduta aos trabalhadores que servissem de exemplo para a própria sociedade americana. Ele exigia que seus trabalhadores se casassem oficialmente, (não admitia concubinato), inadmitia indícios de alcoolismo ou desarmonia conjugal. Ford entendia que para se produzir carros confiáveis em larga escala, haveria necessidade de os empregados demonstrarem socialmente serem expressivamente responsáveis, dentro e fora da indústria. (HELOANI, Roberto. *op. cit.*, pp. 51-53).

se obter um rendimento cada vez maior dos recursos da empresa, de forma intensa, de tal forma que a produtividade eficiente deverá revelar a otimização da capacidade produtiva de cada elemento da fábrica, aumentando, sobretudo, o ritmo de trabalho do capital vivo da empresa.

A eficiência fordista, ainda, pressupunha uma eficiência pautada no princípio da economicidade. Esse princípio tem por fim reduzir ao mínimo possível o volume de matéria em curso, de maneira que uma quantidade de produto já esteja ofertada e vendida antes do pagamento dos salários e das matérias-primas utilizadas.[252]

Por fim, o fayolismo,[253] assim como o taylorismo, é típico produto de uma ideologia nascida do grande desenvolvimento industrial do século XIX e tinha como base princípios de administração da empresa focados na previsão ou planejamento, organização, comando, coordenação e fiscalização.

Por meio de seus ensinamentos, Fayol[254] mostrou a importância da educação dos colaboradores e defendeu o ensino da administração. Professou o conceito de valor das pessoas nas organizações com bases nas capacidades individuais (intelecto) e nos conhecimentos especiais típicos das funções exercidas e na cultura geral.

Taylor, Ford e Fayol buscaram alternativas distintas para administrar as empresas. Visaram, nessas formas de gestão, revelar à sociedade e aos estudiosos das disciplinas econômica, administrativa e jurídica que os sistemas de produção e as diferentes formas de se lidar com o capital humano variavam de acordo com as necessidades econômicas sucedidas nas décadas pós-guerra e as alternativas de gestões operacionais que tiveram que criar de acordo com suas demandas, à medida que a competitividade e as concorrências globais surgiram no ambiente informacional.

---

[252] HELOANI, Roberto. *op. cit.*, p. 55.

[253] Henri Fayol, nascido em 1841, foi aos dezessete anos de idade para a França e conclui curso de engenharia de minas. Embora engenheiro, Fayol era administrador de cúpula e, preocupado em estabelecer princípio da boa administração, publicou, em 1916, o livro Administração industrial e geral, onde indicou seis funções interdependentes, que comporiam o corpo empresarial: 1.) operações técnicas: produção, fabricação e transformação; 2.) operações comerciais: compras, vendas, permutas; 3.) operações financeiras: gerenciamento de capitais; 4.) operações de segurança: proteção de bens e de pessoas; 5.) operações de contabilidade: inventários, balanços, preços de custo, estatística; 6.) operações administrativas: previsão, organização, direção, coordenação e controle. (FAYOL, Henri. **Administração industrial e geral**. São Paulo: Atlas, 1994, p. 23).

[254] FAYOL, Henri. *op. cit.*, pp. 27-37.

Por essa razão, a forma administrativa das organizações é produto de determinada realidade socioeconômica à medida que reproduzem os princípios adotados em cada modelo de gestão, de acordo com o ambiente laboral, num movimento de mútua transformação.

III.1.1.4. O sistema produtivo da Toyota: o *just in time*

A forma de administração da produção de Taylor e de Ford, que estava caracterizada pela produção em massa de produtos homogêneos em uma linha de montagem, deu lugar a uma nova forma de sistema produtivo criado pela empresa automotiva Toyota, baseada na descentralização das unidades fabris.[255]

A descentralização das unidades resultou na formação de uma estrutura piramidal reunindo diversos fornecedores, divididos em níveis que correspondiam a diferentes graus de responsabilidade em relação aos bens e produtos adquiridos. Esse novo método de gerenciamento de produção visava reduzir os custos através da eliminação de perdas, passando, por essa razão, a ser o princípio fundamental para a sobrevivência das organizações industriais daquela época.

O sistema *just in time* (que significa "em momento certo", "a justo tempo") é uma técnica (ou filosofia produtiva) que provocou mudanças significativas na organização do trabalho. Esse sistema consiste em produzir o que o mercado demandar, no momento e na quantidade que o mercado solicitar.[256]

Esse modelo reduz os estoques dos produtos como forma de pregar a eficiência na alocação de recursos. Pressupõe menores custos, agilidade e economicidade na produção de bens.

É cada vez maior o número de empresas que opta pelo trabalho com a máxima redução de estoques e procura, então, organizar-se em função dos pedidos segundo a lógica da produção ditada pelo mercado.

Para os empresários, o sistema *just in time* tem uma dupla virtude: "permite adaptar a produção e a empresa aos novos imperativos do mercado (uma demanda que é cada vez mais específica e preocupada com a

---

[255] GHINATO, Paulo. **Sistema Toyota de Produção**. Caxias do Sul: EDUCS, 1996, p. 23

[256] O pai desse sistema foi o engenheiro Taiichi Ohno, responsável pela introdução do método na fábrica da Toyota, na década de 1970, em plena crise do modelo fordista de produção. Com sua aplicação, a indústria japonesa conseguiu, já nesse período, que seus estoques correspondessem a vendas de apenas quatro dias. (HELOANI, Roberto. *op. cit.*, p. 132).

qualidade)" e, por outro lado, impõe uma nova filosofia empresarial, qual seja, a de se organizar com objetividade, com modos de "organização considerados mais produtivos, mais rentáveis e que introduzem a exigência de qualidade no centro do processo de produção."[257]

Os efeitos dessas mudanças de sistema de produção afetam diretamente a ordem econômica de determinada região ou país e, consequentemente, interfere na ordem jurídica e nos direitos dos trabalhadores que, a cada movimento desigual de alteração de regime produtivo veem-se obrigados a cumprir diferentes escalas e horários de trabalho em jornadas diversas daquelas previamente ajustadas nos contratos de trabalho.

À luz das pesquisas de campo realizadas por sociólogos e que afetam diretamente a economia das nações e os direitos dos trabalhadores, a difusão das práticas de trabalho em regime de urgência (*just in time*) inserem-se nas transformações que remetem à noção de modernização e que mistificam toda uma onda de obrigações e de novas rotinas.[258]

Nessa nova rotina implementada pelo sistema *just in time*, o que se busca, novamente, é a eficiência na alocação dos recursos disponíveis.

A análise que se pode fazer, preliminarmente, é que o *just in time* exige do empregado esforços além das condições previstas em contratos de trabalho, pois acaba participando de um "jogo de competitividade econômico" imposto pelo mercado da oferta e da procura, cujo vencedor será a empresa que se dispuser em fazer bens e serviços em regime de urgência.

Por eficiência, nesse caso, é "fazer bem, logo na primeira vez", com o dever de controlar constantemente a qualidade do que se produz ou se realiza e a necessidade de se a adaptar a mudanças de posto.[259]

O que se pode deduzir com a inserção desse modelo japonês de gestão administrativa de produção é que a empresa moderna – numa competitividade acirrada e globalizada – precisa de colaboradores livres, independentes, não condicionados por valores e por uma cultura regional ou de grupo. As empresas hodiernas procuram contratar, ainda que não estipulado no contrato de trabalho, pessoas flexíveis, capazes de refletir e se expressar pela própria organização, buscando a maximização do lucro, como se fossem propriamente sócias ou proprietárias da sociedade empresarial.

---

[257] DANIÈLE, Linhart. **A desmedida do capital**. Tradução: Wanda Caldeira Brant. São Paulo: Boitempo, 2007, p. 132.

[258] *Idem*, p. 131.

[259] *Idem*, p. 133.

III.1.2. Conceito de contrato de trabalho

A análise econômica de contratos normalmente se dá sob o ponto de vista de "jogos não cooperativos", uma vez que as partes têm interesses opostos. Em um contrato de trabalho (assim com em jogos não cooperativos), cada parte está interessada em maximizar o seu resultado individual, sem se preocupar com o resultado das demais partes contratantes.[260]

Entretanto, isto não quer dizer que o resultado de um jogo não cooperativo não possa ser o melhor resultado possível para ambas as partes. O contrato é celebrado, pois, para gerar resultados positivos para ambas as partes.

Há necessidade, então, fazer um estudo sobre a natureza jurídica das avenças trabalhistas para examinar, sob aspecto multidisciplinar, até que ponto o empresário poderá maximizar seus lucros sobre os benefícios oriundos do trabalho desenvolvido por seu empregado e, se de alguma forma, pode ser aplicado o equilíbrio de Nash aos contratos de trabalho.

O contrato de trabalho, segundo a legislação brasileira, é o acordo tácito ou expresso, correspondente à relação de emprego (art. 442, da CLT). As relações contratuais de trabalho podem ser objeto de livre estipulação das partes interessadas em tudo quanto não contravenha às disposições de proteção ao trabalho, aos contratos coletivos que lhes sejam aplicáveis e às decisões das autoridades competentes (art. 444, da CLT).

As teorias que pretendem explicar a natureza jurídica do contrato de trabalho são "a teria contratualista e a teoria anticontratualista". A teoria contratualista considera a relação entre empregado e empregador um contrato. Para a teoria anticontratualista "o trabalhador vem incorporar-se à comunidade de trabalho, visando cumprir os objetivos almejados pela produção nacional, sem existir autonomia de vontade na discussão das cláusulas contratuais".[261]

O empregado executa serviços de natureza não eventual ao empregador, sob sua dependência desde e mediante salário. O empregador, aqui retratado sob a ótica de empresário, detém uma unidade econômica organizada para a produção de bens e serviços para o mercado visando lucro.

---

[260] JOSUÁ, Adriana. Contrato preliminar: aspectos jurídicos, funcionalidade, análise econômica e Teoria dos Jogos. **Revista de Direito Mercantil** nº 131, Ano XLII, São Paulo: Malheiros, 2003, p. 235.

[261] MARTINS, Sérgio Pinto. **Comentários à CLT**. 10. ed. São Paulo: Atlas, 2006, p. 371.

Sergio Pinto Martins, ao abordar o conceito de contrato de trabalho, entende que, ao se falar em relação de emprego, "dever-se-ia utilizar em contrapartida a expressão *contrato de emprego*." [262]

Orlando Gomes[263] destaca que, na verdade, o contrato de trabalho é um verdadeiro contrato de adesão onde o empregado adere às cláusulas determinadas pelo empregado, sem possibilidade de discuti-las.

Por ser um contrato adesivo, onde o trabalhador se condiciona a cumprir os mandos do empregador, o Estado acaba intervindo em favor do empregado, seja pela própria lei trabalhista, seja por meio de decisões normativas e, até mesmo, por meio da atividade jurisdicional, para reajustamento de eventuais desequilíbrios que essa relação pode resultar entre o homem e o capital.

Na prática, o contrato de trabalho resulta numa relação subordinada e exclusiva, por meio da qual uma pessoa física vende a outra pessoa (física ou jurídica) sua liberdade, seu conhecimento, seu esforço físico ou mental, em troca de um salário (remuneração).

Dentre seus aspectos singulares, o vínculo de emprego configura-se mesmo se as partes não dispuserem as cláusulas ou condições para sua celebração. Caso ocorra a prestação de serviços com os elementos previstos na legislação para sua caracterização, o contrato deve ser declarado como existente diante do princípio da realidade dos fatos e da garantia do protecionismo em favor do empregado.

Vale notar, então, caso não haja nenhum entendimento direto e taxativo sobre o objeto da prestação de serviços, ainda poderá subsistir o contrato de trabalho, desde que se verifique a continuidade da prestação de serviços ou a vontade de manutenção do ajuste, pois, nessa condição, subsiste a concordância implícita das partes em celebrar o contrato.[264]

III.1.3. Princípios protecionistas relevantes nas relações do trabalho

Os princípios que regem as relações de trabalho devem ser inseridos no contexto jurídico e econômico sob análise, no momento em que a valorização do trabalho humano e o da dignidade da pessoa humana podem entrar em confronto com aqueles derivados da livre iniciativa e aqueles inerentes da própria formação do contrato.

---

[262] *Ibidem.*

[263] GOMES, Orlando. **Curso de direito do trabalho.** Rio de Janeiro: Forense, 1900, pp. 130-142.

[264] MARTINS, Sergio Pinto. *op. cit.*, p. 377.

Logo, se o trabalhador é contratado para exercer determinada função em uma empresa, antes de se analisar a forma pela qual foi redigido o contrato de trabalho, há necessidade de se analisar os princípios que permeiam as garantias, os direitos individuais e coletivos dos trabalhadores, possibilitando, assim, uma melhor intelecção sobre o assunto.

Celso Antonio Bandeira de Mello, ao dar definição jurídica sobre "princípio", o define como sendo "mandamento nuclear de um sistema, verdadeiro alicerce dele, dispositivo fundamental que se irradia sobre diferentes normas", pois servem de "critério para sua exata compreensão." Portanto, "violar um princípio é muito mais grave que transgredir uma norma qualquer". Isto porque a "desatenção ao princípio implica ofensa não apenas a um específico mandamento obrigatório, mas a todo o sistema de comando." [265]

A proteção ao direito do trabalho destina-se à pessoa humana, como se deflui do próprio artigo 1º, inciso III, da Constituição da República (dignidade da pessoa humana) e, como consequência, os princípios protecionistas não têm objetivo de substituir a lei, mas, apenas de, em caso de dúvida na aplicação dos institutos normativos, poderem ser utilizados como forma de atender aos fins sociais que a lei se destina.

Os princípios protecionistas resultam de normas imperativas e, portanto, de ordem pública, de ordem econômica, caracterizando a instituição básica do Estado regular as relações de trabalho, visando equilibrar as distâncias peculiares existentes entre o capital e o trabalho.

III.1.3.1. Princípio da proteção ao trabalho

O Direito do Trabalho parte de um pressuposto diverso daquele instituído pelo Direito Civil, que tem a igualdade de condições como regra geral. Nas relações de emprego, o legislador entendeu que o princípio da autonomia da vontade individual deve ser relativizado, estendendo ao contrato de trabalho uma proteção dentre um rol de direitos mínimos e indisponíveis para assegurar o princípio constitucional da valorização do trabalho humano.

A inspiração desse princípio reside no fato de que subsiste, nas relações de trabalho, a inferioridade econômica do empregado.

---

[265] BANDEIRA DE MELLO, Celso Antônio. **Curso de Direito Administrativo**. 15. ed. São Paulo: Malheiros Editores, 2003, p. 101.

Pontes de Miranda, ao comentar o texto da Carta Política de 1967, já argumentava que a "desigualdade econômica não é, de modo nenhum, desigualdade de fato, e sim a resultante, em parte, de desigualdades artificiais, ou desigualdades de fato mais desigualdades econômicas mantidas por leis." Para o jurista citado, o "Direito que em parte as fez pode amparar e extinguir as desigualdades econômicas que produziu".[266]

Augusto Carvalho[267], sob essa ótica, traz três derivados, chamados, também, como técnicas de efetividade, para que a proteção contratual seja dirigida ao empregado: (a) a regra *in dubio pro operario*; (b) a norma mais favorável; (c) a condição mais benéfica.

A regra *in dubio pro operario* pressupõe que o Juiz, ao analisar cada caso concreto, quando a técnica interpretativa assim elucidar os fatos por interpretação dúbia ou houver mais um tipo de teses interpretativas, deverá decidir por aquela que aproveita ao trabalhador mais significância jurídica e econômica.

A jurisdição trabalhista abraçou a técnica *in dubio pro operario* com base nos "elementos de prova produzidos por empregado e empregador" no processo em que, durante a lide, tivessem as partes apresentadas provas de igual grau de convencimento. Entretanto, se couber ao empregado de provar o alegado, deverá ele se "desvencilhar eficientemente do encargo, sob pena de ver sucumbir sua pretensão".[268]

Já a técnica da norma mais favorável é um princípio utilizado frequentemente pelos magistrados trabalhistas, uma vez que, quando as normas trabalhistas estão em aparente conflito, deverão ser aplicados os princípios normativos que asseguram um mínimo de proteção ao trabalhador, vale observar, os juízes são conduzidos à aplicação de normas que representem a conquista de garantias sociais em face daquelas normas sustentadas pelo empregador.

Nesse particular, veja que o artigo 7º, da Constituição Federal desperta a técnica da aplicação da norma mais favorável quando enuncia que, ao prever que aos direitos sociais ali discriminados se somarão outros que visem à melhoria da condição social dos trabalhadores urbanos e rurais.

---

[266] MIRANDA, Pontes de. **Comentários à Constituição de 1967**, com a Emenda n. 1/69. T. IV, p. 689.

[267] CARVALHO, Augusto César Leite de. *op. cit.*, p. 53

[268] *Idem*, p. 54.

A regra da condição mais benéfica pressupõe a existência de sucessão de normas trabalhistas, revelando o respeito ao princípio do direito adquirido no direito trabalhista.

A valorização dos processos de negociação coletiva, enaltecida pela Constituição Federal, é preceito fundamental e objetivo dos sindicatos, cujas entidades, nas negociações, devem buscar melhores condições de trabalho firmando as convenções coletivas e os acordos que entenderem necessários para preservação de condições mais benéficas ao trabalho.

A Consolidação das Leis Trabalhistas possui dispositivos que garantem a ultratividade da condição mais benéfica, assegurando a sua eficácia normativa, conforme dispõe os artigos 444 e 468 do citado diploma.[269]

Além dos artigos já mencionados, no Título VI, da Consolidação das Leis do trabalho, os artigos 611 e 619 constituem dispositivos legais garantidores da ultratividade da condição mais benéfica. Os mencionados dispositivos celetistas determinam que a autonomia da vontade individual não pode quebrar norma de convenção ou acordo coletivo; o contrato individual de trabalho não pode ser alterado em prejuízo do trabalhador, bem como é nula, de pleno direito, a disposição contratual individual que contrariar norma de convenção ou acordo coletivo.

Orlando Gomes e Elson Gottschalk, enaltecendo esse princípio, ponderam que o contrato gera direitos e obrigações. "A convenção coletiva traça normas a que devem estar condicionados esses direitos e deveres." Por essa razão, "o conteúdo da relação de emprego encontra na convenção coletiva de trabalho uma das mais abundantes fontes imperativas."[270]

Não se pode alterar cláusulas contidas em convenções coletivas que prejudiquem direitos adquiridos pelo empregado em ajustes anteriores,

---

[269] Art. 444, da CLT, dispõe que: As relações contratuais de trabalho podem ser objeto de livre estipulação das partes interessadas em tudo quanto não contravenha às disposições de proteção ao trabalho, aos contratos coletivos que lhes sejam aplicáveis e às decisões das autoridades competentes.

O Art. 468, da CLT, prevê que: Nos contratos individuais de trabalho só é lícita a alteração das respectivas condições por mútuo consentimento, e ainda assim desde que não resultem, direta ou indiretamente, prejuízos ao empregado, sob pena de nulidade da cláusula infringente desta garantia.

Parágrafo único: Não se considera alteração unilateral a determinação do empregador para que o respectivo empregado reverta ao cargo efetivo, anteriormente ocupado, deixando o exercício de função de confiança.

[270] GOMES, Orlando; Gottschalk, Élson. **Curso de Direito do Trabalho**..., p. 47.

salvo se, em grau de recurso, forem especificadas uma a uma e houver, nesses casos, compensação de direitos que importem, nas alterações, maior grau de importância das condições de trabalho no conjunto das alterações.

O Tribunal Superior do Trabalho já proferiu acórdão no sentido de que as denominadas conquistas da categoria, decorrentes de acordos coletivos, convenções coletivas ou "decisões normativas anteriores, para que possam ser apreciadas, devem ser especificadas uma a uma, como as demais cláusulas de representação, sob pena de julgar-se inepto o pedido a respeito."[271]

III.1.3.2. Princípio da irrenunciabilidade de garantias e direitos

A impossibilidade de o empregado dispor do direito trabalhista que faz jus representa a própria natureza jurídica do contrato de trabalho.

O princípio da irrenunciabilidade aos direitos previstos na Constituição Federal e nas normas infraconstitucionais que privilegiam a valorização do trabalho humano significa "a impossibilidade jurídica de privar-se voluntariamente de uma ou mais vantagens concedidas pelo direito trabalhista em proveito próprio".[272]

Essa irrenunciabilidade é referida, às vezes, como indisponibilidade ou imperatividade. O caráter imperativo "não é o da norma, porque toda norma o tem (enquanto ordem), mas concerne à peculiaridade de ser inderrogável (*jus cogens*) a norma trabalhista".[273]

Ao se falar em indisponibilidade, "parte da doutrina mantém a sua atenção voltada para a essência do princípio", porém lhe transfere maior amplitude, "já que o direito indisponível não é apenas irrenunciável, mas igualmente insusceptível de ser objeto de transação".[274]

De fato, se tal princípio não existisse, os direitos dos trabalhadores poderiam ser facilmente reduzidos. Seria muito fácil para o empregador eximir-se de cumprir suas obrigações legais, pois, para tanto, bastar-lhe-ia obter um documento por meio do qual o trabalhador renunciasse a determinados direitos, para não precisar satisfazê-los, fazendo com que o empregado, na grande maioria das vezes pela necessidade do emprego, renunciasse determinados direitos.

---

[271] TST-RO-DC 90551/93.4 Rel. Min. Manoel Mendes de Freitas, DJU de 27.10.94, p. 29266.

[272] RODRIGUEZ, Américo Plá. **Princípios de direito do trabalho**. Tradução de Wagner Giglio. São Paulo: LTr, 1978, p. 211.

[273] CARVALHO, Augusto César Leite de. *op. cit.*, p. 58.

[274] *Idem*, pp. 58-59.

O princípio sob tela, desse modo, não privilegia o da renunciabilidade do Direito Comum, marcado pela ideia de que a autonomia da vontade deve prevalecer. No Direito do Trabalho, pressupõe-se o desequilíbrio contratual em favor do trabalhador, pois nessa relação, ele é parte inferior.[275]

III.1.3.3. Princípio da continuidade do emprego

A Constituição Federal, em seu artigo 170, prevê que, a ordem econômica, fundada na valorização do trabalho humano e na livre iniciativa, tem por fim assegurar a todos existência digna, conforme os ditames da justiça social, devendo observar, dentre seus princípios, o da busca do pleno emprego (inciso VIII).

A continuidade do contrato de trabalho representa uma extensão do princípio que preserva a manutenção do emprego, com exceção dos contratos por prazo determinado, inclusive o contrato de trabalho temporário.

Esse princípio tem o objetivo de evitar fraudes dos empregadores, proibindo as sucessivas prorrogações dos contratos a prazo, permitindo a adoção de critério de continuidade da relação empregatícia, para manutenção do contrato nos casos de substituição do empregador.

Como exemplo típico, o art. 448 da CLT prevê que a mudança na propriedade ou na estrutura jurídica da empresa não afetará os contratos de trabalho dos respectivos empregados. Essa regra preserva a manutenção dos contratos de trabalho no caso de sucessão trabalhista.

A empresa sucessora assume "as obrigações trabalhistas da empresa sucedida". A sucessão trabalhista implica "a continuidade da prestação de serviços pelos mesmos empregados no mesmo estabelecimento".[276]

Caso haja a rescisão do contrato de trabalho e o juiz tiver dúvida sobre quem deu causa à rescisão, o ônus de provar o término do contrato de trabalho, quando negados a prestação de serviço e o despedimento, é do empregador, pois o princípio da continuidade da relação de emprego constitui presunção favorável ao empregado.[277]

---

[275] A súmula 276 do Tribunal Superior do Trabalho, por exemplo, deixa patente esse princípio, quando registra que o direito ao aviso prévio é irrenunciável pelo empregado. O pedido de dispensa de cumprimento não exime o empregador de pagar o respectivo valor. Disponível em http://www.tst.gov.br/jurisprudencia/Livro_Jurisprud/livro_pdf_atual.pdf. Acesso em 25/out/2010.

[276] MARTINS, Sergio Pinto. **Comentários à CLT...** p. 387.

[277] Súmula 212 do TST. Disponível em http://www.tst.gov.br/jurisprudencia/Livro_Jurisprud/livro_pdf_atual.pdf. Acesso em 25/out/ 2010.

III.1.3.4. Princípio da primazia da realidade

Esse princípio – nascido e contemplado pelo Direito do Trabalho – surgiu como consequência de que a liberdade de contrato entre pessoas com poder e capacidade econômica desiguais conduzia a diferentes formas de exploração, inclusive, as mais abusivas e iníquas.

Américo Plá Rodriguez conceitua como princípio da primazia da realidade aquele segundo o qual, "em caso de discordância entre o que ocorre na prática e o que emerge de documentos ou acordos, deve-se dar preferência ao primeiro, isto é, ao que sucede no terreno dos fatos".[278]

Percebe-se, portanto, que o Direito do Trabalho surge com a pontuação de que é a realidade que marca a vida das relações de trabalho, realidade esta muitas vezes distante das abstratas formulações legais ou, em não raros momentos, mascarada pelo manto temerário da liberdade contratual.

Sua definição está em que, no caso de discordância entre o que ocorre na prática e o que surge de documentos e acordos, deve-se dar preferência ao que sucede no terreno dos fatos.[279]

Esse princípio conduz ao chamado *contrato realidade*, cujos efeitos jurídicos e a aplicação do Direito do Trabalho não decorrem do acordo de vontades formador do contrato de trabalho e sim da execução deste, ou seja, da inserção do trabalhador na empresa.

O desajuste entre os fatos e a forma pode resultar de simulação de uma situação jurídica distinta da realidade, de erro, geralmente sobre a qualificação do trabalhador, ou de falta de atualização dos dados.

A regra está estreitamente relacionada com a realidade que envolve o contrato de trabalho em sua execução. No momento de sua formação o contrato de trabalho é consensual. Porém no tocante à execução, vai assumindo formas outras, de acordo que se vai distanciando do pacto inicial.

III.1.4. O poder diretivo do empresário
III.1.4.1. Poder organizador

A relação de emprego pressupõe a figura do empregador, da pessoa que, por sua conta e risco, contrata a força de trabalho do empregado e organiza a estrutura produtiva para atingir os objetivos da empresa.

---

[278] ROGRIGUEZ, Américo Plá. *op. cit.*, p. 217.
[279] *Idem.* p. 217-218.

A ORDEM ECONÔMICA E O CONTRATO DE TRABALHO

O poder de organização permite que o empregador elabore uma estrutura interna focada na eficiência a fim de que os investimentos feitos pelos sócios e investidores possam atender os objetivos empresariais. Para tanto, necessita contratar mão de obra para exercer as diversas funções que serão criadas.

O empregado é a pessoa que exerce função subordinada e pessoal, sob o comando do empregador, de natureza não eventual, de cuja atividade dependa economicamente para sua sobrevivência.[280]

Segundo Márcio Viana, o poder de organização "é a capacidade do empresário de determinar a estrutura técnica e econômica da empresa bem como a estratégia tendente à realização dos objetivos desta".[281]

O empregador, portanto, cria normas internas de organização de trabalho, respeitando princípios protecionistas do trabalhador, que podem ser positivas ou negativas, gerais ou específicas, diretas ou delegadas, verbais ou escritas (formalizadas através de avisos, memorandos, circulares, comunicados internos), para executar os planos previamente traçados pelos administradores.

Por meio de regulamentos internos, o empregador deve definir com clareza não só os procedimentos de rotina, como também os direitos e deveres de cada empregado a fim de eliminar, de antemão, possíveis causas de conflitos, bem como possibilitar a convergência das ações individuais para o desenvolvimento produtivo do grupo.

O poder diretivo advém da própria lei trabalhista, uma vez que quando o empregador contrata empregados, o poder de organização o habilita a regulamentar, unilateralmente, normas gerais que se agregam à relação de emprego.

---

[280] Dispõe o art. 3º da CLT que: "Considera-se empregado toda pessoa física que prestar serviços de natureza não eventual a empregador, sob a dependência deste e mediante salário." Desse conceito legal se extraem quatro elementos básicos da prestação de trabalho que possibilitam a identificação do empregado. Primeiro, diz respeito à pessoalidade, ou seja, o trabalho ter que feito por uma pessoa e não pode ser "substituída" por outra, por que o contrato tem natureza personalíssima; segundo, o trabalho tem que ser "não eventual", ou seja, tem que ser contínuo, ainda que com prazo determinado; terceiro a subordinação jurídica, vale notar, que o empregado se submete às condições do trabalho que aderiu; quarto elemento diz respeito à onerosidade, pois a prestação laboral pressupõe o pagamento de valor econômico como contra-partida dos serviços prestados pelo trabalhador durante um lapso de tempo.

[281] VIANA, Márcio Túlio. **Direito de Resistência**. São Paulo: LTr, 1996, p.122.

III.1.4.2. Poder de controle do empregador

O poder de controle manifesta-se pelo direito do empregador fiscalizar as atividades profissionais de seus empregados. Esse poder justifica-se pelo fato de que, sem controle, o empregador não pode ter ciência de que as funções e as tarefas creditadas pelo empresário ao empregado estão sendo realmente cumpridas e se estão sendo feitas na forma pela qual elas foram delineadas.

No poder de controle – aqui registrado no sentido estrito, como espécie do poder diretivo – está inserido, características peculiares do poder de gestão da organização, quais sejam, "distribuir, dirigir, orientar e fiscalizar a prestação do trabalho", devendo, portanto, "adequar a prestação de trabalho às necessidades da empresa".[282]

No estabelecimento das condições de execução da relação trabalhista é possível identificar cláusulas "abertas" para possibilitar o empregador controlar e dirigir a empresa de forma a atingir seus objetivos. Não poderá, no entanto, o empregador utilizar cláusulas que retirem do trabalhador direitos ou garantias previstas na Constituição Federal, na Consolidação Trabalhista e em convenções e acordos coletivos de trabalho.[283]

Sendo a relação de emprego nitidamente um vínculo contratual, o empregado adere às normas internas e se submete a fazer ou deixar de fazer algo na empresa de acordo com os planos e objetivos traçados pela diretoria. O poder de controle aqui analisado, então, é aquele imposto pelo empregador aos seus empregados, pela natureza jurídica do contrato de trabalho, especialmente à subordinação jurídica oriunda dessa relação.

Alice Monteiro de Barros[284], ao comentar sobre o poder diretivo do empregador, dá ênfase ao fato de que "da relação contratual surge para

---

[282] CAMINO, Carmen. **Direito Individual de Trabalho**. 4 ed., Porto Alegre: Síntese, 2004, pp. 229-230

[283] Nesse sentido o art. 462 da CLT dispõe que "Ao empregador é vedado efetuar qualquer desconto nos salários do empregado, salvo quando este resultar de adiantamentos, de dispositivos de lei ou de contrato coletivo." A mesma lei, logo em seguida, no art. 468, preconiza que: "Art. 468 – Nos contratos individuais de trabalho só é lícita a alteração das respectivas condições por mútuo consentimento, e ainda assim desde que não resultem, direta ou indiretamente, prejuízos ao empregado, sob pena de nulidade da cláusula infringente desta garantia."

[284] BARROS, Alice Monteiro de. **Poder hierárquico do empregador – poder diretivo**. *In* Curso de direito do trabalho: estudos em memória de Célio Goyatá. Coordenação de Alice Monteiro de Barros, vol. 1. São Paulo: LTr, 1993, p. 548.

A ORDEM ECONÔMICA E O CONTRATO DE TRABALHO

o empregado o estado de subordinação e, para o empregador, o poder hierárquico."

O poder de comando ou de direção é inerente ao poder hierárquico. A subordinação, nesse caso, é característica irrefragável da relação de trabalho. O controle feito pelo empregador ao empregado pode ser exemplificado com os seguintes atos: controle da jornada de trabalho estabelecida em contrato, fiscalização do uso de equipamentos de proteção individual, disponibilização de horário de descanso do empregado intrajornadas, averiguação do uso de uniformes, supervisão de ambientes ou setores que necessite higienização constante em decorrência de imposição legal, vigilância do empregado no cumprimento das normas de proteção e segurança.

Deve ser destacado que o controle do empregador sobre o empregado deve ser feito, ainda, por imposição de normas regulamentadoras da saúde e segurança do trabalho. O empregador tem o dever de zelar pela saúde e segurança do trabalhador e, em face dessa imposição normativa, exerce a empresa o controle das atividades desempenhadas pelo empregado, devendo, ainda, propiciar ambiente saudável enquanto esse estiver à disposição da empresa.

As Normas Regulamentadoras – NR, relativas à segurança e medicina do trabalho, são de observância obrigatória pelas empresas privadas e públicas e pelos órgãos públicos da administração direta e indireta, bem como pelos órgãos dos Poderes Legislativo e Judiciário, que possuam empregados regidos pela Consolidação das Leis do Trabalho – CLT.[285]

O não cumprimento das disposições legais e regulamentares sobre segurança e medicina do trabalho acarretará ao empregador a aplicação das penalidades previstas na legislação pertinente.[286]

---

[285] Disponível em http://www.mte.gov.br/legislacao/normas_regulamentadoras/default asp. Acesso em 03/ nov/2010.

[286] Cita-se, como exemplo, algumas Normas Regulamentadoras do Ministério do Trabalho que devem ser cumpridas pelas empresas e empregadores: NR-1 – Geral. Estabelece as normas regulamentadoras referente a medicina e segurança no trabalho; NR-4 – Estabelece a obrigatoriedade de empresas possuírem o SESMT – Serviços Especializados em Engenharia de Segurança e Medicina do Trabalho; NR-5 – Estabelece a obrigatoriedade das empresas constituírem uma CIPA – Comissão Interna de Prevenção de Acidentes – formada por membros internos a organização. Uma de suas atribuições é a SIPAT – Semana Interna de Prevenção de Acidentes; NR-6 – Define os tipos de EPI's que as empresas estão obrigadas a fornecer aos seus empregados.

O TRABALHO NA SOCIEDADE DA INFORMAÇÃO

III.1.4.3. Poder disciplinar do empregador

Se a principal característica da relação empregatícia é a subordinação jurídica (da qual surge o dever de obediência do empregado às ordens do empregador), o exercício do poder diretivo seria inócuo e ineficaz se o empregador não dispusesse de sanções (penalidades) para a hipótese de o empregado infringir seus deveres.[287]

Através da subordinação jurídica decorre para o empregado o dever de prestar diligentemente o serviço ajustado, o dever de colaboração, obediência e lealdade, e o dever de acatar, respeitar e cumprir as normas internas.

A aplicação das sanções disciplinares tem, pelo menos, três funções fundamentais: a) punitivo (aplicar pena pela falta cometida); b) educativo (prevenir possíveis faltas futuras dos empregados); c) político (manter a ordem interna da empresa, resguardando o cumprimento das regras impostas).

A sanção deve ser aplicada levando-se em conta o ato faltoso e os danos que esse ato pode proporcionar ao meio ambiente empresarial. A proporcionalidade entre o falta do empregado e a sanção a ser aplicada advém dos ideais de ética, bom senso e equidade.

A conduta inadequada do empregado pode levar o empregador ao exercício legítimo do direito de puni-lo, "negando-lhe o trabalho, fonte do salário ou indo ao extremo da despedida com justa causa".[288]

NR-7 – Elaboração e Implementação nas empresas do PCMSO – Programa de Controle Médico de Saúde Ocupacional, com o objetivo de monitorar e preservar a saúde ocupacional dos trabalhadores. NR-8 – Requisitos técnicos mínimos a serem observados nas edificações tendo em visto a saúde e segurança dos trabalhadores. NR-9 – Estabelece a obrigatoriedade da implementação do PPRA – Programa de Prevenção de Riscos Ambientais – identificação e avaliação de riscos e implementação de medidas de controle. Nesta NR consideram-se os riscos Físicos, Químicos e Biológicos; NR-15 – Regulamenta as atividades e operações insalubres; NR-16 – Regulamenta as atividades e operações perigosas; NR-18 – Estabelece diretrizes de ordem administrativa, de planejamento e de organização, que objetivam a implementação de medidas de controle e sistemas preventivos de segurança nos processos, nas condições e no meio ambiente de trabalho na Indústria da Construção; NR-32 – Estabelece as diretrizes básicas para implementação de medidas de proteção à segurança e saúde dos trabalhadores de serviços de saúde, bem como daqueles que exercem atividades de promoção e assistência à saúde em geral.

[287] Tais sanções é que constituem a exteriorização do poder disciplinar do empregador, que *"decorre do poder de comando empresário, consoante o disposto no art. 2º, da CLT"* (TRT 2ª R. – Ac. 02950158123 – 9ª T. – Rel. Juiz Sérgio José Bueno Junqueira Machado – DOESP 17.05.1995).

[288] CAMINO, Carmen. *op. cit.*, p. 231.

A ORDEM ECONÔMICA E O CONTRATO DE TRABALHO

O direito disciplinar tem criado polêmicas peculiares no direito do trabalho e decorre, justamente, porque a lei brasileira não ter um capítulo específico, destinado ao poder disciplinar. Contudo, contempla a suspensão disciplinar, mediante a qual o empregado fica impedido de trabalhar e, consequentemente, perde os salários correspondentes ao teto de trinta dias.[289]

O artigo 482 do Diploma Trabalhista prevê os casos de rescisão por justa causa por parte do empregador, nas hipóteses em que o empregado tem ocorrido nas seguintes faltas: a) ato de improbidade; b) incontinência de conduta ou mau procedimento; c) negociação habitual por conta própria ou alheia sem permissão do empregador, e quando constituir ato de concorrência à empresa para a qual trabalha o empregado, ou for prejudicial ao serviço; d) condenação criminal do empregado, passada em julgado, caso não tenha havido suspensão da execução da pena; e) desídia no desempenho das respectivas funções; f) embriaguez habitual ou em serviço; g) violação de segredo da empresa; h) ato de indisciplina ou de insubordinação; i) abandono de emprego; j) ato lesivo da honra ou da boa fama praticado no serviço contra qualquer pessoa, ou ofensas físicas, nas mesmas condições, salvo em caso de legítima defesa, própria ou de outrem; k) ato lesivo da honra ou da boa fama ou ofensas físicas praticadas contra o empregador e superiores hierárquicos, salvo em caso de legítima defesa, própria ou de outrem; l) prática constante de jogos de azar.

O parágrafo único do artigo 482 prevê que constitui igualmente justa causa para dispensa de empregado a prática, devidamente comprovada em inquérito administrativo, de atos atentatórios à segurança nacional.

Ante a ausência normativa que disponha a forma pela qual deve ser aplicado o poder disciplinar, a jurisprudência encontrou campo fértil para construir em torno do instituto, decisões que regulem o exercício do poder punitivo, dada a abusividade das punições, quer quanto a sua natureza, quer quanto a sua extensão.[290]

---

[289] O art. 474 da CLT assim preconiza: A suspensão do empregado por mais de 30 (trinta) dias consecutivos importa na rescisão injusta do contrato de trabalho.

[290] Vide como exemplo, acórdão paradigma do Egrégio Tribunal Regional do Trabalho do Rio Grande do Sul: "Detém o empregador o poder disciplinar. Assiste-lhe o direito de punir o empregado que pratica uma falta, advertindo-o verbalmente ou por escrito, suspendendo-o ou mesmo despedindo-o, como medida extrema. Este poder, entretanto, é limitado pela noção de justiça, que pressupõe seu uso normal, podendo o empregador ser penalizado pelo

A sanção há de ser aplicada no momento em que ocorra a falta do empregado, sob pena de perdão tácito.

A doutrina e a jurisprudência entendem que a pena deve ser atual, imediata, salvo nos casos em que o próprio regulamento interno da empresa preveja outra forma disciplinar.[291]

Para não incorrer em ilegalidade, deverá o empregador levar em conta, na aplicação das penalidades, a adequação (escolha da pena: advertência, suspensão ou despedida imediata por justa causa) e a intensidade (dosagem da pena), além de considerar as características do cargo e a vida funcional do empregado.

III.1.5. Os abusos do poder diretivo na sociedade da informação
III.1.5.1. Violações aos direitos de intimidade e privacidade

Os direitos fundamentais estão consagrados na Constituição Federal em diversos artigos. Seus traços mais marcantes estão insculpidos no artigo 5º, por meio do qual não somente são consignados os princípios da liberdade, de igualdade e de fraternidade, mas também aqueles vinculados ao direito de personalidade, direitos individuais, de todo cidadão.

O artigo 5º, inciso X, por exemplo, faz alusão a direitos vinculados à vida privada do ser humano, assegurando, pois, a todos, a inviolabilidade da intimidade, a vida privada, a honra e a imagem das pessoas, garantindo o direito à indenização pelo dano material ou moral decorrente de sua violação.

---

abuso do poder de comando. O bom senso e o ideal de justiça indicam que deva existir uma proporcionalidade entre o ato faltoso e sua punição, aplicando o empregador as penas menos severas para as infrações mais leves e reservando o despedimento para as mais graves. (TRT 4ª R. – RO 93.010986-4 – 3ª T. – Rel. Juiz Armando Cunha Macedônia Franco – DOERS 05.06.1995). No mesmo sentido: TRT 9ª R. – RO 4.934/94 – Ac. 3ª T. 12.204/95 – Relª. Juíza Wanda Santi Cardoso da Silva – DJPR 26.05.1995; TRT 3ª R. – RO 2053/97 – 3ª T. – Rel. Juiz Antonio Balbino Santos Oliveira – DJMG 14.10.1997.

[291] Nesse sentido, extrai-se trecho de acórdão que assim discorre sobre o assunto *"...de acordo com a melhor doutrina e jurisprudência, deve a empresa observar o princípio da imediatidade na aplicação da penalidade, para a resolução do contrato, sob pena de caracterizar-se o perdão tácito"* (TRT 1ª R. – RO 21635/95 – 3ª T. – Relª. Juíza Nídia de Assunção Aguiar – DORJ 12.02.1998). Tal princípio somente é abrandado quando se cuidar de grandes organizações empresariais, na qual hipótese, *"em função da gravidade de falta e do porte da empresa, a apuração cautelosa, ao contrário de ferir o princípio da imediatidade, torna elogiável a conduta do empregador"* (TST – RR 191.158/95.8 – Ac. 3ª T. 11.410/97 – Rel. Min. Manoel Mendes de Freitas – DJU 06.02.1998).

Carlos Alberto Bittar[292] observa que existem características intrínsecas nos direitos de personalidade, destacando que "ocupam esses direitos posição autônoma e distinta na relação dos direitos privados." Para o autor, os direitos de personalidade são aqueles "reconhecidos à pessoa humana tomada em si mesma e em suas projeções na sociedade, previstos no ordenamento jurídico exatamente para a defesa de valores inatos no homem", citando, como exemplo, "a vida, a higidez física, a intimidade, a honra, a intelectualidade".

Nas relações de emprego, o trabalhador deve receber tratamento digno, que não viole seus direitos de personalidade. Essa acolhida e respeito há de se feita por todos aqueles que estão no ambiente de trabalho, desde o início da contratação – situações pré-contratuais – bem como durante e após a rescisão do contrato de trabalho.

Ocorre, no entanto, que existem situações em que o empregador ou seus prepostos – nesses casos, gerentes, supervisores ou chefes de departamentos, em geral – acabam usurpando direitos de personalidade, sem sequer observar as garantias consagradas no texto da Constituição Federal. Ou, em certos casos, discriminam propositadamente, conscientes de que determinada postura representa violação à dignidade da pessoa.

Existem algumas situações inerentes ao ambiente de trabalho que valem a pena serem citadas, sobretudo por se tratarem de fatos violadores aos direitos de personalidade e que, apesar de ocorrer no século XXI, ainda trazem perplexidade para aqueles que estudam os comportamentos abusivos no ambiente laboral. Dentre essas situações, seis casos merecem atenção. São eles: a) as entrevistas vexatórias; b) a discriminação contra opção sexual do empregado; c) a discriminação contra pessoas portadoras de doenças; d) as revistas íntimas vexatórias; e) a violação de email do trabalhador; f) a elaboração de "listas negras".

Passa se a explicitar, pois, os indigitados casos em que a conduta do empregador configura violação aos direitos de personalidade, sob a ótica da doutrina trabalhista e jurisprudência dos tribunais regionais e superiores.

O primeiro caso diz respeito às entrevistas vexatórias. Antes da contratação de um empregado, a empresa costuma fazer uma entrevista com o candidato a fim de verificar se existe no candidato, aptidão, qualificação ou

---

[292] BITTAR, Carlos Alberto. **Os direitos de personalidade**. 3 ed. Rio de Janeiro: Forense Universitária, 1999, pp. 1-11

habilidades desejadas para preenchimento do cargo. Ocorre, entretanto, que durante a entrevista, pode haver situações de discriminação contra à pessoa, seja em razão de raça, sexo ou cor, seja em razão de alguma peculiaridade que não esteja vinculada à oferta de emprego.

Questionamentos sobre a vida privada do candidato, como, por exemplo, vida íntima do candidato, preferências esportiva, religiosa, política e sexual, ferem igualmente os direitos de personalidade, sendo proibida pela Constituição Federal qualquer diferenciação ou discriminação.

Nesses casos, o candidato discriminado poderá pleitear judicialmente o ressarcimento pelos danos morais sofridos em decorrência da conduta discriminatória do empregador, ainda que tal conduta tenha sido praticada por preposto.[293]

O segundo caso aqui abordado, refere-se à opção sexual do empregado, que também é protegida pela Constituição da República. Nas relações de emprego, a discriminação decorrente da orientação sexual do empregado enquadra-se no conceito de discriminação por motivo de sexo, uma vez que este – o sexo – não está restrito ao seu aspecto biológico (feminino

---

[293] Cita-se, como exemplo, acórdão do Tribunal Regional do Trabalho da 2ª. Região, São Paulo, no RO 500200406402001 SP 00500-2004-064-02-00-1, de 11/07/2006, 3ª. Turma: I – PROCESSO SELETIVO. FASE PRÉ-CONTRATUAL. OBRIGAÇÕES DO PROPONENTE. A sujeição a um processo seletivo de emprego não confere a certeza de admissão, em razão do risco inerente a esse tipo de admissão. Mas à medida que o processo seletivo avança, a álea típica dessa forma de seleção diminui e a relação se torna cada vez mais individualizada. Começam a surgir, então, direitos e obrigações recíprocos próprios da fase pré-contratual (CC/2002, art. 427). A autorização para realização de exames médicos admissionais se equipara à proposta de emprego, cujo distrato depende da concordância de ambas as partes. A recusa na contratação, sem qualquer explicação, importa dano juridicamente relevante, sujeito a reparação compatível.
II – PROCESSO SELETIVO. APROVAÇÃO EM TODAS AS FASES. RECUSA INJUSTIFICADA DA CONTRATAÇÃO. FUNÇÃO SOCIAL DA EMPRESA. DANO MORAL. A faculdade de sujeitar os candidatos a processo seletivo prévio, composto por entrevistas e dinâmicas de grupo, é uma faculdade do empregador que deve ser exercida com observância dos direitos subjetivos dos trabalhadores. Aceita a forma de seleção pelos postulantes, cabe ao empregador, após a aprovação dos candidatos em todas as fases, implr a contratação.Salvo a limitação de vagas, que deve ser comunicada de início, a recusa em admitir o postulante ao emprego, sem motivo justificado, importa subjetivismos que infligem danos imateriais aos lesados. A reparação deve levar em consideração, menos os aspectos subjetivos, e mais a penalização da empresa que não cumpriu sua função social. Acórdão 2006049187. Relator Juiz Rovirso Aparecido Boldo.

A ORDEM ECONÔMICA E O CONTRATO DE TRABALHO

ou masculino), mas abrange também a sua manifestação nas relações interpessoais.

Assim, uma vez demonstrada que a dispensa de uma empregada decorreu de relacionamento amoroso mantido com outra colega da empresa, há de ser reconhecido como discriminatório o ato praticado pelo empregador.[294]

Terceira situação diz respeito às pessoas portadoras de doenças. A não contratação de uma pessoa portadora de doença não contagiosa, uma vez comprovada a conduta discriminatória da empresa, ou ainda, a rescisão contratual de um empregado aidético sem justa causa, está sujeita a reparação por dano à pessoa, nos termos do artigo 5º, *caput*, combinado com inciso X, do mesmo artigo, da Constituição Federal.[295]

Note-se, que nesse caso, não se está levando a hipótese de que o empregado portador do vírus HIV tem estabilidade no emprego. Ao contrário, a afirmação aqui feita é a de discriminação do portador da doença no ambiente de trabalho. Ora, se cabe ao empregador proporcionar saúde e segurança ao trabalhador, se ele é discriminado por seus pares ou se e a empresa não toma providências para evitar discriminações internas de seus pares, a fim de que ele possa exercer normalmente suas atividades, daí nasce a ilicitude decorrente da negligência ou imprudência do poder de comando do empregador. Nesse ponto, está se falando de lesão ao princípio de igualdade de tratamento e o da não discriminação.

---

[294] Nesse sentido, já decidiu o Tribunal Superior do Trabalho, no processo TST-AIRR-7663/2006-034-12-40.5, 5ª. Turma, que, "nos termos do 1º da Lei 9.029/95, é proibida a adoção de qualquer prática discriminatória e limitativa para efeito de acesso a relação de emprego, ou sua manutenção, dentre outros, por motivo de opção sexual. Comprovado pelo conjunto probatório, segundo o Regional, que a demissão decorreu da opção sexual da reclamante, ante a evidente violação da intimidade e da vida privada da empregada demitida, mantém-se o despacho denegatório do recurso de revista." Relator Ministro Emmanoel Pereira. Julgado em 15 de outubro de 2008.

[295] Art. 5º, da Constituição Federal dispõe que todos são iguais perante a lei, sem distinção de qualquer natureza, garantindo-se aos brasileiros e aos estrangeiros residentes no País a inviolabilidade do direito à vida, à liberdade, à igualdade, à segurança e à propriedade, nos termos seguintes:

I – homens e mulheres são iguais em direitos e obrigações, nos termos desta Constituição;

...

X – são invioláveis a intimidade, a vida privada, a honra e a imagem das pessoas, assegurado o direito a indenização pelo dano material ou moral decorrente de sua violação;

O TRABALHO NA SOCIEDADE DA INFORMAÇÃO

O Tribunal Regional do Trabalho da 24ª Região, ao julgar recurso de trabalhador que era portador do vírus HIV e passou a ser tratado pelo superior hierárquico de forma indecorosa, condenou a empresa ao pagamento de danos morais para evitar que "pessoas com mentalidade tão medíocre e comportamento desumano e pequeno" continuassem a ocupar "cargos", dirigindo vários subordinados, sem tem um mínimo de respeito com o ser humano. Para o tribunal, essas pessoas que exercem esses cargos de diretoria ou gerência e violam o princípio da dignidade da pessoa humana "são portadores dos males do século", por ter contraído "a falta de solidariedade e respeito pelo ser humano". [296]

Quarta questão de relevância no vínculo de emprego e que revela abuso do poder diretivo está relacionada à revista íntima dos empregados.

A empresa tem o direito de se acautelar para evitar que o empregado se apodere de bens da organização ou de mercadorias produzidas, ou até mesmo cometa atos ilícitos que configure a quebra de confiança, e, consequentemente, a rescisão motivada do contrato. Todavia, não pode a empresa invadir a intimidade do empregado a ponto de fazer revistas íntimas e causar-lhe dano à sua dignidade.[297]

Fernando Leone Canavam[298] pontua o critério pelo qual as revistas íntimas devem ser feitas, destacando que (i) a revista deverá ser procedida em "áreas em que tal atividade seja justificável"; (ii) não se deve fazer revistas "discriminatórias" dos empregados, ou seja, escolher "sempre os mesmo empregados"; (iii) as revistas "devem ser feitas por pessoas do mesmo sexo e na presença de testemunhas"; (iv) as revistas que envolvam a "retirada da roupa devem ser feitas em ambiente isolados"; (v) deve haver aviso "prévio" da revista íntima ou "estipulação em regulamento da empresa"; (vi) a revista deve ser feita sempre "no âmbito da empresa e jamais fora dela".

O empregador deve investir em tecnologia para viabilizar a proteção de seus bens e de sua estrutura produtiva. Entretanto, não poderá exorbitar seu poder econômico para abusar da intimidade de seus empregados.

---

[296] TRT 24ª. Região, RO-1.594/97, Rel. Juíza Geralda Pedroso.

[297] Nesse sentido, cita-se acórdão do Tribunal Regional do Trabalho, da 2ª. Região, São Paulo, acórdão n. 20100023333, processo TRT/SP Nº: 00846200642102006, julgado em 21 de Janeiro de 2010, Relator Juiz Davi Furtado Meirelles.

[298] CANAVAM, Fernando Leone. **A tutela dos direitos da personalidade no direito do trabalho**. Dissertação de mestrado. USP. São Paulo, 2002, pp. 254-255.

A ORDEM ECONÔMICA E O CONTRATO DE TRABALHO

No uso de circuitos fechados de filmagens internas, não poderá o empregador afrontar a honra e dignidade trabalhador, sob pena de violação ao direito de intimidade e privacidade do trabalhador.

O quinto estudo de caso se refere à inviolabilidade de correspondência eletrônica do empregado. Com efeito, quando o empregador dispuser ao empregado um computador para que esse desempenhe suas atividades, não poderá ele, sob a desculpa de poder de comando e de controle das atividades, violar as correspondências eletrônicas que o trabalhador recebe ou envia através do endereço eletrônico pessoal ou particular.

Prepondera a corrente jurisprudencial que somente as correspondências eletrônicas que estão no endereço eletrônico (emails) da empresa, ou seja, email corporativo, é que poderão ser abertas ou investigadas sem necessidade de pedido de autorização judicial. [299]

Sobre esse polêmico tema, o Tribunal Superior do Trabalho decidiu que os sacrossantos direitos do cidadão à privacidade e ao sigilo de correspondência, constitucionalmente assegurados, concernem à comunicação estritamente pessoal, ainda que virtual (e-mail particular). Assim, apenas o e-mail pessoal ou particular do empregado, socorrendo-se de provedor próprio, desfruta da proteção constitucional e legal de inviolabilidade. Solução diversa impõe-se em se tratando do chamado e-mail corporativo, instrumento de comunicação virtual mediante o qual o empregado louva-se de terminal de computador e de provedor da empresa, bem assim do próprio endereço eletrônico que lhe é disponibilizado igualmente pela empresa. Destina-se este a que nele trafeguem mensagens de cunho estritamente profissional. Em princípio, o uso é corporativo, salvo consentimento do empregador. Ostenta, pois, natureza jurídica equivalente à de uma ferramenta de trabalho proporcionada pelo empregador ao empregado para a consecução do serviço. A estreita e cada vez mais intensa vinculação que passou a existir, de uns tempos a esta parte, entre Internet e/ou correspondência eletrônica e justa causa e/ou crime exige muita parcimônia dos órgãos jurisdicionais na qualificação da ilicitude da prova referente ao desvio de finalidade na utilização dessa tecnologia,

---

[299] Artigo 5º, da Constituição Federal, dispõe em seu inciso XII: "é inviolável o sigilo da correspondência e das comunicações telegráficas, de dados e das comunicações telefônicas, salvo, no último caso, por ordem judicial, nas hipóteses e na forma que a lei estabelecer para fins de investigação criminal ou instrução processual penal."

tomando-se em conta, inclusive, o princípio da proporcionalidade e, pois, os diversos valores jurídicos tutelados pela lei e pela Constituição Federal.[300]

A despeito dessa decisão do Tribunal Superior do Trabalho, a doutrina e a jurisprudência ainda percorreram duas correntes para decidir sobre a legalidade ou não do empregador investigar, sem autorização do empregado, as correspondências eletrônicas que estão em computador da empresa.

Os direitos e as garantias fundamentais aqui sopesadas são duas, pelo menos: a inviolabilidade de correspondência eletrônica – direito personalíssimo do empregado, pois visa sua intimidade e privacidade e, de outra ponta, o direito de propriedade e proteção dos bens do empregador.

Sérgio Pinto Martins[301] obtempera que quando houver conflitos "entre dois ou mais direitos ou garantias fundamentais, o intérprete deve utiliza--ser do princípio da concordância prática ou da harmonização". O critério utilizado visa evitar o "sacrifício total de uns em relação aos outros, realizando uma redução proporcional de âmbito de alcance de cada qual", em busca do "verdadeiro significado da norma e da harmonia do texto constitucional com sua finalidade precípua."

Na verdade, o que deve preponderar é o bom senso e a prudência das partes nas relações de trabalho. Para tanto, o empregador poderá inspecionar os emails corporativos através de um programa de rastreamento de dados desde que haja cláusula contratual que permita à empresa utilizar desse sistema. Caso não tenha incluído essa permissão no contrato de trabalho, poderá a empresa lançar mão de aditivo ao contrato de trabalho, comunicando, portanto, o empregado, sobre a necessidade dessa supervisão e, consequentemente, obtendo, por meio de autorização, a permissão dele para evitar desencontros.

Com relação à sexta hipótese aqui tratada, relacionada à "lista negra", a jurisprudência e a doutrina repudia qualquer conduta que viole a honra do empregado, consistente na atribuição de acusações infundadas de ato de improbidade lesiva ao bom nome do trabalhador, fornecendo informações desabonatórias e inverídicas a alguém que pretende contratá-lo ou, ainda,

---

[300] TST, 1.ª Turma. RR 613/2000-013-10.00.7, julgado em 18 de maio de 2005, Rel. Ministro João Oreste Dalazen, LTr 69-06/722).

[301] MARTINS, Sérgio Pinto. **Direitos fundamentais trabalhistas.** São Paulo: Atlas, 2008, pp. 116-117.

A ORDEM ECONÔMICA E O CONTRATO DE TRABALHO

insira seu nome em lista negra, para efeito de restrições de crédito e outras operações, visando a discriminá-lo em futuros empregos, pelo fato de o trabalhador tê-lo acionado em Juízo.[302]

Também configura abusividade, o fornecimento de informações pessoais do trabalhador às prestadoras de serviço de contratação de mão de obra,

---

[302] Nesse sentido, cita-se o seguinte acórdão proferido pelo Tribunal Superior do Trabalho, no processo TST-RR-533/2003-091-09-00.5. "RECURSO DE REVISTA. DANO MORAL. INCLUSÃO DO NOME DE EX-EMPREGADO EM LISTA DISCRIMINATÓRIA. Concebido o dano moral como a violação de direitos decorrentes da personalidade – estes entendidos como – categoria especial de direitos subjetivos que, fundados na dignidade da pessoa humana, garantem o gozo e o respeito ao seu próprio ser, em todas as suas manifestações espirituais ou físicas – (BELTRÃO, Sílvio Romero, Direitos da Personalidade, São Paulo: Editora Atlas, 2005, p.25) –, a sua ocorrência é aferida a partir da violação perpetrada por conduta ofensiva à dignidade da pessoa humana, sendo dispensável a prova de prejuízo concreto, já que a impossibilidade de se penetrar na alma humana e constatar a extensão da lesão causada não pode obstaculizar a justa compensação. – Depois de restar superada a máxima segundo a qual não há responsabilidade sem culpa, tendo-se encontrado na teoria do risco um novo e diverso fundamento da responsabilidade, desmentido se vê hoje, também o axioma segundo o qual não haveria responsabilidade sem a prova do dano, substituída que foi a comprovação antes exigida pela presunção *hominis* de que a lesão a qualquer dos aspectos que compõem a dignidade humana gera dano moral – (MORAES, Maria Celina Bodin de. *Danos à pessoa humana: uma leitura civil-constitucional dos danos morais* – Rio de Janeiro: Renovar, 2003, p. 159-60). – O dano moral caracteriza-se pela simples violação de um direito geral de personalidade, sendo a dor, a tristeza ou o desconforto emocional da vítima sentimentos presumidos de tal lesão (presunção *hominis*) e, por isso, prescindíveis de comprovação em juízo – (DALLEGRAVE NETO, José Affonso, *Responsabilidade Civil no Direito do Trabalho* – 2ª ed – São Paulo, LTr, 2007, p. 154). – Dispensa-se a prova do prejuízo para demonstrar a ofensa ao moral humano, já que o dano moral, tido como lesão à personalidade, ao âmago e à honra da pessoa, por sua vez é de difícil constatação, haja vista os reflexos atingirem parte muito própria do indivíduo – o seu interior. De qualquer forma, a indenização não surge somente nos casos de prejuízo, mas também pela violação de um direito – (STJ, Resp. 85.019, 4ª Turma, Rel. Min. Sálvio de Figueiredo Teixeira, julgado em 10.3.98, DJ 18.12.98). – Incorre na compensação por danos morais, por violação à honra do empregado, o empregador que lhe atribui acusações infundadas de ato de improbidade lesiva ao seu bom nome, dá informações desabonatórias e inverídicas a alguém que pretende contratá-lo ou, ainda, insere o trabalhador em 'lista negra-, para efeito de restrições de crédito e outras operações, visando a discriminá-lo em futuros empregos, pelo fato de o trabalhador tê-lo acionado em Juízo, fornecendo tais informações às prestadoras de serviço e exigindo que elas não contratem esse empregado – (BARROS, Alice Monteiro de Curso de Direito do Trabalho – São Paulo: LTr, 2006). Recurso de revista conhecido e provido. Relatora Ministra Rosa Maria Weber Candiota da Rosa, julgado em 03 de junho de 2009.

exigindo que elas não contratem pessoas que ajuízaram reclamações trabalhistas, ficando a empresa sujeita à reparação do dano moral decorrente desse ato, cuja indenização é fixada pelo magistrado, levando-se em conta a repercussão do dano – potencialidade do ato – e a finalidade pedagógica para que o empresário não venha a cometer tal ato contra outra pessoa.

III.1.5.2. O assédio moral

O assédio moral faz parte das espécies de constrangimento ilegal praticado contra o trabalhador no ambiente de trabalho. O assédio moral não é fenômeno típico da modernidade, mas se acentuou de forma visível a partir das duas últimas décadas.

Na década de oitenta, o psicólogo alemão Heinz Leymann descobriu, em suas pesquisas sobre agressão psíquica em grupos, que no ambiente de trabalho também existia certo nível de violência, não física, mas verbal, capaz de trazer consequências danosas para saúde mental das vítimas que eram perseguidas ou isoladas nas organizações. [303]

A violência psicológica no trabalho acabou resultando num aumento de afastamento de trabalhadores que se sentiam desestimulados e desorientados para executar as atividades diárias. Dessa desorientação e perturbação psíquica surgia, como, consequência, a depressão e um desgosto incomensurável em continuar prestando serviços à empresa, o que, normalmente levava o assediado a tomar dois rumos: o primeiro, para evitar o constrangimento, pedia rescisão do contrato de trabalho e iria buscar novo emprego; o segundo, não aguentando mais o desconforto no ambiente, ingressava em uma depressão extrema, e acabava sendo afastado do trabalho, buscando auxílio médico público ou particular.

Hádassa Ferreira considera que o "assédio moral nas relações de trabalho é um dos problemas mais sérios enfrentados pela sociedade atual". Esse tipo de constrangimento "é fruto de um conjunto de fatores, tais como a globalização econômica predatória, vislumbradora somente da produção e do lucro, e a atual organização do trabalho", normalmente "marcada pela competição agressiva e pela opressão dos trabalhadores através do medo e da ameaça".[304]

---

[303] NASCIMENTO, Sônia Mascaro. **Assédio moral**. São Paulo: Saraiva, 2009, pp. 104-107.
[304] FERREIRA, Hádassa Dolores Bonilha. **Assédio moral nas relações de trabalho**. Campinas: Russel, 2004, p. 37.

A ORDEM ECONÔMICA E O CONTRATO DE TRABALHO

Para Heinz Leymann[305], o *mobbing* (nome dado ao assédio moral em outros países europeus, como França, Espanha, Portugal, advém do verbo inglês *to mob*, que significa, "atacar, rodear, maltratar") constitui-se de um "terror psicológico" que está representado por uma "comunicação antiética e hostil direcionada de modo sistemático por um ou mais indivíduos, principalmente a um indivíduo" o qual, em decorrência desses atos, "é colocado em uma posição de isolamento e assim mantido por meio dessa prática continuada".

O assédio moral está representado pela repetição de atitudes, comumente praticada por superiores hierárquicos contra determinados colaboradores visando celeridade nas atividades produtivas, no exercício das funções em caráter sobre-humano, em cumprimento de metas quase inatingíveis, tornando dificílima a permanência do trabalhador no emprego.

Marie-France Hirigoyen[306] cita casos de assédio mais comum no trabalho, praticado por pessoas que detém os mais diferentes interesses em prejudicar o próximo, como, por exemplo, a recusa de comunicação direta com a vítima, a desqualificação do colega de trabalho, o descrédito, o isolamento do trabalhador, constrangimento verbal e tácito – descaso – do assediador para levar o assediado a erro e, até mesmo, o "assédio sexual com o fito único de 'coisificar' a vítima.

Sônia Mascaro Nascimento[307] contempla nove situações comuns: (i) desaprovação velada e sutil a qualquer comportamento da vítima; (ii) críticas repetidas e continuadas em relação à capacidade profissional do trabalhador; (iii) comunicações incorretas ou incompletas quanto à forma de realização do serviço, dentre elas podendo acrescentar informações errôneas sobre metas para causar o desprestígio do assediado; (iv) apropriação de ideias da vítima para serem apresentadas como sendo de autoria do assediador; (v) isolamento da vítima de almoços, jantares de confraternizações perante os demais colegas; (vi) exposição de fatos pessoais ou privativos da vítima mediante boatos; (vii) exposição da vítima ao ridículo perante colegas ou clientes, dentro ou fora do expediente, de forma repetitiva e continuada; (viii) alegação pelo agressor, de quando

---

[305] Heinz Leymann, Mobbing encyclopedia. The definition of mobbing at workplaces. Disponível em http://www.leymann.se/English/12100E.HTM. Acesso em 06/ nov/ 2010.
[306] HIRIGOYEN, Marie-France. Assédio moral: a violência perversa no cotidiano. Rio de Janeiro: Bertrand Brasil, 2010, pp. 76-80.
[307] NASCIMENTO, Sônia Mascaro. *op. cit.*, pp. 2-4.

haja confrontação das partes envolvidas, de que a vítima é paranoica, com mania de perseguição ou que não tem maturidade emocional suficiente para desempenhar suas funções; (ix) identificação da vítima como sendo "criadora de caso" ou que é indisciplinada, sem justo motivo para tal imputação.

Verifica-se, desse modo, que o assédio moral está representado pela conduta ilegal de um trabalhador contra outro, de forma reiterada e individual – contra pessoa determinada – de forma a reduzir sua capacidade de trabalho, retirar-lhe prestígio ou ferir sua dignidade, através de ataques pessoais que causem abalos psicológicos contra ele ou sua família[308].

De qualquer forma, a conduta que se constitui em assédio moral, corresponde a um ataque pessoal contra a dignidade da pessoa humana, contra a valorização do trabalho humano e, por conseguinte, mutila os princípios que garantem o desenvolvimento econômico.

Para visualização da ocorrência do assédio moral, a doutrina utiliza-se três critérios: o vertical, o horizontal e o misto. O vertical é caracterizado pela subordinação, pela diferença de posição hierárquica, normalmente praticada pelo superior hierárquico contra seu subordinado. O horizontal é praticado entre sujeitos que estão no mesmo nível hierárquico, não ligado pela subordinação, mas ocorre quando é exercício por uma ou mais pessoas contra um trabalhador ou grupo de trabalhadores determinado ou determinável para atingir um objetivo.[309]

O assédio moral misto envolve, no mínimo, três sujeitos: "o assediador vertical, o assediador horizontal e a vítima, que, nesse contexto, é atacada por todos os lados", o que configurará uma situação insustentável dentro de um curto espaço de tempo.[310]

---

[308] A família do trabalhador também deve ser protegida pela empresa, porque a família é a base da sociedade e tem especial proteção do Estado, conforme prevê o art. 226 da Constituição Federal. Nessa ordem, a família constitui célula matriz da formação educacional e estrutural das pessoas e merece especial atenção da organização empresarial porque é a extensão do trabalhador nas relações nas quais ele se integra. Não pode a empresa, com desculpas de que as festas do fim de ano são feitas para confraternizar os trabalhadores, utilizar-se de informações privadas, íntimas de cada empregado para usurpar os valores unitários de cada ente familiar, forma a depreciar seu valor, criar chacotas e chavões que depreciam seu valor na comunidade.

[309] NASCIMENTO, Sônia Mascaro. *op. cit.*, pp. 3-4.

[310] PAMPLONA FILHO, Rodolfo. **Noções conceituais sobre assédio moral na relação de emprego**. Revista LTr: legislação do trabalho e previdência social. São Paulo: v. 70, n. 9, set. 2006, 1080.

A ORDEM ECONÔMICA E O CONTRATO DE TRABALHO

No Brasil, a Justiça do Trabalho tem recepcionado situações de assédio moral e fixado indenização por danos morais em favor da vítima. Em um dos casos, o Tribunal Regional do Trabalho da 15ª. Região de Campinas proferiu decisão favorável ao trabalhador no sentido de que, restando comprovado no processo judicial que a empresa, através de seus prepostos, agredia verbalmente os empregados, utilizando expressões impróprias, o que causava vergonha e humilhação ao empregado, devida a condenação ao pagamento de indenização por dano moral. Inquestionável, na hipótese, a ocorrência de assédio moral, configurado pela conduta negativa, desumana e aética da empregadora, desestabilizando a relação da vítima com o ambiente de trabalho, tendo havido extrapolação do seu poder diretivo.[311]

Noutro exemplo, o Tribunal Superior do Trabalho condenou o Hospital São Rafael, na Bahia, a pagar a um médico indenização de R$ 20 mil por ter sofrido assédio moral em seu ambiente de trabalho. Segundo relato nos autos, o médico, que era chefe de departamento, não concordou em convencer seus subordinados a rescindirem seus contratos de trabalho existentes por meio de demissões simuladas dos profissionais que trabalhavam no local para, posteriormente, contratar esses mesmo médicos através de contrato de prestação de serviços de profissionais autônomos e até por interposta empresa terceirizada.[312]

III.1.5.3. O *dumping social* praticado contra os trabalhadores

De Plácido e Silva[313] conceitua *dumping* como sendo "organização que tem por objetivo vender mercadorias de sua produção ou comércio em país estrangeiro por preço inferior aos artigos similares".

---

[311] PROCESSO TRT/15ª REGIÃO Nº 0176600-02.2007.5.15.0093. Reclamante: Moisés Alves Ferreira Reclamada: Casas Bahia Comercial Ltda. Em trecho do acórdão, extrai-se o seguinte excerto: "... No caso vertente, foram devidamente comprovados os fatos alegados na petição inicial, confirmando a violência psicológica despendida pela reclamada em relação a seus funcionários (...). A 1ª testemunha do reclamante (fls. 252/253), confirmou que nas reuniões realizadas pela reclamada, o gerente utilizava palavras obscenas e de baixo calão, tratando os vendedores, entre outros, de "vagabundos" e "velhos imprestáveis" (...) Também a 2ª testemunha do autor (fl. 253), confirmou que nas reuniões os gerentes faziam uso de palavras de baixo calão, que causavam constrangimento nos funcionários, sendo utilizadas expressões como "vagabundo", "incompetente" e "funcionário assim não serve para a empresa".

[312] TST-3ª. Turma. Ministra Rosa Maria Weber, votação unânime. RR-67440-55.2007.5.05.0017.

[313] SILVA, De Plácido e. **Vocabulário jurídico**. Rio de Janeiro: Forense, 1993, p. 47.

O TRABALHO NA SOCIEDADE DA INFORMAÇÃO

O *dumping* constitui, na sociedade em que o regime capitalista predomina, o comando de um ou algumas organizações que detém o poder econômico para atender seus interesses pessoais, corporativos, em determinado nicho de mercado, e que, pela abusividade implícita ou declarada nas negociações, viola princípios que tutelam a livre iniciativa, o valor do trabalho humano, e os direitos dos consumidores, repercutindo negativamente nos demais agentes que integram a mesma cadeia produtiva.

Labatut[314] resume *dumping* como sendo "uma luta onde vence o maior capital. O grande perdedor é a sociedade consumidora".

O termo *dumping* é costumeiramente utilizado para designar sistema de economia protecionista que, "para incentivar artificialmente a exportação, lança no mercado internacional produtos pelo preço de custo, ou abaixo do custo, elevando-se excessivamente no mercado interno", de modo que "compense o prejuízo e favoreça os trustes e cartéis a colocação dos excedentes."[315]

Revela, então, nesse tópico, registrar que já existem empresas que praticam *dumping social*, por meio de ações ardis, acordos unilaterais com outras empresas ou contratos abusivos celebrados diretamente com os trabalhadores, prejudicando diretamente o princípio da busca do pleno emprego, resvalando em preceitos fundamentais da ordem econômica ao utilizarem de seu arsenal econômico – em muitos casos, empresas de capital aberto, com cotações nas bolsas de valores e mundialmente reconhecidas como potências privadas.

Nessa forma de violação de direitos, o prejuízo é coletivo e incide nas sociedades de massas, em um espaço geográfico, retirando dos trabalhadores suas garantias mínimas de valorização humana.

O *dumping social* chegou à jurisprudência trabalhista por meio da emissão do Enunciado n.4, após a 1ª. Jornada de Direito de Material e Processual na Justiça do Trabalho, realizada pela Associação Nacional de Magistrados do Trabalho (AMATRA) e pelo Colendo Tribunal Superior do Trabalho. [316]

---

[314] LABATUT, Ênio N. **Política de comércio exterior**. São Paulo: Aduaneiras, 1994, p. 108.

[315] *In* **Novo Dicionário Aurélio da Língua Portuguesa**. 2. ed. Rio de Janeiro: Nova Fronteira, 1986. p. 133.

[316] O Enunciado 4, de novembro de 2007, assim dispôs: "DUMPING SOCIAL". DANO À SOCIEDADE. INDENIZAÇÃO SUPLEMENTAR. As agressões reincidentes e inescusáveis aos direitos trabalhistas geram um dano à sociedade, pois com tal prática desconsidera-se,

O *dumping* social é utilizado por grandes empresas também como forma de baixar o custo do valor-trabalho, diminuindo o valor do produto final e levando, assim, à concorrência desleal. Nesse caso, a concorrência desleal pode ocorrer no comércio de países desenvolvidos, com países emergentes e até mesmo com países subdesenvolvidos. Com a globalização da economia, ao baixar os custos da produção através de mão de obra barata, verifica-se no mercado de consumo, o vultoso número de produtos de países asiáticos que utilizam trabalhadores para produzir, em alta escala, produtos para exportação, sem oferecer a eles as mínimas condições de proteção ao trabalho.

No Brasil, os juízes do trabalho já estão reconhecendo a prática de *dumping* social. Em sentença extraída da 1ª. Vara do Trabalho de Parauapebas-PA, o Juiz Jônatas dos Santos Andrade, condenou a empresa Vale S.A. em R$ 300 milhões de reais (sendo R$ 200 milhões por *dumping social* e R$ 100 milhões por danos morais coletivos) por não computar as horas *in itinere* (horas extras decorrentes do deslocamento dos trabalhadores de suas residências às minas de Carajás e de retorno do trabalho aos seus lares), configurando enriquecimento ilícito, abuso de direito e lesão a direitos difusos e coletivos à socidade.[317]

A juíza Beatriz Helena Miguel Jiacomini, da 4a Vara do Trabalho de São Paulo, obrigou a Chambertain Administradora – adquirida pela BHG Brazil Hospitality Group – a pagar indenização de R$ 50 mil também por prática de *dumping social*. A juíza atendeu o pedido da trabalhadora por considerar a Chambertain "contumaz em contratar empregados sem registrar o contrato de trabalho, submetendo-os a adesões a cooperativas, abertura de empresas, mascarando a relação empregatícia com o objetivo de fraudar e impedir a aplicação do direito social laboral". O valor deverá

---

propositalmente, a estrutura do Estado social e do próprio modelo capitalista com a obtenção de vantagem indevida perante a concorrência. A prática, portanto, reflete o conhecido "dumping social", motivando a necessária reação do Judiciário trabalhista para corrigi-la. O dano à sociedade configura ato ilícito, por exercício abusivo do direito, já que extrapola limites econômicos e sociais, nos exatos termos dos arts. 186, 187 e 927 do Código Civil. Encontra-se no art. 404, parágrafo único do Código Civil, o fundamento de ordem positiva para impingir ao agressor contumaz uma indenização suplementar, como, aliás, já previam os artigos 652, "d", e 832, § 1º, da CLT."

[317] Processo Nº 0068500-45.2008.5.08.0114, da 1ª. Vara da Justiça de PARAUAPEBAS-PA, da Justiça do Trabalho da 8ª. Região, em ação civil pública movida pelo Ministério Público do Trabalho em face de VALE S.A. e outras empresas contratadas.

ser destinado à Associação de Apoio a Criança com Câncer (AACC). O pedido de indenização foi formulado por uma ex-empregada, que conseguiu o reconhecimento de vínculo empregatício e verbas trabalhistas.[318]

O Brasil, como vários países periféricos, caracteriza-se por praticar longas jornadas de trabalho, baixos salários, utilização da mão de obra infantil e condições de labor inadequadas. Essas seriam uma dos exemplos do denominado *dumping social*, favorecendo em última análise o lucro pelo incremento de vendas, inclusive de exportações, devido à redução dos custos de produção nos quais encargos trabalhistas e sociais se acham inseridos.

Na visão de Celso Lafer[319], além dessas manobras abusivas de jornadas de trabalho "a vantagem derivada da redução do custo de mão de obra é injusta, desvirtuando o comércio internacional." Portanto, a "harmonização do fator trabalho é indispensável para evitar distorções num mercado que se globaliza".

O dano moral decorrente do *dumping social* é coletivo, uma vez que a reparação dele, em alguns casos, pode ter natureza social e não meramente individual, atingindo toda a massa trabalhadora (portanto, parcela determinável da sociedade) e não difuso, que atinge indistintamente toda a sociedade.

III.1.5.4. A teoria do "não cumprimento eficiente" do contrato

A Análise Econômica do Direito pode revelar aos seus contraentes, na análise jurídica dos negócios jurídicos, se o não cumprimento proposital do contrato pode se tornar eficientemente econômico para uma das partes.

Tratando-se de responsabilidade contratual, é natural que a análise econômica tenha primeiro centrado na otimização da decisão do dever de cumprir ou não cumprir, e, portanto, no cumprimento e não cumprimento eficiente. O "remédio" para o não cumprimento deveria ser escolhido tendo em conta os efeitos que teria sobre as decisões das partes de cumprir ou não cumprir.[320]

---

[318] Disponível em http://www.relacoesdotrabalho.com.br/profiles/blogs/no-valor--economico-empresa-e. Acesso em 06/ nov/ 2010.

[319] LAFER, Celso. **Dumping Social**, *in* Direito e Comércio Internacional: Tendências e Perspectivas, Estudos em homenagem ao Prof. Irineu Strenger, LTR, São Paulo, 1994, p. 162.

[320] PINTO. Paulo Mota. **Sobre a alegada "superação" do Direito pela análise econômica**. *In* "*O Direito e o Futuro O Futuro do Direito.*" Coordenação de António José Avelãs Nunes e Jacinto Nelson de Miranda Coutinho. Coimbra: Almedina, 2008, pp. 211-223.

A base da análise econômica da decisão sobre o cumprimento ou não do contrato é a chamada de "não cumprimento eficiente" (*efficient breach* é o nome dado pela língua inglesa). Essa corrente está baseada no seguinte argumento: se uma parte não cumpre o que determina o contrato, mas ainda fica em melhor situação depois de pagar uma indenização que compense integralmente a contraparte – "de forma a que deixe esta numa situação de indiferença entre receber o cumprimento ou a indenização" –, o resultado seria superior em termos de eficiência.[321]

Vasco Rodrigues[322] cita o seguinte exemplo: "Antonio compromete-se a fornecer certa mercadoria a Bernardo, pelo preço de 100. Nas circunstâncias vigentes quando ocorreu a celebração do contrato, esse preço permitia um excedente (margem de ganho) ao produtor Antonio de 20, e ao um ganho de 10 ao Bernardo, quando esse dispusesse a mercadoria em consumo. Chegado o momento do cumprimento do negócio, devido ao aumento do custo das matérias-primas, a entrega da mercadoria pelo preço ajustado implicou numa perda de 5 para o Antonio, mas Bernardo ainda continua com margem positiva de 10. Nessa situação, o cumprimento do contrato ainda é eficiente levando-se em conta o critério de Kaldor-Hicks, pois o prejuízo que Antonio tem é menor que o benefício proporcionado ao Bernardo. É, então, desejável que o contrato seja cumprido. Ocorre, no entanto, que dependendo da sanção prevista no contrato, sobretudo se não existir multa decorrente do inadimplemento, Antonio poderá optar por não entregar a mercadoria para evitar um prejuízo de 5.[323]

Suponha-se que a lei estabeleça que Antonio, caso não entregue a mercadoria, ficaria obrigado a pagar uma compensação – sanção – decorrente ao benefício que Bernardo obteria com a entrega. A opção do Antonio é agora a de entregar a mercadoria e ter um prejuízo de 5 ou não entregar e ter um prejuízo de 10. "A lógica econômica decorrente dessa sanção, então, induz Antonio a optar pela primeira hipótese, ou seja, entregar a mercadoria, pois representa a solução eficiente."[324]

Paulo Mota Pinto[325] sustenta que, consideradas as proposições como uma unidade, as partes estarão em melhor situação por causa do "não

---

[321] *Idem*, pp. 178-179

[322] RODRIGUES, Vasco. *op. cit.*, p. 139

[323] *Ibidem*.

[324] *Ibidem*.

[325] PINTO. Paulo Mota. *op. cit.*, p. 178-179

O TRABALHO NA SOCIEDADE DA INFORMAÇÃO

cumprimento e este não deixará ninguém em pior situação". De outra forma, "comparando a situação original em termos paretianos, ninguém estará, segundo a sua própria avaliação, em pior situação", e uma pessoa estará, segundo a sua própria avaliação, em melhor situação.

O "não cumprimento eficiente" potenciaria, pois, um "acréscimo agregado", de bem-estar social e/ou das partes, levando a evitar o cumprimento indevido custoso e permitindo um aproveitamento alternativo (como a venda a terceiro que avaliasse a coisa num montante mais elevado, ou uma utilização mais valiosa pelo próprio devedor). O não cumprimento do contrato, com a compensação do credor, poderia ser desejável, por eficiente, nos casos em que os custos para o devedor passarem – "por intervenção de um terceiro ou outra alteração dos valores implicados no negócio para o devedor" – a superar o ganho para o credor, permitindo ao devedor compensar inteiramente este e ainda ficar em melhor posição do que se tivesse cumprido. A conclusão seria, pois, a de que, para aumentar a eficiência, a parte que beneficiaria com o não cumprimento deveria nessa situação "deixar de cumprir: o devedor deveria ser encorajado a cumprir quando o não cumprimento não fosse eficiente".[326]

O não cumprimento tenderá a ser eficiente quando a indenização for medida pelo "interesse contratual positivo", ou "interesse no cumprimento", pois nesse caso a parte que pensa em não cumprir apenas o fará se, e só se "o seu ganho exceder o valor do prejuízo para a outra parte." O interesse no cumprimento daria aqui precisamente o incentivo necessário para que a ideia do não cumprimento eficiente funcionasse: "tal interesse (ao obrigar o devedor a 'internalizar' todo o prejuízo que o não cumprimento causou ao credor) corresponde à situação da outra parte na mesma posição em que o cumprimento a teria deixado", uma situação em que seja indiferente para ela o cumprimento ou o não cumprimento.[327]

Uma indenização mais elevada, pelo contrário, preveniria o não cumprimento em casos em que seria eficiente, e uma indenização abaixo do interesse no cumprimento deixaria de prevenir a falta de cumprimento não eficiente. Assim o interesse contratual positivo incentivaria o cumprimento e o não cumprimento eficientes.[328]

---

[326] PINTO, Paulo Mota. *op. cit* pp. 211-223.
[327] *Ibidem.*
[328] *Idem,* pp. 178-179

A doutrina do não cumprimento eficiente encoraja os inadimplementos deliberados, voluntários, desde que eficientes, podendo tal eficiência resultar, designadamente, do aparecimento de novas ofertas ou da alteração da situação, tornando mais onerosa a prestação do devedor, ou menos valiosa, para este, a contraprestação da contraparte.[329]

Só não seria assim nos casos ditos de um não cumprimento oportunista, isto é, aquele que visa apenas tirar partido de um contexto em que o cumprimento é sequencial, em vez de simultâneo, obtendo os benefícios cumulativos, mas tentando evitar os correspondentes sacrifícios. Essa conduta não tem justificação econômica e deveria ser simplesmente prevenida, por exemplo, obrigando o inadimplente a restituir todas as vantagens obtidas pela quebra do contrato.

Para além do seu fundamento econômico, a defesa da doutrina do "não cumprimento eficiente" foi propiciada por um terreno juridicamente favorável no direito anglo-americano. Segundo essa posição, "a ordem jurídica não deveria se todo compelir à execução do contrato, e antes deixaria as partes contratantes decidir se querem cumprir o contrato ou, antes, compensar a outra parte pelo não cumprimento".[330]

Ainda que não seja consagrada como regra, a teoria do *efficient breach* é "hoje amplamente conhecida, mesmo dentro da comunidade jurídica nos Estados Unidos." Nota-se, porém, que a determinação da medida da indenização pelos tribunais é, nesta ótica econômica, uma forma específica do problema de "revelação de preferência" das partes, dada a "clivagem entre os valores subjetivos e a indenização punitiva", e sustenta-se que tal problema só parece poder ser resolvido satisfatoriamente "atendendo à palavra das partes, tal como resultou da estipulação de cláusulas de liquidação antecipada da indenização".[331]

A doutrina do "não cumprimento eficiente" pode, por outro lado, ser vista como uma forma de prolongar, mesmo depois do momento da conclu são do contrato, e até à decisão sobre a realização fática do seu cumprimento, a afetação de recursos pelo mercado, para os seus usos mais valiosos, com a continuação da operatividade do mecanismo da concorrência entre as utilizações alternativas dos bens ou serviços objetivos do contrato – incluindo

---

[329] *Ibidem.*

[330] *Ibidem.*

[331] PINTO. Paulo Mota. *op. cit.,* pp. 179-210

O TRABALHO NA SOCIEDADE DA INFORMAÇÃO

entre o credor e um terceiro cuja proposta apareça posteriormente. Se a afetação de recursos puder ser melhorada com o não cumprimento do contrato e sem desvantagem para ninguém, isto é, se existe uma forma de conseguir uma melhoria, tal doutrina recomenda o não cumprimento.[332]

É claro que tal entendimento do não cumprimento – e das medidas de indenização como incentivos a ele – contraria, por outro lado, a ideia de que ele seria um ato imoral, por significar a quebra de uma promessa, contestando-se a caracterização típica e a avaliação em termos morais da situação de "não cumprimento eficiente", e notando-se que um "contrato complexo" preveria, para tal situação, um não cumprimento, resultando a manutenção da vinculação, nesse caso, apenas da incompletude.

Em teoria, a *efficient breach* promoveria, pois, resultado eficiente nos contratos de execução diferida – diversamente de uma orientação que admita, por exemplo, a execução especifica mediante uma ação de cumprimento, a restituição dos ganhos obtidos pelo inadimplente, a responsabilidade do terceiro que cause o inadimplemento, os *punitive damages*[333], ou, em geral, quaisquer sanções mais do que compensatórias para o credor.[334]

III.1.5.5. A prática do "não cumprimento eficiente" do contrato de trabalho sob a ótica da Análise Econômica do Direito

O contrato de trabalho pressupõe a regra da desigualdade econômica entre as partes contratantes. Importa, então, verificar se a teoria do não cumprimento eficiente é aplicada pelos detentores do capital econômico e de que modo as sanções existentes no ordenamento jurídico poderiam equilibrar essa conduta.

O princípio protecionista (*in dubio pro operario*) relativiza o princípio da autonomia da vontade individual, que inspira o direito obrigacional comum e, para compensar a inferioridade econômica do empregado, estende-lhe uma rede de proteção, um rol de "direitos mínimos e indisponíveis que asseguram a dignidade do trabalhador".[335]

---

[332] *Ibidem.*

[333] *Punitive damages* é o nome dado à indenização fixada por juiz ou Tribunal dos Estados Unidos da América do Norte, por danos causados à vítima decorrentes de ato ilícito praticado por pessoa, a título de compensação pelo inadimplemento de um contrato ou infração legal. Tradução livre.

[334] *Idem*, pp. 179-210.

[335] CARVALHO, Augusto César Leite de. *op. cit.*, p. 52.

A ORDEM ECONÔMICA E O CONTRATO DE TRABALHO

Além disso, como já anunciado nesse capítulo, o princípio da irrenunciabilidade de direitos e garantias constitucionais contidas no artigo 7º da Carta Federal acaba por interferir nas cláusulas e condições do contrato de trabalho e aditamentos que acabem reduzindo direitos ou inserindo cláusulas de renúncias a direitos ou a garantias que, ao ver do constituinte (provedor da Carta da República) não poderiam ser ajustados, mesmo que com expressa e manifesta vontade do trabalhador.

Nessa linha de raciocínio, a análise econômica do contrato pode ser tomada pelo empregador sob outro aspecto, qual seja, a de empreender, de modo dissimulado e com amparo em normas que acabam diluindo a celeridade na aplicação do direito, medidas economicamente satisfatórias para sua empresa no momento da contratação do trabalho, durante o vínculo de emprego e, ainda, até mesmo, ao final do término do contrato de trabalho.

Essas consequências jurídicas, embora representem o inadimplemento contratual, acarretaria para sua empresa uma vantagem econômica em face da utilização do capital e do recurso humano em seu benefício próprio, tendo como benefício, o tempo de disponibilização do capital.

Paulo Mota Pinto[336] sustenta, ainda, que a favor da *efficient breach*, a regra *pacta sunt servanda*[337] pode trazer "incentivos" para a parte que interpreta as consequências jurídicas do não cumprimento da avença, podendo relativizar o dever de "cumprir *sempre* contratos", analisando o contrato de forma econômica, de modo a conduzir a uma "afetação ineficiente de recursos" a uma das partes, que acabará sendo prejudicada.

Nesse particular, pode o empresário se irresignar, por exemplo, com os princípios protecionistas do empregado previstos na legislação trabalhista, entendendo que as normas e os valores econômicos a serem pagos ao trabalhador estão em seu desfavor.

As garantias de irrenunciabilidade de direitos em detrimento ao princípio de autonomia individual de vontade das partes podem ser objeto de repulsa ou apenas de descaso por parte do empregador.

Assim, ao analisar seu compromisso contratual com o empregado e as sanções decorrentes do não cumprimento, pode o empregador optar economicamente em não cumpri-lo porque já obteve o retorno financeiro

---

[336] PINTO, Paulo Mota. *op. cit.*, pp. 192-195

[337] Significa, em latim, que o contrato deve ser cumprido. Tradução livre.

do trabalhador, utilizando-se, daí, de meios que a própria lei lhe permite para maximizar seu ganho.

Com efeito, quando chega o momento de adimplir os compromissos contratualmente assumidos, o empresário que analisa economicamente o contrato, comparará os benefícios e os custos que para si decorrem do cumprimento: se os primeiros forem maiores do que os segundos, ele optará pelo cumprimento, caso contrário, optará pelo inadimplemento.[338]

Ao se importar essa teoria anglo-americana às relações trabalhistas no Brasil, pode-se deduzir que o empregador poderá, muitas vezes, observar o teor dos contratos individuais de trabalho e optar, em certas situações, em inadimplir com suas obrigações de dar (pagamento de verbas salariais e rescisórias), de fazer ou não fazer (registro do contrato na Carteira Profissional, recolher FGTS, recolher contribuições previdenciárias, por exemplo), comparando essas escolhas com as sanções que cada circunstância representar economicamente no futuro.

Um oportuno exemplo dessa manobra se abstrai da forma pela qual a mineradora Vale S.A.[339] obtinha vantagens econômicas pelo não cumprimento de uma obrigação legal e devida a todos os seus empregados que trabalhavam e trabalham em seus campos de mineração, no município da Província Mineral de Carajás-PA, especificamente, o de não efetuar o pagamento de horas *in itinere* de seus trabalhadores.

O conceito de horário *in itinere* decorre do tempo de deslocamento do trabalhador de sua casa ao trabalho e de retorno do trabalho à sua residência, quando não disponível transporte urbano. O artigo 58, §§ 2º e 3º, da CLT, que dispõe sobre esse tema, está ligado a três critérios que fundamentam a extensão e limites da jornada de trabalho: tempo efetiva-

---

[338] Essa decisão deverá levar em conta o princípio da boa-fé nas relações contratuais.

[339] A Vale S.A. é a segunda maior mineradora do planeta e também explora negócios no setor de logística e projetos de geração de energia. Seus balanços e lucros são medidos na casa dos bilhões, em períodos trimestrais. Seu lucros líquido no último ano de 2009 foi de R$ 10,249 bilhões. Disponível em http://www.vale.com/pt-br/conheca-a-vale/paginas/default.aspx. Acesso em 06/ nov/ 2010.

Segundo a agência o Estado de São Paulo, em maio de 2010, três meses depois de dobrar o preço do minério de ferro, a Vale aumentou o preço do aço na casa dos 35%. O novo preço que passou a vigorar em 1.º de julho, seguindo a política de revisão trimestral de preços adotada este ano pela mineradora, fez a Vale dobrar seu faturamento em mais de US$ 40 bilhões. Disponível em http://economia.estadao.com.br/noticias/economia,depois-de-dobrar-o--preco-do-minerio-vale-tera-novo-reajuste-de-35,20565,0.htm. Acesso em 06/ nov/ 2010.

mente trabalhado para o empregador; tempo à disposição do empregador (ampliativa, portanto); e o próprio tempo *in itinere*, que engloba as duas anteriores, consubstanciando-se no período em que o obreiro despende no trajeto de ida e volta ao trabalho.[340]

Ressalta-se que, quanto a esse caso, o Tribunal Superior do Trabalho, por meio da Súmula 90, já havia consolidado esse direito desde a década de 70 (Diário Oficial de 26/09/1978).

Nesse particular, prevê o inciso V do Enunciado 90, que "Considerando que as horas 'in itinere' são computáveis na jornada de trabalho, o tempo que extrapola a jornada legal é considerado como extraordinário e sobre ele deve incidir o adicional respectivo." Mesmo assim a Vale S.A. orientava suas empresas terceirizadas que contratavam os trabalhadores para trabalhar em Carajás, a não computar essa verba aos empregados, "nem pouco transigissem a respeito a respeito da itinerância".[341]

O não pagamento dessa verba laboral fez suceder, ao longo dos anos, milhares de reclamações trabalhistas ajuizadas na Vara do Trabalho de Parauapebas-PA, juízo competente para julgar e processar as demandas de trabalhadores que exercem atividades em Carajás-PA. A enxurrada de ações e as infrutíferas tentativas de solucionar o problema provocaram o Ministério Público do Trabalho a promover ação civil pública para resolver o impasse.

---

[340] Art. 4º – Considera-se como de serviço efetivo o período em que o empregado esteja à disposição do empregador, aguardando ou executando ordens, salvo disposição especial expressamente consignada.

Art. 58 – A duração normal do trabalho, para os empregados em qualquer atividade privada, não excederá de 8 (oito) horas diárias, desde que não seja fixado expressamente outro limite....

§ 2º – O tempo despendido pelo empregado até o local de trabalho e para o seu retorno, por qualquer meio de transporte, não será computado na jornada de trabalho, salvo quando, tratando-se de local de difícil acesso ou não servido por transporte público, o empregador fornecer a condução.

§ 3º Poderão ser fixados, para as microempresas e empresas de pequeno porte, por meio de acordo ou convenção coletiva, em caso de transporte fornecido pelo empregador, em local de difícil acesso ou não servido por transporte público, o tempo médio despendido pelo empregado, bem como a forma e a natureza da remuneração.

[341] Extraído da sentença proferida nos autos do processo Nº 0068500-45.2008.5.08.0114, da 1ª. Vara da Justiça de PARAUAPEBAS-PA, da Justiça do Trabalho da 8ª. Região, em ação civil pública movida pelo Ministério Público do Trabalho em face de VALE S.A. e outras empresas contratadas, proferida pelo Juiz Federal do Trabalho Jônatas dos Santos Andrade, pp. 163-164.

Em sentença, o Juiz Jônatas dos Santos Andrade entendeu que a Vale S.A., ao "não precificar uma verba salarial no custo da produção mineral", acabou lesando interesses difusos, merecendo ela, sem prejuízo do pagamento dos valores salariais decorrentes dessa manobra, também ser condenada ao pagamento de "dano moral coletivo".[342]

Importa registrar que o valor arbitrado pelo julgador, segundo juízo de equidade, levou em conta a "função punitiva" ou "função pedagógica" que deve ser estabelecida para dissuadir novas condutas danosas. Para tanto o Juiz Jônatas dos Santos Andrade utilizou-se da "doutrina americana do *punitive damages* ou do *exemplary damages*, respectivamente, a título de punição ou título de exemplo", para que o causador do dano não pudesse passar impune por sua conduta ilícita, sob pena de reincidência na infração à ordem jurídica.[343]

Fixou o juiz indenização levando-se em conta os salários de cada trabalhador que fora lesado, o fator prescricional de cinco anos, o valor do faturamento trimestral da Vale S.A., a conduta por ela praticada que não teria precificado esse custo em sua margem final, e arbitrou, um valor de R$ 100 milhões de reais a título de indenização por dano moral coletivo, que deverá ser revertida à própria comunidade diretamente lesada, em todos os municípios da Província Mineral de Carajás, "por via de projetos derivados de políticas públicas, de defesa e promoção dos direitos humanos dos trabalhadores."[344]

III.1.5.6. A busca pela efetividade das sanções trabalhistas

Na análise de Vasco Rodrigues, a "função econômica das sanções para o incumprimento é eliminar, ou, pelo menos atenuar, a divergência entre os interesses privados de cada uma das partes e os do conjunto da sociedade", justamente para "evitar comportamentos ineficientes." Ressalta, ainda, que "esta função do direito só é necessária devido à existência de custos de transação. Se estes não existissem, a livre negociação entre as partes levaria sempre a resultados eficientes, como sabemos do teorema de Coase".[345]

---

[342] Extraído da sentença proferida nos autos do processo Nº 0068500-45.2008.5.08.0114, da 1ª. Vara da Justiça de PARAUAPEBAS-PA, da Justiça do Trabalho da 8ª. Região, em ação civil pública movida pelo Ministério Público do Trabalho em face de VALE S.A. e outras empresas contratadas, proferida pelo Juiz Federal do Trabalho Jônatas dos Santos Andrade, pp. 163-164.

[343] *Ibidem.*

[344] *Idem*, pp. 165-166.

[345] RODRIGUES, Vasco. *op. cit.*, p. 140.

A ORDEM ECONÔMICA E O CONTRATO DE TRABALHO

O citado autor comenta três tipos de sanções mais usuais que as partes dispõem para casos de não cumprimento do contrato. A primeira sanção pode consistir na obrigação de a parte inadimplente repor a parte cumpridora na situação em que teria ficado se o contrato tivesse sido cumprido (*expectation damages*); a segunda diz respeito à obrigação de repor a parte cumpridora na situação em que teria ficado se não tivesse assinado o contrato (*reliance damages*); a terceira sanção pode estar vinculada ao pagamento de compensações especificadas pelo próprio contrato (*liquidated damages*).[346]

O exemplo aqui registrado parte da premissa de que o empregador em questão é aquele maximizador de lucros e que não age segundo princípios da solidariedade e da boa-fé nas relações humanas.

Suponha-se, então, que o empresário registre seus empregados com salário inferior e pague o valor remanescente "por fora" da folha de pagamento, a fim de não pagar altos valores a títulos de tributos. Para demonstrar a vantagem de pagar salários "por fora", o gestor ainda tende a explicar detalhadamente a seus funcionários que eles também estariam obtendo ganho pelo fato de se esquivarem do pagamento da contribuição da seguridade social[347] e, dependendo do valor, até imposto de renda, que deveria ser retido pelo empresa.

O empresário, então, analisa economicamente o direito na seguinte forma: qual a sanção econômica prevista na legislação e qual o valor efetivamente desembolsado para investimento em outras áreas ou departamentos que poderá ser revertido em ganho imediato, deduzidas as sanções decorrentes do inadimplemento das leis trabalhistas e fiscais?

No momento em que o empresário maximizador de riquezas verifica juridicamente que o não cumprimento das obrigações de dar e de fazer é mais vantajoso do que cumprir pontualmente as obrigações e, essas obrigações, não são condições sem as quais ele teria que sobreviver no mundo competitivo, ele acaba por ferir os princípios e as garantias trabalhistas, subvertendo as cláusulas do contrato de trabalho e as normas laborais e fiscais em seu risco econômico.

Outro exemplo advém da própria adoção de sistemas de gestão *just in time*. Com a acirrada competitividade das empresas, essa forma de produção emergencial cultiva a disseminação do assédio moral.

---

[346] *Idem*, pp 140-141.

[347] IV – do importador de bens ou serviços do exterior, ou de quem a lei a ele equiparar.

Veja, nesse caso, que um dos principais motivos do assédio moral é o fato de o empregador desejar rescindir o contrato de trabalho de um determinado empregado que não mais interessa ao quadro pessoal ou porque, de alguma forma, não corresponde mais às expectativas de retorno financeiro da empresa.

O gestor verifica que a demissão acarretará despesas decorrentes da rescisão. Cria-se, diante desse fato, uma situação insustentável na convivência entre os líderes dos setores e o empregado. Em certos casos, os superiores (gerentes, coordenadores de área, chefes de departamento) exigem o cumprimento de metas inatingíveis; negam folgas em emendas de feriado enquanto os outros colaboradores são dispensados; submetem algum colaborador a situações constrangedoras com diminuição de tarefas ou transferências a setores de menor importância na empresa, criando um desestímulo, uma situação que pode levar o colaborador ao desprestígio pessoal.

O empregado assediado, por desconhecer as razões econômicas que o cercam na relação de trabalho, não suportando a pressão emocional para produzir mais e de forma cada vez mais eficiente, acaba pedindo a rescisão do contrato de trabalho com receio de que tais condutas possam comprometer sua saúde, suas relações com sua família e seu bem estar social.

Com o pedido de dispensa levado a cabo pelo próprio empregado, o empregador consegue obter ganhos indiretos por não ter que despender valores relacionados às verbas indenizatórias e rescisórias decorrentes da resilição do contrato.

Note-se que a visão do leigo (trabalhador) é quase nula com relação a possibilidade de ele reclamar a quebra indireta do contrato de trabalho por justa causa motivada pela falta grave do próprio empregador.

A lei trabalhista prevê, nesses casos, a possibilidade de o empregado ingressar com ação de rescisão indireta indicando o motivo grave e justificador pela quebra (não cumprimento do contrato por parte do empregador), requerendo, assim, indenizações decorrentes da rescisão motivada pela empresa. [348]

---

[348] O artigo 483 da CLT prevê a possibilidade de o empregado considerar rescindido o contrato e pleitear a devida indenização quando:

a) forem exigidos serviços superiores às suas forças, defesos por lei, contrários aos bons costumes, ou alheios ao contrato;

b) for tratado pelo empregador ou por seus superiores hierárquicos com rigor excessivo;

A ORDEM ECONÔMICA E O CONTRATO DE TRABALHO

Outro exemplo de inadimplemento contratual por parte do empregador é quando a remuneração é fixada por meio de comissão direta ou indireta. Comissão direta é aquela que resulta de uma transação ou negócio jurídico (vendas, normalmente) realizada pelo próprio empregado.[349] A comissão indireta ocorre quando o empregado não concorreu diretamente na negociação, mas sua participação está prevista no contrato de trabalho.

Tanto numa situação quanto em outra, as comissões integram a remuneração e, segundo dispõe a lei,[350] devem ela integrar diretamente os salários do empregado.

No entanto, muitas empresas pagam essas comissões de forma marginalizada, sem descrição dessa verba no recibo salarial do empregado, reduzindo os benefícios e a repercussão dos valores sobre outras verbas que o trabalhador faz jus, deixando de reclamar essas diferenças, muitas vezes, para mantença do contrato de trabalho.

Diante desse quadro, o abuso do poder econômico pode ocorrer em diversas formas e inúmeros são os meios que o detentor do capital possui para desvirtuar a relação contratual.

A obtenção de vantagens por parte do detentor do capital que menospreza a figura do ser humano e subjuga a capacidade de reação dos agentes coletivos e de outras partes envolvidos na relação por desconhecimento das práticas excessivas, devem ser repudiadas pelo Estado.

Paulo Mota Pinto observa, com base na teoria do "não cumprimento eficiente" defendida no direito anglo-americano que, salvo nos casos em que é

---

c) correr perigo manifesto de mal considerável;

d) não cumprir o empregador as obrigações do contrato;

e) praticar o empregador ou seus prepostos, contra ele ou pessoas de sua família, ato lesivo da honra e boa fama;

f) o empregador ou seus prepostos ofenderem-no fisicamente, salvo em caso de legítima defesa, própria ou de outrem;

g) o empregador reduzir o seu trabalho, sendo este por peça ou tarefa, de forma a afetar sensivelmente a importância dos salários.

[349] CARVALHO, Augusto César Leite de. *op. cit.*, pp. 207-208.

[350] Segundo dispõe o § 1º. do artigo 457 da CLT, integram o salário não só a importância fixa estipulada, como também as comissões, percentagens, gratificações ajustadas, diárias para viagens e abonos pagos pelo empregador. Note-se, ainda, que além dessas verbas, as gorjetas também representam remuneração do empregado. Todas essas verbas devem ser incorporadas na folha de pagamento para que repercutam economicamente nas demais verbas salariais e, na resilição contratual, nas verbas rescisórias e indenizatórias, para todos os efeitos legais.

admissível a execução específica, "o não cumprimento da obrigação *in natura* exonera o devedor, ficando este apenas obrigado, em consequência, ao pagamento de uma indenização", decorrente de uma "sanção principal", ficando ainda o credor sujeito a um "dever" (ou ônus) de mitigação dos danos. [351]

É através de sanções eficientes que o Estado, por meio de seus agentes institucionais, deve agir de forma proficiente. É pela investigação perfunctória dos contratos de trabalho, do estudo dos sistemas produtivos, que se pode avaliar se existe ou não acumulação do capital em detrimento às garantias constitucionais da dignidade da pessoa humana e da solidariedade, impondo sanções que inibam abusos, equilibrando os contratos em favor dos menos favorecidos e hipossuficientes nas relações contratuais.

III.2. O TRABALHO NA SOCIEDADE DA INFORMAÇÃO

III.2.1. A globalização e o trabalho fragmentado
III.2.1.1. Considerações gerais sobre a globalização

Peter Jay aponta o início da globalização nos fins do século XV, quando, no limiar da era moderna, os povos que habitavam a Eurásia[352], deixaram seus continentes em busca da descoberta de novas terras, novos povos, em outros cantos do planeta. Naquela época, a economia já tinha conotação de "sistema mundial" e a "atividade econômica da humanidade estava fragmentada em esferas essencialmente separadas e independentes, que mantinham entre si um contato marginal." [353]

Enfatiza Peter Jay, que a partir do século XV, novas necessidades econômicas fizeram com que a Europa ocidental rompesse com os monopólios mercantilistas havidos em algumas cidades europeias (por exemplo, Veneza, na Itália) e domínio dos árabes sobre o comércio com o Oriente, encontrando uma rota alternativa para as "Índias", investindo suas tecnologias na arquitetura naval, navegação e artilharia. [354]

Com o investimento na navegação marítima, os europeus descobriram o continente americano e, desde o século XV até os derradeiros dias atuais,

---

[351] *Ibidem.*

[352] Eurásia é a massa continental que integra a Europa e a Ásia. Significa o mesmo que euro--asiático; eurásico. *in* Aulete Dicionário Digital. Acesso em 25/ nov/ 2010.

[353] JAY, Peter. **A riqueza do homem: uma história econômica**. Tradução Maria Teresa Machado. Rio de Janeiro: Record, 2002, pp.145-158.

[354] *Idem*, p. 149.

O TRABALHO NA SOCIEDADE DA INFORMAÇÃO

o que se vivenciou, foi uma constante busca pelo crescimento econômico, dominação de povos, guerras e referências ideológicas abraçadas por líderes mundiais em busca de um poder supremo, um domínio econômico ou religioso, disseminado por todos os lugares em que a exploração possa ser feita pelo homem.

Para Edgar Morin[355], a globalização que começou em 1990 é a "última etapa de um processo de planetarização iniciado no século XVI com a conquista das Américas e expansão das potências da Europa Ocidental sobre o mundo." Esse processo é marcado pela "predação, escravidão e colonização".

Ronald Robertson[356] entende que a globalização consiste na "compreensão do mundo e na intensificação da consciência do mundo como um todo", levantando três questões importantes. Em primeiro lugar, a globalização não é um estado completamente novo, mas um processo de longa duração, cuja origem remonta às primeiras viagens dos exploradores europeus, e que só se acelera e se aprofunda na era contemporânea. Portanto, isso não implica que ela seja automaticamente boa ou má, ou que encarne o triunfo definitivo do liberalismo e político ou que produza os mesmo efeitos em todo lugar.

Em segundo lugar, instituições sociais e povos sofrem os impactos da globalização sem que necessariamente os padrões de pensamento e significação se adaptem os fatos, e, quando adaptados, eles podem gerar ou aprovação ou rejeição; noutras palavras, essas instituições e povos podem não ser conscientes da globalização e nem por isso são menos afetadas por ela, e, quando conscientes, não lhe respondem de maneira uniforme, mas diferenciada.

Em terceiro lugar, o citado autor explica que espaço foi fundamentalmente comprimido, o que implica que indivíduos, organizações sociais e comunidades se veem forçados a estabelecer contatos mais próximos e a reconhecer dependências mútuas (o que provoca mudanças e conflitos, emergência de novas formas sociais e culturais, interdependência crescente

---

[355] MORIN, Edgar. A nova configuração mundial do poder. Organizadores: Gilberto Dupas, Celso Lafer e Carlos Eduardo Lins da Silva. Artigo: **Sociedade-mundo ou império-mundo?** São Paulo: Paz e Terra, 2008, pp. 169-197.

[356] *Apud* GÓMEZ, José María. Globalização da política: mitos, realidades e dilemas. *In* **Globalização excludente: desigualdade, exclusão e democracia na nova ordem mundial** Organizado por Pablo Gentil, 5 ed.. Petrópolis-RJ: Vozes; Buenos Aires: CLACSO, 2008, p. 134-135.

da economia mundial, um grande número de pessoas e ideias percorrendo o mundo graças aos avanços nas comunicações e transportes... tudo isso impulsionando movimentos tendentes à homogeneização cultural – similitude em distintos lugares, da alimentação, tevê, arquitetura, música, roupas, valores, etc. – uma simultânea diversidade – pressões para autonomia ou identidade culturais locais e regionais).[357]

Há autores[358] que sustentam que o início da globalização ocorreu depois da queda do muro de Berlim, simbolizando o fim da bipolaridade entre a União Soviética e os Estados Unidos.

A globalização dos anos 1990 se inscreve no duplo processo de dominação e emancipação e lhe confere caracteres novos. A falência das economias burocratizadas do Estado favorece a propagação da democracia sobre todos os continentes e dissemina a expansão do mercado que se torna realmente mundial sob a égide do liberalismo econômico.

As constantes modificações tecnológicas, que alteram o modo de produção e, sobretudo, a escalada do capital financeiro que se globalizou, abriram discussões, até mesmo, sobre "uma outra globalização", não assimétrica "nem concentradora de rendas e empregos", mas de um caminho que implique nas "formas de integração internacional que resguardem os interesses nacionais e assegurem melhores condições de vida para cada povo"[359]

A globalização revela, ainda, um desenvolvimento claudicante e uma propagação tardia de outra planetarização, oriunda, também, da Europa Ocidental: "a do humanismo, dos direitos humanos, do princípio da liberdade, igualdade e fraternidade, da ideia de democracia, dos direitos dos povos à existência nacional, do internacionalismo."[360]

O capital, agora globalizado, encontra força na expansão da informática, na conquista de novos territórios não apenas geográficos, mas sociais (mercado de serviços) e biológicos.[361]

---

[357] *Ibidem.*

[358] Entre eles cita-se Fernando Henrique Cardoso na obra: Caminhos novos? Reflexões sobre alguns desafios da globalização. *In* **A nova configuração mundial do poder**. Organizadores: Gilberto Dupas, Celso Lafer e Carlos Eduardo Lins da Silva. São Paulo: Paz e Terra, 2008, pp. 381-383

[359] *Ibidem.*

[360] MORIN, Edgar. A nova configuração mundial do poder. Organizadores: Gilberto Dupas, Celso Lafer e Carlos Eduardo Lins da Silva. Artigo: **Sociedade-mundo ou império-mundo?** São Paulo: Paz e Terra, 2008, pp. 169-197

[361] *Ibidem.*

O TRABALHO NA SOCIEDADE DA INFORMAÇÃO

Com a globalização, a economia da informação invade todos os setores do campo humano e da natureza e, ao mesmo tempo, opera-se a mundialização de redes de comunicação instantânea (telefone celular, fax, internet), que dinamiza o mercado mundial e é dinamizada por ele. Deflui-se, portanto, que a globalização opera a uma mundialização tecnoeconômica.

A nova e efetiva globalização – marcada a partir da agregação das estruturas internacionais da produção – demonstra um espaço tomado pelas organizações e pelas corporações, superando o poder de controle nascido de um "espaço público cada vez mais residual, enquanto definido por uma soberania assentada sobre um território homogêneo".[362]

Ao mesmo tempo em que favorece outra mundialização, inacabada e frágil, de caráter humanista e democrático, que se acha contrariada pelas sequelas dos colonialismos; deficiência de graves desigualdades, como também pelo descomedimento do lucro, "a globalização pode ser vista como a emergência desigual e caótica de um embrião chamado sociedade--mundo."[363]

A globalização que avança sobre o século XXI está marcada pelo rápido incremento da competição, levada à rápida fusão ou integração, não somente de povos ou de nações, mas de empresas e negócios jurídicos.

Em face da inexistência de um poder político internacional e extensivo ao "dinamismo-limite do mercado, o modelo econômico do regime pode ganhar uma vigência preemptiva". O atual processo civilizatório se configura pelos "atores econômicos, liberados para a conquista de seu máximo poder de expansão, dependente, cada vez mais, de sua força endógena", diante da qual o "poder dos Estados assume condição incidental e reduzida".[364]

III.2.1.2. Os efeitos nocivos da globalização ao trabalho

No ambiente de trabalho, a globalização trouxe desestabilização dos agentes produtivos no instante em que os processos de produção passaram a ser descentralizados, com meios de produção em escala transnacional. A competição passou a ser mundial e não apenas regional.

---

[362] MENDES, Candido. **Desenvolvimento, modernização, globalização: a construção contemporânea da subjetividade**. In Pluralismo cultural, identidade e globalização. Coordenador: Candido Mendes. Rio de Janeiro: Record, 2001, pp. 57-59

[363] MORIN, Edgar. A nova configuração mundial do poder..., pp. 169-197.

[364] MENDES, Candido. *op. cit.*, pp. 57-59

O TRABALHO NA SOCIEDADE DA INFORMAÇÃO

A globalização se caracteriza pela complexidade dos aspectos econômicos, culturais, financeiros, ambientais, comercial e outros relacionados à integração dos povos ou a transnacionalização do capital.

A combinação de um consenso neoliberal para estímulo aos mercados privados, com livre fluxo de capitais e reestruturação produtiva incorporando as novas tecnologias foi o que "permitiu a efetiva globalização, a partir da qual ocorrerá a emergência das novas estruturas econômicas e políticas". [365]

A introdução do sistema *just-in-time* nos processos produtivos para reduzir os estoques e, consequentemente, os custos decorrentes da produção, alterou a rotina do trabalho dos empregados e a forma de relacionamento das áreas administrativas e industrial (chão de fábrica). Surge um paradoxo no instante em que os trabalhadores recebem a instrução de que tal sistema é bom porque emprega uma forma econômica e eficiente para produzir produtos, mas, na prática, revela alguns desperdícios, tornando o trabalho extenuante para grande parte dos trabalhadores que estão imersos à produção por demanda.

Danièle Linhart, ao pesquisar os ambientes de trabalho dentro das organizações, fez inúmeras entrevistas com trabalhadores franceses que trabalham em sistema *just-in-time*. Nessas pesquisas, a autora registra intensa e conturbada desorientação da maioria dos empregados em decorrência das mudanças de rotina dos processos produtivos, decorrentes da produção em alta escala e acelerada pela demanda mundial.[366]

De maneira geral, a introdução da prática do *just-in-time* introduz menos efeitos sobre o trabalho do que sobre a garantia de qualidade. Para alguns trabalhadores entrevistados, o *just-in-time* nem sempre é eficiente. Manifesta-se um deles que o "*just-in-time* nem sempre é bom. Quando recebemos um pedaço de metal, poderíamos fazer um grande número de peças com ele. Mas como o cliente encomendou um número preciso, temos que fazer exatamente esse número". E complementa: "depois é preciso enrolar novamente o rolo e colocar outro." Para o empregado: "é preciso fazer duas

---

[365] DUPAS, Gilberto. **O mito do progresso ou progresso como ideologia**. São Paulo: Editora UNESP, 2006, p. 139-140.

[366] LINHART, Daniele. **A desmedida do capital**. Tradução Wanda Caldeira Brant. São Paulo: Boitempo, 2007, pp. 147-149.

O TRABALHO NA SOCIEDADE DA INFORMAÇÃO

vezes o mesmo trabalho" e isso não interessa. "É preciso remontar para a mesma coisa. Duas horas de trabalho para nada." [367]

As pesquisas de Linhart demonstraram sofrimentos dos trabalhadores até mesmo com a falta de informação sobre o modo conflituoso de produção. Alguns reclamaram, que às vezes, estão fazendo uma série de produtos e os coordenadores têm um novo pedido para o período da tarde. Em razão disso, têm que desmontar tudo, causando desânimo nos trabalhadores porque há necessidade de começar uma nova produção. Segundo um dos entrevistados, "dizemos: droga. Montamos e desmontamos tudo." E ainda finaliza: "Se pudéssemos escolher, tudo funcionaria sempre bem, mas é de acordo com as encomendas que chegam". [368]

Daniele Linhart[369] pondera que a causa de insatisfação dos trabalhadores é a impossibilidade de "contribuir na gestão em regime de urgência e na organização do trabalho." Essas insatisfações, ademais, não dizem respeito apenas à forma de gestão, mas acabam criando mau ambiente de trabalho por que, segundo a pesquisa, durante a produção, se houver erro, "o operador é punido, prejudicado e nunca está a salvo dos julgamentos, das decisões arbitrárias".

O trabalho dedicado à demanda globalizada, então, cria inúmeras intempéries dentro das organizações. O enxugamento do número de trabalhadores e o aumento de funções para que um único empregado execute programas e faça relatórios de gerenciamento de atividades acaba interagindo negativamente no ambiente pessoal e laboral do trabalhador.

É fato que as novas tecnologias e as novas formas de organização do trabalho têm permitido aumento substancial da produtividade. O resultado imediato tem sido a acelerada e crescente dispensa de mão de obra. O aumento de produtividade não tem levado a uma expansão da produção que crie também uma expansão do emprego capaz de absorver pelo menos boa parte da mão de obra expulsa do sistema produtivo. Operando dessa maneira, "o sistema cria não somente marginalização, mas propriamente exclusão social – e exclusão que é estrutural." Neste caso, "a redução do trabalho necessário não libera tempo para a vida. Libera para a exclusão e a miséria um contingente enorme e cada vez maior de trabalhadores". Ou

[367] *Idem*, p. 148
[368] *Idem*, pp. 148-149
[369] *Ibidem*..

seja, sob o domínio do capital, "o aumento de produtividade não reverte para 'a sociedade', reverte exclusivamente para o capital." [370]

Para massa de excluídos pelo "progresso" e pela "racionalização" da produção resta travar, dia a dia, a mais árdua luta para garantir minimamente a própria sobrevivência. As designações formais criadas para reconhecer as atividades "marginais" ou "subterrâneas" a que esses trabalhadores excluídos passam a se dedicar constituem em geral um meio de – no campo das ideias, das representações e das ideologias – tratá-las sob algum vínculo no qual eles apareçam integrados à sociedade. De fato, porém, são atividades de excluídos sociais para, enquanto excluídos, conseguirem se manter vivos" [371]

Ao estudar os reflexos da globalização, Daniele Linhart [372] afirma que "esses vinte últimos anos de reformas organizacionais e de ação sobre a subjetividade" dos trabalhadores "resultaram em uma individualização real." Pondera a pesquisadora que "executivos, engenheiros, técnicos, empregados administrativos e operários aliam-se em uma expectativa e de preservação do futuro".

As reestruturações hierárquicas, a supressão ou reagrupamento de setores, a terceirização de algumas atividades que antes eram executadas dentro das empresas, ameaçam a confiança dos trabalhadores com relação aos seus propósitos e objetivos que tinham na empresa desde que foram contratados.

As transformações que visam modernizar os sistemas de administração da produção na sociedade da informação, "desencadeiam uma apreensão e, consequentemente, reação de autodefesa." A lealdade e a confiança que os subordinados têm que depositar em seus superiores, acaba levando ao sentimento de que cada um se torna "indispensável, insubstituível, tornando seu trabalho ainda mais opaco, ainda mais inacessível". [373]

Os trabalhadores estão frustrados. A frustração surge no momento em que os próprios empregados, detentores, muitas vezes, de informações

---

[370] LIMOEIRO-CARDOSO, Miriam. Ideologia da globalização e (des) caminhos da ciência social. *In* **Globalização excludente: desigualdade, exclusão e democracia na nova ordem mundial.** Organizado por Pablo Gentil, 5 ed. Petrópolis-RJ: Vozes; Buenos Aires: CLACSO, 2008, p. 114.

[371] *Idem*, pp. 114-115

[372] LINHART, Daniele. *op. cit.*, pp. 112-113.

[373] LINHART, Daniele. *op. cit.*, pp. 112-113.

privilegiadas acerca dos processos produtivos (máquinas, equipamentos e novas tecnologias que eles manuseiam diariamente), gostariam de dar suas sugestões para melhoria nas condições de trabalho, buscando-se, ainda, maior eficiência. A frustração se acentua no instante em que sequer são ouvidos ou indagados por seus superiores hierárquicos sobre a produção e sobre a gestão produtiva.

III.2.1.3. A erosão do trabalho

A concorrência entre os capitalistas gera uma situação em que o mais forte esmaga ou absorve o mais fraco. Como ressaltava Marx, a concorrência causa devastações em proporção direta ao número, e em proporção inversa às magnitudes dos capitalistas adversários. Termina sempre provocando a ruína de inúmeros pequenos capitalistas, cujos capitais passam em parte, ao controle de seus conquistadores e, em parte, desaparecem[374].

À medida que se aperfeiçoa a tecnologia, ocorre um aumento na quantidade mínima de capital necessária para se manter em funcionamento uma empresa sob condições normais. A empresa precisa ampliar constantemente a produtividade de seus operários sob risco de sucumbir à concorrência. A produtividade do trabalho depende da escala de produção[375].

Se no capitalismo vivenciado por Marx já ocorria essa competição de produtividade local, imagine-se, então, num capitalismo baseado em redução de custos, numa escala de produção globalizada. Na era da globalização, os reflexos são penosos: esse novo período gera enormes rupturas no seio social, rompe as fortalezas culturais e potencializa a insegurança daqueles que dependem do trabalho para sobreviver.

O efetivo estabelecimento do capitalismo como um "sistema mundial economicamente articulado contribui para a erosão e desintegração das estruturas tradicionais parciais de estratificação e controle social", sem ser capaz de produzir um sistema unificado de controle em escala mundial.[376]

Para aqueles que logram permanecerem empregados, as crises financeiras e mercadológicas e as constantes mudanças ocorridas nas organizações empresariais acabam eclodindo negativamente em suas relações pessoais.

---

[374] DOBB, Maurice. **A evolução do capitalismo**. Tradução de Affonso Blacheyre. Revisão de Cássio Fonseca. 2 ed. Rio de Janeiro: Zahar Editores. 1971, pp. 219-224.

[375] *Idem*, pp. 227-229.

[376] MÉSZÁROS, István. A crise estrutural do capital... pp. 52-55.

A tendência objetiva inerente à natureza do capital – "seu crescimento dentro de um sistema global conjugado com sua concentração e sua sempre crescente articulação com a ciência e a tecnologia" – abala e torna inadequada a subordinação estrutural do trabalho ao capital.[377]

O crescimento tão significativo da mão de obra excedente atua de forma clara e eficazmente no sentido do rebaixamento dos salários de uma maneira geral. Todo esse processo se faz presente também no nível da formulação política, dando forma às propostas de precarização das relações de trabalho, por meio das quais se pretende reduzir ao limite mínimo e, se possível, "abolir direitos e garantias que o trabalhador havia conquistado no momento anterior do desenvolvimento capitalista, em que as relações de forças eram outras."[378]

Dupas[379] adverte que a "ideologia liberal permite que o capital seja cosmopolita; sua pátria é onde ele pode render bem." A globalização "não amplia espaços, estreita-os; não assume responsabilidades sociais e ambientes; pelo contrário, acumula problemas, transforma-se em sintoma de sobrecarga".

Domenico De Masi[380] alerta que "a organização social não consegue acompanhar o progresso tecnológico: as máquinas mudam muito mais velozmente do que os hábitos, as mentalidades e as normas." Para o autor, há necessidade de se "redistribuir equitativamente a riqueza (que aumenta) e o trabalho (que diminui); entretanto, alarga-se a distância entre alguns que trabalham e ganham cada vez mais e outros que são forçados à inércia e à miséria."

Há que se estabelecer um mínimo de subsistência à população marginalizada dos desempregados e semidesempregados – que se sustentam através do trabalho informal –, e que aumentam dia a dia, em face dos progressos da informatização e da robotização, pois ela só poderá encontrar trabalhos ocasionais irregulares, ingratos, mal pagos, sem futuro.

---

[377] *Idem*, p. 54

[378] LIMOEIRO-CARDOSO, Miriam. Ideologia da globalização e (des) caminhos da ciência social. *In* **Globalização excludente: desigualdade, exclusão e democracia na nova ordem mundial** Organizado por Pablo Gentil, 5 ed. Petrópolis-RJ: Vozes; Buenos Aires: CLACSO, 2008, p. 114-117.

[379] DUPAS, Gilberto. **O mito do progresso...** pp. 106-107.

[380] DE MASI, Domenico. **O futuro do trabalho: fadiga e ócio na sociedade pós-industrial.** Tradução de Yady A. Figueiredo. 8 ed. Rio de Janeiro: José Olympio, 2003, p. 15.

Os empregadores desejam conservar nas empresas apenas um núcleo reduzido de assalariados permanentes e, para o resto, "poder contratar e dispensar à vontade, em função das necessidades do momento, 'assalariados temporários ou provisórios' que não terão direito nem a férias", nem às mesmas garantias sociais, nem à proteção sindical. "Essa maior 'liberdade' patronal na utilização da mão de obra supõe evidentemente o afrouxamento das legislações trabalhistas e das leis sociais."[381]

Trabalhadores sem maior qualificação não terão qualquer chance de fazer parte do segmento da força de trabalho, que se torna privilegiado por conseguir ser absorvido pelo sistema produtivo. Porém, qualificar-se, somente, não oferecerá nem mesmo uma garantia mínima de se tornar trabalhador efetivo. Diante da exclusão que passa a ser norma para a grande maioria da população potencialmente trabalhadora, a exploração do trabalho passa a ser privilégio.[382]

A globalização econômica modificou, de forma significativa, a segurança do homem com relação ao trabalho. As empresas, por exigirem mais dos trabalhadores, transformaram o prazer do trabalho – aquele que tinha comunhão com o caráter de recompensa de se produzir ou criar algo – por alguma uma função preocupante, extenuante e intensiva.

A competição gerou redução de custos. Os custos são medidos pela força produtiva – entre elas, além da tecnologia, o valor da mão de obra de seus colaboradores. Logo, o valor do salário também ficou corroído.

Para José Eduardo Faria[383], a globalização econômica trouxe significativas mudanças na sociedade pós-moderna. As transferências de capital de um país para outro levaram à "emergência de novas profissões e especializações, para as quais não existe um sistema técnico-educacional adequado". Além disso, "aceleram a mobilidade do trabalho e a flexibilização de sua estrutura ocupacional entre setores, regiões e empresas, provocando o declínio dos salários reais".

A globalização acentuou o "fosso entre os ganhos das várias categorias de trabalhadores, relativizando o peso do trabalho direto nas grandes unidades produtivas". Aumentou, ainda, o desemprego dos trabalhadores menos qualificados, "esvaziando as proteções jurídicas", contra, por

---

[381] *Ibidem.*
[382] *Idem*, p. 116
[383] FARIA. José Eduardo. *op. cit.*, pp. 229-231.

exemplo, o uso "indiscriminado de horas extras, a 'modulação' da jornada de trabalho e a dispensa imotivada".[384]

Essas transformações oriundas do desenvolvimento econômico e do achatamento da economia acabaram refletindo negativamente nas ofertas de trabalho regionalizadas. Com a oferta diminuta de empregos, ocorreu a flexibilização dos direitos trabalhistas para garantir um mínimo existencial ao proletariado. Essas flexibilizações, entretanto, ainda que garantam o emprego, absorvem, paulatinamente, a dignidade do trabalhador, que se submete, cada vez mais, em dispor seu tempo ao empresário em momentos de lazer, exercer funções distintas daquelas que fora contratado e, muitas vezes, levar para seu lar e a sua família, atividades que deveriam ser desempenhadas apenas no ambiente laboral.

Daniele Linhart[385] observa, ainda, que as próprias empresas estão divergindo sobre a melhor forma de política de gerenciamento de pessoas. Nas empresas, encontram-se "estratégias contraditórias" de gerenciamento que, de um lado, "buscam promover formas cada vez mais coletivas de trabalho e de mobilização" e, de outro, "explodem as próprias bases dessas orientações, desenvolvendo o individualismo dos assalariados".

O trabalho na era globalizada deixou de ser somente uma atividade simples, onde o empregado produzia, auxiliava a administração ou introduzia ideias para otimizar processos organizacionais à empresa: o trabalho na sociedade da informação passou a contaminar o ser, passou a corromper o ser e o estar, transmutou-se de um mundo real, para um mundo surreal, onde a avalanche de informações e de pressões supera a privacidade e a intimidade do trabalhador.

III.2.2. O trabalho na sociedade da informação
III.2.2.1. Sociedade da informação: breves apontamentos

Como tentativa de esclarecer a denominação da sociedade pós-moderna, Krishan Kumar ressalta que o "pós-modernismo pode ser para a sociedade pós-industrial ou do capitalismo tardio o que o modernismo é para a sociedade industrial em sua fase moderna ou classicamente capitalista."[386]

---

[384] *Ibidem.*

[385] LINHART, Daniele. *op. cit.,* pp. 117-118.

[386] KUMAR, Krishan. **Da sociedade pós-industrial à pós- moderna: novas teorias sobre o mundo contemporâneo**. Traduzido por Ruy Jungmann. Rio de Janeiro: Jorge Zahar Editora. 1997, p. 124.

Eduardo C. B. Bittar[387] sustenta que a pós-modernidade "não é um processo que nasce, ou mesmo se desenvolve, sozinho, estando aliada à ideia de um estado atual das sociedades pós-industriais." A pós-modernidade corresponde ao "conjunto dos processos de mutação cultural ocorridos no final do século XX, e este vem acompanhado de um processo de modificação das relações econômico-produtivas nas sociedades pós-industriais".

Portoghesi[388] vinculou seu conceito de pós-modernismo à "era da informação", tornada possível pela "nova tecnologia eletrônica". Segundo o autor, "a arquitetura posmodernista refletiria a sociedade de informação no sentido de ser uma "arquitetura de comunicação".

A atual sociedade em que se vive revela as condições que provocam o desmoronamento paulatino da modernidade causadora de um contexto de múltiplas falências institucionais, de práticas incoerentes e desumanas, de incongruências sociais e desatinos econômicos geradores de estado de crise, inegável e perceptível, em diversos níveis e sob diversos focos de análise, atributos este inerente ao estado atual da pós-modernidade.[389]

Os ordenamentos jurídicos, intimamente agregados à evolução da sociedade e buscando solucionar os impasses havidos nas relações sociais, tiveram que interferir nas novas relações exsurgidas com a transnacionalização e o surgimento de blocos econômicos, resultados do movimento socioeconômico de integração mundial.

Roberto Senise Lisboa[390] entende que essa integração mundial, fomentada pelo avanço tecnológico, acabou criando possibilidades de compra e venda de bens e serviços pelo sistema eletrônico, chamados *e-commerce*.

---

[387] O autor ainda ressalta que o "estudo da pós-modernidade parece tornar-se relevante quando evidencia-se a previsão de que o processo de produção e reprodução ganham significativas modificações no pós-guerra (década de 1950), momento em que a categoria do saber evidencia-se no centro das preocupações sociais (trabalho e detenção de serviços e informações), políticas (poder e dominação a partir da informação), estratégicas (militarização tecnológica das políticas expansionistas e defensivas) e econômicas (royalties, patentes e tecnologias do saber), com o crescente aumento da hegemonia americana na centralidade das decisões globais, período reconhecido e identificado por Harvey sob o adjetivo fordista-keynesiano". BITTAR, Eduardo C. B. **O direito na pós-modernidade**. Rio de Janeiro: Forense Universitária, 2005, pp. 120-121.

[388] *Apud* KUMAR, Krishan. *op. cit.*, p. 125.

[389] KUMAR, Krishan. *op. cit.*, p. 125.

[390] LISBOA, Roberto Senise. **Direito da Sociedade da Informação.** Revista dos Tribunais, ano 95, vol. 847, maio de 2006. São Paulo: 2006, p. 85.

O TRABALHO NA SOCIEDADE DA INFORMAÇÃO

Esse sistema, a despeito de trazer aos usuários muita economicidade de tempo e dinheiro, possibilitando a transferência eletrônica de dados, com criações de sites para discussão de tema de extrema relevância no cenário mundial, no entanto, acabou criando novos fatos que deveriam ser investigados pela ordem jurídica, como, por exemplo, problemas da atribuição da autoria de documentos eletrônicos e assinatura digital, problemas de validade de documento eletrônico original e copiado, proteção dos direitos intelectuais, proteção do consumidor por adesão a contratos celebrados eletronicamente, entre outros.

Essa nova era de troca de informações simultâneas fez surgir uma nova sociedade, não de característica industrial, mas pós-industrial, também denominada de sociedade da informação.

Adalberto Simão Filho registra que a sociedade da informação pode ser "situada partindo-se da migração de uma época industrial e pós-industrial para a era da informação, tido por pós-modernidade."[391]

Para Roberto Senise Lisboa, a sociedade da informação "é expressão utilizada para identificar o período histórico a partir da preponderância da informação sobre os meios de produção e da distribuição dos bens na sociedade". Essa nova era se estabeleceu "a partir da vulgarização das programações de dados utilizados nos meios de comunicação existentes e dos dados obtidos sobre uma pessoa e/ou objeto, para realização de atos e negócios jurídicos."[392]

Os meios de informação não são somente aqueles relacionados ao computador ou a um canal eletrônico específico, mas a todo o sistema integrado de comunicação, como por exemplo, meios de comunicação telepresenciais difundidos a cabo, via satélite, por rádio, teleworking, telefones, celulares, enfim, canais conectivos de longo alcance.

No Brasil, o reconhecimento da mudança do comportamento das pessoas e a própria evolução cultural e socioeconômica acabou gerando a criação do Livro Verde da Sociedade da Informação no Brasil, obra elaboradora pelo Ministério de Estado da Ciência e Tecnologia, oficialmente lançado pelo governo federal em 15/12/1999. O ciclo da Conferência Nacional

---

[391] SIMÃO FILHO, Adalberto. Sociedade da Informação e seu Lineamento Jurídico. **O direito na sociedade da informação**. Coordenadora Liliana Minardi Paesani. São Paulo: Atlas, 2007, p. 9.

[392] LISBOA, Roberto Senise. **Direito da Sociedade da Informação**... p. 85.

da Ciência, Tecnologia e Inovação do governo federal, foi encerrado com a edição do Livro Branco, publicado em 2002, com o objetivo apontar caminhos para a construção de um país mais dinâmico, competitivo e socialmente mais justo.[393]

O Livro Verde contém um plano de metas de implantação do Programa Sociedade da Informação no Brasil. Nele há um conjunto de ações que constituem objetivos a serem alcançados pela sociedade brasileira, como, por exemplo, ampliação de acesso, meios de conectividade, formação de recursos humanos, incentivo à pesquisa e desenvolvimento, comércio eletrônico.

A economia da sociedade baseada no conhecimento está sedimentada em três pilares, a saber: (a) o conhecimento impregna tudo que se vende, compra e produz; (b) o capital intelectual passa a ser mais valoroso para as empresas que os ativos financeiros e físicos; (c) para prosperar na nova economia e explorar esses novos ativos significa a maior utilização de novas técnicas de gestão, novas tecnologias, preestabelecidas em um planejamento estratégico.

A busca constante pela informação possibilitou a criação de novas empresas com objetos de exploração em nichos de comunicação e de penetração em massa em diversos lugares, representando uma verdadeira mola propulsora da economia em outros segmentos de mercado.

O computador foi o grande agente causador de mudança de uma sociedade industrial para uma sociedade pós-industrial. Com ele as pessoas

---

[393] O Livro Branco está estruturado em quatro seções centrais, além da introdução e consigna os desafios para a consolidação de um Sistema Nacional de Ciência, Tecnologia e Inovação, expondo as bases para a formulação de diretrizes estratégicas, analisando os riscos e as oportunidades associados às transformações econômicas e tecnológicas que vêm marcando a sociedade contemporânea. Neste livro, registrou-se a análise da sociedade e da economia internacionais, que indicam que as nações mais bem-sucedidas são as que investem, de forma sistemática, em Ciência e Tecnologia e são capazes de transformar os frutos desses esforços em inovações. Um dos resultados mais evidentes desses investimentos é a capacidade que essas nações têm de propiciar alta qualidade de vida, empregos bem remunerados, segurança pública e seguridade social a seus cidadãos. Os bens e serviços desses países caracterizam-se por serem tecnologicamente avançados, ou seja, por incorporarem de forma intensiva o conhecimento. A produção e a comercialização de tais bens e serviços refletem o maior potencial que esses países dispõem de geração de renda e crescimento econômico, em função seja do próprio valor agregado a esses produtos, seja do grande dinamismo de seus mercados. Disponível em http://www.cgee.org.br/arquivos/livro_branco_cti.pdf. Acesso em 01/ dez/ 2010.

O TRABALHO NA SOCIEDADE DA INFORMAÇÃO

puderem se interconectar a uma rede virtual e nela estabelecer relações de múltiplas faces.

Diante dessa nova situação, a sociedade da informação deve ser tratada de um modo bem mais amplo do que simples ambientes de atuação digital de pessoas, não podendo ela ser reduzida apenas em um ambiente virtual.

Os reflexos do acesso facilitado à informação encontram-se em todos os meios de comunicação, e não apenas no meio virtual. [394]

A sociedade da informação acabou aprimorando a vida das pessoas através de diversos programadas de dados com funcionamento coletivo. Possibilitou, ainda, o estudo de novas tecnologias ligadas à saúde (a biotecnologia utiliza processos novos para o diagnóstico e o tratamento de doenças), à educação, o desporto, aperfeiçoando os meios de comunicação social, colaborando para o progresso socioeconômico, sobretudo para fins de celebração de negócios jurídicos.

III.2.2.2. O teletrabalho na sociedade informacional

A necessidade de economizar nos custos de transação, leva a identificar um "novo tipo de vantagem estratégica, e, portanto, a traçar uma linha de 'clivagem' suplementar no inverso da companhias". De um lado, ficam as "companhias que estão em condições de economizar nos custos de transação, organizando sua internalização"; do outros, "as que são obrigadas a assumir todo o peso desses custos." [395]

A fusão das "tecnologias de telecomunicações e de informática e o surgimento da teleinformática permitiram às grandes companhias gerenciar melhor as economias de custos de transação", reduzindo, também, os "custos burocráticos associados a sua internacionalização.[396]

Surgiu, então, o teletrabalho. Com ele, o homem deixou de estar presente no local de trabalho, para servir a organização por meio de tecnologias onde a comunicação é feita à distância, num mundo virtualizado.

Para Pierre Lévy, a "virtualização é um dos principais vetores da criação da realidade." Como exemplo, pode-se constatar a organização clássica organizada num conjunto de departamentos localizados num mesmo espaço físico, e que reúne determinados números de funcionários em

---

[394] LISBOA, Roberto Senise. **Direito da Sociedade da Informação**... p. 89.
[395] CHESNAIS, François. *op. cit.*, p. 102-103.
[396] *Ibidem.*

paradoxo com uma organização virtual cuja participação é numa rede de comunicação eletrônica e pelo uso de recursos de programas que facilitem a cooperação organizacional, usufruindo ainda do teletrabalho. "Ela transforma a atualidade inicial em caso particular de uma problemática mais geral, sobre a qual passa a ser colocada a ênfase ontológica."[397]

Segundo a Organização Internacional do Trabalho (OIT) o teletrabalho é a forma de trabalho realizada em lugar distante do escritório e/ou centro de produção, que permita a separação física e que se utilize uma nova tecnologia que facilite a comunicação.[398]

Qualquer forma que substitua o deslocamento de um empregado a outro lugar, proporcionando otimização de tempo e de custo para a empresa, com uso de tecnologias de informação, passa, então, a substituir o trabalho local, no estabelecimento da empresa, com o feito à distância, denominado teletrabalho.

Para Shoshana Zuboff[399] a tecnologia da informação caracteriza-se por uma "dualidade fundamental". Por um lado, "a tecnologia pode ser aplicada a operações de automatização segundo uma lógica que poucas diferenças apresentam como relação à lógica do sistema de máquinas do século XIX." A mesma tecnologia, por outro lado, "gera simultaneamente informações sobre os processos produtivos e administrativos subjacentes usados pela organização para executar seu trabalho", causando um nível mais profundo de transparência.

A substituição da presença humana por uma tecnologia que permita a realização dos mesmos processos com maior continuidade superou a lógica tradicional da automação dos processos produtivos da era industrial.

Nos Estados Unidos usa-se a expressão "telecommuting" ou a possibilidade de trabalhar em casa durante o horário comercial regular. Na

---

[397] LÉVY, Pierre. **O que é virtual?** Tradução de Paulo Nevez. São Paulo: Editora 34, 1996, pp.18-19. Para o autor: A virtualização não é uma desrealização (a transformação de uma realidade num conjunto de possíveis), mas uma mutação de identidade, "um deslocamento do centro de gravidade ontológico do objeto considerado: em vez de se definir principalmente por sua atualidade (uma 'solução'), a entidade passa a encontrar a sua consistência essencial num campo problemático." pp. 17-18.

[398] Disponível em http://www.teletrabalho.com/. Tradução livre. Acesso em 06/ nov/ 2010.

[399] *Apud* STEWART, Thomas A. **Capital intelectual**. 15 ed. Tradução de Ana Beatriz Rodrigues, Priscilla Martins Celeste. Rio de Janeiro: Elsevier, 1998, p. 20.

Europa se usa "telework", popularizado pelo uso na Comissão Europeia, a qual estimulou uma grande quantidade de pesquisas nesta área, para que seja definida como uma atividade econômica que possa desenvolver e criar oportunidades de emprego nas áreas rurais ou com problemas econômicos.[400]

Trabalhar com tecnologias que permitem a execução de atividades à distância, longe do estabelecimento empresarial, traz aos seres humanos uma sensação de potência de controle sobre as funções, sobre as interações e informações que deseja obter, em qualquer momento que as necessite. Por outro lado, a tecnologia reduz a liberdade do ser humano, sendo cada vez mais mitigada.

Existem, aqui, também outros aspectos a serem considerados: o teletrabalho pode desqualificar o trabalho humano e sobrecarregar ainda mais os trabalhadores com a agressão das tecnologias que invadem seus lares, entretanto, o teletrabalho também pode integrar pessoas distantes, que geograficamente acabam ganhando espaço para prestar serviços às empresas localizadas em outras regiões, e, ainda, possibilitar o ingresso de pessoas portadoras de necessidades especiais ao trabalho.

Na sociedade industrial, boa parte do trabalho não era possível ser feita fora do escritório, pois tinha horários mais rígidos. Na sociedade da informação, ocorreu a flexibilização temporal e espacial, e o teletrabalho acabou invadindo a intimidade do trabalhador, não importando o local e o horário.

Alvin e Heide Toffler[401] entendem que a sociedade da informação representa uma "aceleração", uma mudança de atividades que antes eram feitas em sequências, agora estão sendo feitas simultaneamente. Por causa da "hipercompetição, representam uma mudança importante na forma como nos relacionamos com o fundamento profundo do tempo – e com o nosso trabalho, amigos e família.

Para os citados autores, a cada dia que passa, "em um número maior de casas e empresas, a aceleração e a mudança dos indivíduos e instituições para 'as pistas e autoestradas de maior velocidade' geram conflitos

---

[400] THIBAULT ARANDA, Javier. **El teletrabajo, análisis jurídico-laboral**. Consejo Económico y Social. Año 2001, Madrid, pp.45-47.

[401] TOFFLER, Alvin. TOFFLER, Heide. **A riqueza revolucionária**. Tradução: Maiza Prande Bernardello, Luiz Fernando Martins Esteves. São Paulo: Futura, 2007, p. 231.

O TRABALHO NA SOCIEDADE DA INFORMAÇÃO

dolorosos." Não se sabe mais o que está certo e o que está errado, pois os conflitos que surgem são exatamente aqueles que estão "entre o tempo dedicado ao trabalho e aqueles dedicado à família". [402]

Domenico De Masi [403] chega a anunciar que a consternação e a revolução pós-industrial advinda pelos computadores e tecnologias de comunicação a distância fez surgir uma nova a metrópole: a "Telépolis". Apagando a fronteira entre o público e o privado, a "Telépolis visa à intrusão na privacidade e à comercialização da intimidade". A economia da "Telépolis consegue até mesmo transformar o repouso em produção e o tempo livre em tempo de trabalho por meio de um sistema que Echeverría chama não mais de capitalismo, mas de telepolismo."

Segundo esses autores, o teletrabalho não teria surgido em benefício do homem, mas em seu desfavor, escravizando-os em canais de televisão, celulares, computadores móveis, câmeras fotográficas, enfim, em tecnologias que misturam diversão e trabalho, mas prevalece a falência do ser humano em detrimento ao ser valor social.

O teletrabalho, por outro lado, a despeito de sacrificar muitas pessoas em meio a esse caos informacional, possibilita, como já dito, a integração social de pessoas que estavam fora do mercado por incapacidade de locomoção, por exemplo. O teletrabalho apresenta-se como uma possibilidade de inserção de portadores de necessidades especiais no mercado de trabalho, até mesmo com vantagem competitiva, uma vez que suas dificuldades fazem com que seja maior a sua dedicação às oportunidades que lhe são oferecidas.

Nas relações tradicionais de trabalho, a discriminação das pessoas portadoras de necessidades especiais é notória e, na maioria das vezes, os locais de trabalho não estão fisicamente adaptados às necessidades dessas pessoas. Além disso, faltam condições de acessibilidade e de equipamentos ergonomicamente adaptados. [404]

Sendo o teletrabalho realizado à distância, permite a esses indivíduos trabalharem em sua própria casa ou escritório. Graças à tecnologia, muitos aparelhos e ferramentas já foram desenvolvidos para facilitar o acesso

[402] Ibidem.

[403] DE MASI, Domenico. *op. cit.*, pp. 215-217.

[404] A Norma Regulamentadora n. 17 do Ministério do Trabalho e Emprego dispõe sobre as condições ambientais de trabalho devem estar adequadas às características psicofisiológicas dos trabalhadores e à natureza do trabalho a ser executado.

dos deficientes físicos no mercado de trabalho virtual, permitindo-lhes participar da vida em sociedade como cidadãos de direitos e deveres.[405]

III.2.2.3. A mundialização do capital e a fragmentação do trabalho

As tecnologias da informação permitiram uma melhor gestão das inúmeras relações por meio das quais a grande companhia pode estabelecer, à distância, um controle estrito sobre parte das operações de outra empresa, sem precisar absorvê-la ou, até mesmo, sem ter que contratar intermediários ou gestores de concorrência para obter informações.

As condições de acesso ao capital e a experiência gerencial necessária para gerir a integração e a economizar de forma eficiente nos custos de transação funcionam como barreiras de entrada, eliminando assim, os concorrentes.

Por outro lado, os custos de transação são reduzidos a partir da inserção de novas tecnologias que acabem permitindo a redução do quadro de pessoas para desempenhar determinada função, eliminando os gastos decorrentes da contratação da mão de obra.

Como consequência da acumulação de capital daqueles que detinham o poder econômico – os investidores e os empregadores de produção – a concentração da riqueza e a acumulação dos investimentos ficaram centradas em um número cada vez mais restrito de capitalistas.

Na sociedade da informação, a mundialização do capital econômico está representada pelas inovações tecnológicas aliadas à concorrência impulsionadas pelos próprios capitalistas, num movimento constante de concentração do capital, do qual emergem empresas cada vez maiores, controladas por um número cada vez mais restrito de capitalistas.

Esse processo seletivo ampliou o abismo existente entre as classes fundamentais da sociedade capitalista: de um lado, uma minoria de capitalistas abastados, de outro, o proletariado, a grande maioria da população.

O mercado eletrônico diminuiu a distância dos países e possibilitou a operacionalidade de sistemas para celebração de negócios internacionais, estimulando, ainda mais, a expansão dos negócios.

---

[405] O Decreto n. 93.481 de 29/10/1986 dispõe sobre a atuação da Administração Federal no que concerne às pessoas portadoras de deficiências, instituindo a Coordenadoria para Integração da pessoa Portadora de Deficiência – CORDE.

Segundo François Chesnais[406], em decorrência da mundialização do capital, o seu conceito deve ser atualizado. Para tanto, ele o define "como um valor (que, no caso das multinacionais, atingiu determinada massa), cujo objetivo é a autovalorização, a obtenção de lucro", em condições nas quais o ramo industrial, levando-se em conta a localização geográfica do comprometimento do capital tem "caráter contingente".

Para François Chesnais[407], os grupos industriais, as multinacionais, o conglomerado industrial constituem "ideais do capital, que é também, mais do que nunca, um dos objetivos concretos colocados pelos grupos". É, assim, "a mobilidade, a recusa se prender a determinadas modalidades de comprometimento setorial ou geográfico". Por fim, qualquer que tenha sido o investimento ou a importância "na formação e crescimento do grupo", o que importa para o capital econômico, na atual sociedade, "é a capacidade de se soltar, de desinvestir tanto quanto de investir".

O conjunto de estruturas existentes acabou transferindo o plano estratégico das empresas para o mundo virtual, de modo a possibilitar a realização de negócios com clientes, fornecedores e parceiras sem qualquer obstáculo, em face da universalização de banco de dados e de operacionalidade simultânea em programas de rede.

Dessa forma, os ativos intelectuais tornaram-se muito mais valiosos do que ativos financeiros e físicos, justamente porque o conhecimento e o talento individual acabaram fortalecendo a gestão interna voltada para a criação e fornecimento de bens e serviços em qualquer lugar, sobrepondo às barreiras comerciais, distâncias e óbices que existiam na sociedade industrial.

Nesse ponto, a valorização ou o aumento do capital econômico, de um período a outro, baseia-se, "em primeiro lugar, na organização e no acionamento da força de trabalho assalariada na produção". Em segundo, abrange operações numerosas, efetuados nos mercados financeiros, com diversidades de aplicações financeiras, "que têm origem na apropriação de receitas, fora de qualquer intervenção da produção."[408]

O trabalho do ser humano, então, passou a ser fragmentado. As novas tecnologias permitiram a descentralização do capital, consentindo a trans-

---

[406] CHESNAIS, François. *op. cit.*, p. 80.

[407] *Idem*, p. 81.

[408] *Ibidem*.

ferência dos "custos da ociosidade produtiva das grandes para as pequenas e médias empresas", seja por substituir o tradicional contrato de prestação de serviços da força de trabalho por um "contrato de fornecimento de mercadorias", seja por abrir caminho para sua regulação em termos cada vez mais "individualistas, promocionais e meritocráticos, graças ao pagamento de bônus por assiduidade, gratificações por produtividade e prêmios relativos à qualidade."[409]

Com a mundialização do capital, a fragmentação do trabalho é percebida no momento em que as novas tecnologias de produção aceleram o ritmo de trabalho e reduz funções que outrora eram desempenhadas por muitos trabalhadores. Com a automação da produção, o nível de crescimento da oferta de emprego é reduzido à medida que um único homem pode fazer diferentes funções na empresa através do conjunto articulado de sistemas e máquinas.

Para José Eduardo Faria[410], as funções a serem desempenhadas por pessoas em setores de produção interna nas empresas serão reduzidas para supervisão de "conjuntos de equipamentos integrados". Os empregos podem ser diluídos ora em razão do enfraquecimento da mão de obra qualificada para desempenhar novas funções, ora em face da ausência de oferta de trabalho.

A fragmentação do trabalho na sociedade da informação acabou criando novas perspectivas de emprego em decorrências dos novos segmentos criados por novos mercados. Entretanto, a oferta não acompanha a procura por emprego de pessoas qualificadas, preparadas para novos desafios, dado o elevado número de pessoas substituídas pelas tecnologias compostas por sistemas integrados de produção.

III.3. BOA-FÉ E ÉTICA NAS RELAÇÕES DO TRABALHO

III.3.1. A nova empresarialidade

Adalberto Simão Filho advoga a tese de que para se tornar um bom empresário há de se buscar aderência no significado de ser um "bom pai da família". A proposta contida na tese de doutoramento *nova empresarialidade* está fundada, principalmente, "no sentido de se imprimir um padrão ético, uma

---

[409] FARIA, José Eduardo. *op. cit.*, pp. 232-233.
[410] *Ibidem.*

BOA-FÉ E ÉTICA NAS RELAÇÕES DO TRABALHO

regra de conduta ao exercício das atividades empresariais contemporâneas, de modo a refletir no direito positivo".[411]

Deve ser construído um padrão comportamental sob influência da boa-fé na construção das chamadas "cláusulas gerais".[412]

Para buscar o equilíbrio nas relações que envolvam a figura do bom empresário, deve-se partir de padrões ou regras *standards,* ou seja, de regras que ao invés de formularem uma solução rígida, concedam uma certa margem e apelem para a colaboração do juiz ou da autoridade administrativa, dando-lhes um certo poder discricionário. Leva-se, em conta, nessas situações, a conduta da média das pessoas e que atua como referencial para decisão judicial sobre fatos novos, não previstos na lei.[413]

Adalberto Simão Filho acredita que a ética aplicada possa se prestar a servir como elemento de valor para que resplandeça a nova empresarialidade. É exatamente dentre deste prisma, calcado no "dever ser", que se procurará localizar a imagem reflexa da ética empresarial. Aponta-se como se fosse uma "visão filosófica, dada a incongruência da mesma com o que se apercebe no dia a dia da atividade empresarial, onde se busca mais interesses personalíssimos", particulares, "do que interesses da empresa e da comunidade. Contudo, como a evolução é constante, também as instituições de qualquer espécie não estão à margem deste processo".[414]

Maria Helena Diniz[415] concorda com posicionamento adotado por Adalberto Simão Filho, no sentido de que a proposta de *standard* comportamental, fundada na ética, nos costumes comerciais e no princípio da boa-fé objetiva deve ser conscientizada na adoção de posturas socialmente comprometidas, a fim de que se reconheça efetivamente o conceito de "bom empresário".

Arnoldo Wald assinala que a transformação da economia "corresponde a um novo tipo de empresário, que, além de ter o espírito empresarial, deverá se um *manager,* um organizador da produção e da comercialização de bens."[416]

---

[411] SIMÃO FILHO, Adalberto. **Nova Empresarialidade**. Tese de doutorado apresentada na Pontifícia Universidade Católica de São Paulo (PUC-SP). 2002, p. 26.

[412] *Idem*, p. 47.

[413] *Idem*, p. 25.

[414] *Idem*, p. 31.

[415] DINIZ, Maria Helena. *op. cit.*, p. 33.

[416] WALD, Arnoldo. O **empresário, a empresa e o Código Civil, O novo Código Civil – estudos em homenagem a Miguel Reale**, São Paulo: LTr, 2003, p. 844.

O *standard* proposto por Adalberto Simão Filho traz "o princípio da boa empresarialidade". Essa conteria um valor moral e não uma norma juridicamente aplicável. [417]

Nesse critério, as partes devem adotar, desde o início como também durante e depois da relação contratual, certo comportamento negocial de tal forma que as suas ações levem sempre em vista a "cláusula geral" da boa-fé objetiva, "com fins de viabilização da visão do bom homem de negócios ou da boa empresarialidade, mesmo que este fator seja visto como redutor ou limitador de certos direitos".

A atuação do empresário está vinculada à ação socialmente responsável, com ética em quaisquer relações que a empresa estabeleça, seja com a comunidade e o meio ambiente, seja com trabalhadores, fornecedores e sindicatos.

Para implementar um ambiente harmonioso, capaz de propiciar aos colaboradores um bom ambiente de trabalho, há necessidade de o empresário empreender a governança corporativa para moldar o comportamento adequado que seus empregados devam ter para cumprir a missão organizacional, a fim de que esses respondam com maior responsabilidade social às expectativas dos clientes internos e externos da empresa.

Adalberto Simão Filho ressalta, ao citar Arturo Capasso, que a governança corporativa demarca algumas características indispensáveis para sua formalização. A princípio, ela tem que se pautar em normas que possam (a) assegurar o desenvolvimento e a competitividade da empresa por longo período; (b) garantir, de forma eficiente, a alocação de recursos financeiros e de fatores de produção; (c) favorecer a mobilidade de função empreendedora quando esta possa se traduzir na criação de valor econômico; (d) conciliar a finalidade empreendedora com as legítimas aspirações de todos os que se envolvem na atividade da empresa, inclusive os controladores. [418]

As regras de conduta e de princípios, "que regerão a prática da governança corporativa, são estabelecidas pelos órgãos sociais da empresa, que podem, para o desiderato, criar outros órgãos de auxílio". Para viabilizar o procedimento da governança, "os poderes supremos da empresa deliberam a respeito da criação das normas que resultarão num padrão 'standard'

---

[417] SIMÃO FILHO, Adalberto. **Nova Empresarialidade...** p. 49.
[418] SIMÃO FILHO, Adalberto. **Nova Empresarialidade...** p. 102.

comportamental, bem como na forma de torná-las exigíveis em ambiente corporativo."[419]

A partir da difusão interna da governança corporativa, os empregados e demais colaboradores devem atentar para as normas reguladoras de conduta e deverão, a partir dessas regras comportamentais, agir de acordo com a filosofia organizacional implantada pela empresa, sob pena de serem punidos caso não cumpram fielmente seu regimento.

Essa forma de organização interna de trabalho, baseada na boa-fé nas relações de conduta do empresário, que revelem eticidade de condução de negócios do administrador com seus subordinados, clientes, fornecedores e grupos de interesse que estão no entorno da sociedade empresarial é que dão suportes ao significado da nova empresarialidade.

III.3.2. Boa-fé nas relações do trabalho
III.3.2.1. Conceito de boa-fé

Menezes Cordeiro, após uma vasta pesquisa a respeito das origens e das formas pelas quais o Direito Civil cuidou do instituto da boa-fé, leciona que a boa-fé expressa "uma regra de conduta". Em sua obra, trouxe temas relacionados desde as fontes do Direito à sucessão testamentária, com incidência decisiva no negócio jurídico, nas obrigações, nas posses e na constituição de direito reais. Para ele, a "boa-fé informa previsões normativas e nomina vetores importantes da ordem privada".[420]

Para Menezes Cordeiro[421], a boa-fé normatiza certos fatos que são fontes das obrigações. A boa-fé mantém "o paralelo com a fenomenologia da eficácia negocial". Logo, para o autor, "a sua fonte reside não na norma que manda respeitar os negócios, mas no próprio negócio em si."

A enumeração dos "fatos-fonte" do dever de atuar de boa-fé resulta em todos os momentos das relações interpessoais: "o início de negociações preliminares, a existência de um contrato, ou da sua aparência, a conexão de terceiro com uma obrigação ou o desaparecimento de um negócio."[422]

O desenvolvimento da jurisprudência baseada no instituto da "boa-fé", ainda quando à revelia das doutrinas comuns, demonstrou, numa

---

[419] SIMÃO FILHO, Adalberto. Nova **Empresarialidade**... pp. 103-104.

[420] CORDEIRO, Antonio Manuel da Rocha e Menezes. **A boa-fé no Direito Civil**. Coimbra: Almedina, pp. 2-47.

[421] *Idem,* p. 646.

[422] *Ibidem.*

O TRABALHO NA SOCIEDADE DA INFORMAÇÃO

experiência "temperada pelo corrigir de desvios, sempre possíveis, capacidades dogmáticas reais", que permitiram atingir um "dos níveis mais nobres e delicados da cultura jurídica atual: o da correção das leis injustas ou inconvenientes".[423]

No Brasil, antes do Código Civil de 2002, a legislação civilista dividia o instituto da boa-fé em duas espécies: a boa-fé subjetiva e a boa-fé objetiva.

Fernando Noronha[424] acentuava que "mais do que duas concepções da boa-fé, existem duas boas-fés, ambas jurídicas, uma subjetiva e outra objetiva." A primeira, diz respeito aos sentimentos internos, "fundamentalmente psicológicos, atinentes diretamente ao sujeito"; a segunda a elementos externos, "a normas de conduta, que determinam como ele deve agir". Num caso, "está de boa-fé quem ignora a real situação jurídica; no outro, está de boa-fé quem tem motivos para confiar na contraparte. Uma é boa-fé estado, a outra boa-fé princípio".

A boa-fé subjetiva residia na situação psicológica do indivíduo, em seu estado de espírito, que realiza algo, ou, vivência um momento, sem ter a noção do vício que a inquina. Geralmente, derivava da ignorância do sujeito, a respeito de determinada situação. Ocorre, por exemplo, na hipótese do possuidor da boa-fé subjetiva, que desconhece o vício que macula a sua posse. Assim, neste caso do exemplo, o legislador cuida de ampará-lo, não fazendo o mesmo em relação ao possuidor de má-fé.

Menezes Cordeiro[425] obtempera que perante uma "boa-fé puramente fática, o juiz, na sua aplicação, terá de se pronunciar sobre o estado de ciência ou de ignorância do sujeito." Trata-se de uma necessidade delicada, como todas aquelas que impliquem juízos de culpabilidade e, que, como sempre, requer a utilização de indícios externos. Porém, "no binômio boa má-fé, o juiz tem, muitas vezes, de abdicar do elemento mais seguro para a determinação da própria conduta." (...) Na boa-fé psicológica, não há que se ajuizar da conduta: trata-se, apenas de decidir do conhecimento do sujeito. (...) "O juiz só pode propanar, como qualquer pessoa, juízos em termos de normalidade. Fora a hipótese de haver um conhecimento direto da má-fé do sujeito" – máxime por confissão – os indícios existentes

---

[423] CORDEIRO, Antonio Manuel da Rocha e Menezes, *op. cit.*, p. 47.

[424] NORONHA, Fernando. **O Direito dos Contratos e Seus Princípios**. São Paulo: Saraiva, 1994, p. 132.

[425] CORDEIRO, Antonio Manuel da Rocha e Menezes. *op. cit.*, pp. 408-474.

apenas permitem constatar que, "nas condições por ele representadas, uma pessoa, com o perfil do agente, se encontra, numa óptica de generalidade, em situação de ciência ou ignorância."

A boa-fé objetiva se apresenta como um princípio geral que estabelece um roteiro a ser seguido nos negócios jurídicos, incluindo normas de condutas que devem ser adotadas pelas partes, ou, por outro lado, restringindo o exercício de direitos subjetivos, ou, ainda, como um modo hermenêutico das declarações de vontades das partes de um negócio, em cada caso concreto.

Ao se ter um lado objetivo para o princípio da boa-fé, o juiz deixou de ter que seguir estritamente o que consta em lei, podendo fazer a justiça, de modo singular em cada caso concreto apareça.

A boa-fé objetiva, ou simplesmente, boa-fé lealdade, relaciona-se com a lealdade, honestidade e probidade com a qual a pessoa mantém em seu comportamento.

Tradicionalmente são imputadas à boa-fé objetiva três funções distintas (a) a de cânone hermenêutico-integrativo; (b) a de norma de criação de deveres jurídicos e (c) a de norma de limitação ao exercício de direito subjetivos.

Segundo Clóvis do Couto e Silva, "é difícil determinar, com firmeza, o que é resultado do princípio da boa-fé e o que é conquista da interpretação integradora". Embora esta sirva para "aumentar o conteúdo do negócio jurídico", tem, todavia, como essência, "a pesquisa e explicitação volitiva das partes no momento da constituição do negócio", não abrangendo, por consequência, "as mesmas situações atingidas pelo princípio da boa-fé", o qual traça uma órbita bem mais ampla, assumindo, por vezes, "função limitadora de direito e alcançando todos os momentos e fases do vínculo, desde o seu nascimento até o adimplemento e deveres e obrigações."[426]

Na visão de Giovanni Maria Uda[427], para que possa ocorrer uma coerente produção dos efeitos do contrato, tornam-se exigíveis às partes, em certas ocasiões, comportamentos que não resultam nem de expressa e cogente disposição legal, nem das cláusulas pactuadas.

---

[426] *Apud* Judith Martins-Costa. As funções da boa-fé objetiva. *In* **A boa-fé no Direito Privado**. São Paulo: Ed. Revista dos Tribunais, 1999, p. 428.

[427] *Idem*, p. 429.

A boa-fé atua como cânone integrativo frente à necessidade de qualificar esses comportamentos, não previstos, mas indispensáveis à garantia da satisfação contratual e à plena produção dos efeitos oriundos do conteúdo contratual.

Massimo Bianca[428] adverte que a tese segundo a qual a boa-fé não integraria o contrato, mas serviria tão somente para corrigir o rigoroso juízo de formal conformidade do comportamento à lei, não pode ser compartilhada. Ainda que aplicada na fase de "atuação do contrato, a boa-fé é sempre uma regra objetiva que concorre para determinar o comportamento devido".

Wieaker[429], ao manifestar seu pensamento sobre a boa-fé objetiva como cânone hermenêutico-integrativo, qualifica-a como "plano legal de ordenação do contrato", ou seja, "como uma via para uma adequada realização, pelo juiz, do plano de valoração do legislador."

Judith Martins-Costa[430] observa que para realização dessa técnica de interpretação, "deve o juiz ter o cuidado de considerar as normas contratuais como um conjunto significativo, partindo, para esse fim, do complexo contratual escorado em direitos e deveres instrumentalmente postos" para a consecução de certa finalidade e da função social que lhes é cometida.

Larenz[431] distingue contrato de relação contratual para fins de interpretação. Para ele, "contrato é negócio jurídico, como fenômeno dotado de sentido e que transcorre no tempo"; relação contratual é "regulação posta em vigor mediante contrato, validade e subsistente no tempo".

Essa distinção entre os institutos deveria ser feita na medida em que os elementos de regulação e os conteúdos normativos constituídos pelos contratos são perceptíveis não apenas a partir do aclaramento das declarações dos contratantes, mas da interpretação da regulação objetiva criada com o contrato, o que significa que as situações não pensadas nem manifestadas pelas partes no momento da conclusão, não estando reguladas integralmente pelas declarações consideradas em particular e só podem ser inferidas do texto contratual "como regulação vigente quando do sentido total da regulação".[432]

---

[428] *Ibidem.*

[429] *Apud* Judith Martins-Costa, *op. cit.*, p. 429

[430] MARTINS-COSTA, Judith. *op. cit.*, p. 429.

[431] *Idem*, p. 430.

[432] *Idem*, p. 431

BOA-FÉ E ÉTICA NAS RELAÇÕES DO TRABALHO

A regulação há de ser observada para que sejam respeitados os princípios da autovinculação, autorresponsabilidade, função social, equilíbrio e boa-fé das partes. Não deve o juiz permitir que o contrato, como regulação objetiva, atinja finalidade oposta ou contrária àquela que, razoavelmente, observado seu fim econômico, seria lícito esperar.

Ainda com relação ao tema de interpretação e integração dos contratos, a boa-fé objetiva também desempenha papel nos casos de aplicação da teoria da aparência. Nessa seara, atuam, em conjunto, a boa-fé subjetiva e a objetiva: a primeira diz respeito à valoração da conduta do lesado, porque agiu na crença (condição psicológica, subjetivamente avaliável), a segunda à valoração do comportamento da parte que permitiu, por ação ou omissão, que a aparência errônea fosse criada.[433]

Para Judith Martins-Costa[434], a teoria da aparência está fundada na boa-fé, entendida esta como geradora da confiança legítima, "cuja existência é indispensável nos relacionamentos sinalagmáticos para tornar possível a vida social dentro de um padrão médio de honestidade e moralidade".

Roberto Senise Lisboa[435] sustenta posicionamento de que a teoria da aparência também influenciou o instituto da confiança, notadamente pelo fato de que a "adoção da boa-fé objetiva leva à previsão de uma confiança igualmente objetivada." Isto porque a "utilização do princípio negocial da confiança", com a ideia de legitimação da aparência nos negócios jurídicos, acaba sendo aceita como bem "mais razoável producente porque basta a constatação da frustração das expectativas legítimas para que o confiante seja protegido."

De pouca utilidade seria o recurso da boa-fé se esta se confundisse com um mero reclamo à ética. "Se assim ocorresse, estar-se-ia exclusivamente no campo da extensão dos poderes conferidos ao juiz, ausente ou não existente o conteúdo substancial do princípio em exame".[436]

---

[433] *Idem*, p. 435.

[434] MARTINS-COSTA, Judith. *op. cit.*, pp. 433-437.

[435] Registra o autor que "se a teoria da aparência foi elaborada a fim de se permitir a proteção de quem age de boa-fé e do tráfico, evidente que melhor se coaduna a fundamentação na proteção da confiança negocial". LISBOA, Roberto Senise. **Da confiança como valor fundamental e princípio geral do negócio jurídico**. Tese para concurso público de provimento do cargo de Professor Titular do Departamento de Direito Civil da Faculdade de Direito da USP. São Paulo: 2008, pp. 72-73.

[436] MARTINS-COSTA, Judith. *op. cit.*, pp. 436-437

O TRABALHO NA SOCIEDADE DA INFORMAÇÃO

A boa-fé objetiva é mais do que um apelo à ética, é noção técnico-operativa que se especifica. No entendimento de Massimo Bianca[437], traduz-se como "dever do juiz de tornar concreto o mandamento de respeito à recíproca confiança incumbente às partes contratantes", de forma a não permitir que o contrato atinja finalidade oposta ou divergente daquela para o qual fora celebrado.

Importante destacar que no ordenamento jurídico brasileiro, somente com a criação do Código do Consumidor em 1990, é que a boa fé objetiva foi realmente albergada pelo direito pátrio. Derivada das diretrizes constitucionais, essa modalidade de boa-fé começou então a ser utilizada para interpretações contratuais e para integração de obrigações pactuadas, mostrando-se absolutamente fundamental para que as partes de um negócio jurídico pudessem agir com lealdade perante a outra, até o cumprimento de suas obrigações.

Essa função tem a estreita conexão com o art. 5º das normas gerais do Direito Brasileiro, que determina ao juiz aplicar a lei, atendendo os seus fins sociais e os questionamentos do bem comum.

Posteriormente, com o advento do Código Civil (Lei 10.406/2002) o artigo 113 dispôs a regra de que "Os negócios jurídicos devem ser interpretados conforme a boa-fé e os usos do lugar de sua celebração".

O mesmo diploma civil, em seu artigo 422, impõe aos contratantes o dever de guardar, assim na conclusão do contrato, como em sua execução, os princípios de probidade e boa-fé.

Diante desses valores fundamentais ora integrados explicitamente no ordenamento jurídico, percebe-se que a inserção da boa-fé como padrão de conduta tem o condão de evitar o exercício abusivo aos direitos subjetivos, reprimindo, por essa previsão legal, utilização de cláusulas ilícitas nas relações de consumo, nas relações de trabalho e nas diversas espécies de contratos cíveis.

III.3.2.2. Boa-fé como fundamento na gestão empresarial

O poder diretivo do empregador, e especialmente sua manifestação disciplinar, deve sempre ser exercido de forma responsável e coerente, com sensatez, transparência e igualdade, devendo conduzir os negócios com temperança, boa-fé e solidariedade, por virtudes morais que dignifiquem o ser humano.

---

[437] *Apud* Judith Martins-Costa. *op. cit.*, p. 437.

BOA-FÉ E ÉTICA NAS RELAÇÕES DO TRABALHO

Por tudo o que se expôs, impõe-se concluir que a licitude das diversas manifestações do poder diretivo do empregador depende de sua conformidade não só com a lei, mas também com os preceitos éticos que devem reger todas as relações humanas, notadamente o respeito aos direitos do homem no exercício de seu trabalho. Qualquer manifestação do poder diretivo do empregador deverá sempre adequar-se ao Direito posto, tendo como limite intransponível o absoluto respeito à dignidade do ser humano.

A doutrina[438] observa que, na esfera da gestão empresarial decorrente de cada relação contratual, devem ser alocados certos deveres de prestação, subdivididos em três partes: (a) os principais (ou primários de prestação), (b) os secundários e (c) os laterais (anexos ou instrumentais).

Os deveres principais constituem o núcleo da relação obrigacional e definem o tipo contratual, por exemplo, o dever de entregar a coisa e de pagar os salários do empregado, de conceder férias, entre outros.

Os deveres secundários subdividem-se em duas grandes espécies: os deveres secundários meramente acessórios da obrigação principal (que se destinam a preparar o cumprimento ou assegurar a prestação principal) e os deveres secundários como prestação autônoma (que podem se revelar-se como verdadeiros sucedâneos da obrigação principal, como, por exemplo, o dever de indenizar resultante da impossibilidade culposa da prestação, ou dever de garantir a coisa, mediante prestação autônoma.[439]

Destacam-se, por fim, os deveres instrumentais ou laterais, também chamados de deveres acessórios de conduta, deveres de proteção ou tutela. Esses deveres são derivados ou de cláusula contratual. Podem situar-se de forma autônoma em relação à prestação principal e são ditos, geralmente, como "deveres de cooperação e proteção dos recíprocos interesses" e se dirigem a ambos contraentes.

Entre os deveres instrumentais, destacam-se (a) os deveres de cuidado, previdência e segurança, como o dever do depositário de não apenas guardar a coisa, mas também de acondicionar bem o objeto deixado em depósito; (b) os deveres de aviso e esclarecimento, como, por exemplo, de como funcionam os equipamentos da empresa; (c) os deveres de informação, relacionados às relações jurídicas do trabalho, jornada de trabalho, período de descanso; (d) o dever de prestar contas, que incumbe aos

---

[438] MARTINS-COSTA, Judith. *op. cit.*, p. 430-438.
[439] *Idem*, p. 438.

gestores e mandatários; (e) os deveres de colaboração e cooperação, como o caso de buscar o correto adimplemento da prestação principal ou de não dificultar o pagamento; (f) os deveres de proteção e cuidado com a pessoa e o patrimônio da contraparte, como a responsabilidade do dono de um estabelecimento comercial sobre os riscos de acidentes; (g) os deveres de omissão e de segredo, nos casos de guardar sigilo sobre atos ou fatos dos quais se teve conhecimento em razão do contrato.[440]

Trata-se, pois, de deveres de adoção de determinados comportamentos, impostos pela boa-fé em vista do fim do contrato. A concretização desses deveres instrumentais põe em relevo a concepção de toda relação obrigacional como um processo, durante o deslinde de toda a vigência do contrato.

Deve-se, então, sempre "partir do negócio concreto e atermo-nos a ele – considerado na sua veste de ato individual", pois, em certos casos, os deveres instrumentais decorrentes da incidência da boa-fé objetiva persistem, gerando a continuidade, no tempo, da relação obrigacional, mesmo se adimplida a obrigação principal.[441]

Caso não haja, por parte do empregador, a conduta da boa-fé assegurada no ordenamento civil, qualquer ato que esteja fora do padrão de um comportamento desejado pela outra parte contratada para desempenhar uma função laboral dentro da empresa e que acabe desvirtuando os objetivos da lei, poderá configurar o abuso de direito previsto no artigo 160, I, do Código Civil.[442]

No entendimento de Washington de Barros Monteiro, "À teoria do abuso do direito se vincula, realmente, a prática de emulação, que é (...) ato realizado sem vantagem alguma para o titular, com o único propósito de causar dano a outrem".[443]

Segundo Ruy Rosado de Aguiar Júnior[444], o art. 187, é cláusula das mais ricas do novel diploma, "por que reúne, em um único dispositivo, os

---

[440] *Idem*, p. 439.

[441] *Idem*, p. 447.

[442] O art. 187 do Código Civil assim dispõe: "Também comete ato ilícito o titular de um direito que, ao exercê-lo, excede manifestamente os limites impostos pelo seu fim econômico ou social, pela boa-fé e pelos bons-costumes".

[443] *Apud* Judith Martins-Costa, *op. cit.*, p. 455.

[444] AGUIAR JÚNIOR, Ruy Rosado de. **As obrigações e os contratos**. *In* Projeto do Código Civil – RT 775/23

quatro princípios éticos que presidem o sistema: o abuso de direito, o fim social, a boa-fé e os bons costumes".

O capitalismo impregnado nas relações organizacionais transmite uma visão estreita da natureza humana, presumindo que as pessoas são seres unidimensionais, interessadas apenas no interesses de satisfazer seus desejos pessoais e despreocupadas com o próximo.

Muhammad Yunus[445] alerta para o fato de que há algum tempo, muitos executivos administravam corporações com descaso ao público. Esses executivos "exploravam os trabalhadores, poluíam o meio ambiente, adulteravam os produtos e cometiam as fraudes – tudo em nome do lucro".

A conduta pautada na boa-fé na gestão empresarial deve contemplar um padrão geral de relacionamento interno e externo das pessoas que trabalham para as empresas, não podendo abuso de direito dos detentores do capital, justamente porque os exemplos de boa conduta devem vir dos comandantes dos recursos financeiros.

Muhammad Yunus ressalta que atualmente, milhões de pessoas estão mais bem informadas do que antes. "Muitos clientes evitarão comprar de empresas que prejudicam a sociedade. Portanto, a maioria das corporações está empenhada em criar uma imagem positiva".[446]

A boa-fé que deve faze parte das relações jurídicas pressupõe a existência de uma conduta positiva do ser humano por trás das negociações.

Erich Fromm[447] defende uma revolução para a humanização nas relações e parte do princípio básico de que há necessidade de se por em prática uma "administração humanista" nas empresas.

Para atingir esse objetivo, "a despeito do tamanho das empresas, do planejamento centralizado e da cibernação" – veja que as alterações comportamentais dos seres humanos são frutos dos impactos da internet e das

---

[445] Muhammad Yunus ganhou o Prêmio Nobel da Paz em 2006. Professor de economia, é conhecido como "banqueiro dos pobres" e considerado o grande mentor do microcrédito destinado aos desfavorecidos de Bangladesh, Yunus é professor de economia e começou a combater a pobreza após uma mortífera fome que assolou seu país. Bangladesh é um dos países mais pobres do mundo, e através da ajuda de seu banco Grameen (que significa povoado), o conceito desse tipo de banco foi exportado para mais de 40 países. *In* YUNUS, Muhammad. **Um mundo sem pobreza: a empresa social e o futuro do capitalismo**. Com Karl Weber. Tradução Juliana A. Saad e Henrique Amat Rêgo Monteiro. São Paulo: Ática, 2008, p. 56-58.

[446] *Ibidem.*

[447] FROMM, Erich. A **revolução da esperança: por uma tecnologia humanizada**. Tradução de Edmond Jorge. Rio de Janeiro: Zahar Editores, 1969, pp. 112-113.

O TRABALHO NA SOCIEDADE DA INFORMAÇÃO

redes virtuais na ambiente de trabalho – "o participante, como indivíduo, se afirma perante os administradores, circunstâncias e máquinas, e deixa de ser uma partícula impotente que não tem parte ativa no processo."[448]

O efetivo laço que pode resultar em bons frutos é aquele que provém da política de gerenciamento de pessoas que a empresa adota. A boa-fé, para ser propagada nos diversos setores e departamentos distribuídos na empresa, necessita ser adotada por meio de interações dos próprios colaboradores, subordinados, com seus superiores hierárquicos, onde o diálogo seja direcionado para um bem comum a todas as pessoas envolvidas.

III.3.2.3. Aplicabilidade do preceito contido no art. 422 do Código Civil nas relações de trabalho

Preconiza o art. 422 do Código Civil que "os contratantes são obrigados a guardar, assim na conclusão do contrato, como em sua execução, os princípios de probidade e boa-fé."

A função integrativo-jurídica das relações interpessoais está lastreada no art. 422 do Código Civil. Além de servir à interpretação do negócio jurídico, a boa-fé é na verdade uma fonte, criadora de deveres jurídicos para as partes. Tanto antes, quanto durante e depois, deve-se agir respeitando o princípio da boa-fé em uma realização de negócio jurídico entre partes.

Sobre a integração da função da boa-fé nas relações contratuais, os tribunais superiores vêm dando extensa importância sobre o tema.[449]

---

[448] FROMM, Erich. *op. cit.*, p. 98.

[449] Nesse sentido, o Superior Tribunal de Justiça já decidiu:
"DIREITO CIVIL. CONTRATOS. BOA-FÉ OBJETIVA. STANDARD ÉTICO-JURÍDICO. OBSERVÂNCIA PELAS PARTES CONTRATANTES. DEVERES ANEXOS. DUTY TO MITIGATE THE LOSS. DEVER DE MITIGAR O PRÓPRIO PREJUÍZO. INÉRCIA DO CREDOR. AGRAVAMENTO DO DANO. INADIMPLEMENTO CONTRATUAL. RECURSO IMPROVIDO.
1. Boa-fé objetiva. Standard ético-jurídico. Observância pelos contratantes em todas as fases. Condutas pautadas pela probidade, cooperação e lealdade.
2. Relações obrigacionais. Atuação das partes. Preservação dos direitos dos contratantes na consecução dos fins. Impossibilidade de violação aos preceitos éticos insertos no ordenamento jurídico.
3. Preceito decorrente da boa-fé objetiva. *Duty to mitigate the loss*: o dever de mitigar o próprio prejuízo. Os contratantes devem tomar as medidas necessárias e possíveis para que o dano não seja agravado. A parte a que a perda aproveita não pode permanecer deliberadamente

BOA-FÉ E ÉTICA NAS RELAÇÕES DO TRABALHO

A sociedade informacional, motivada pela globalização, transformou os processos produtivos e trouxe à sociedade repercussões socioeconômicas de grandes dimensões, diferente do que ocorria na sociedade industrial.[450]

Os ordenamentos jurídicos, intimamente agregados à evolução da sociedade e buscando solucionar os impasses havidos nas relações sociais, tiveram que interferir nas novas relações exsurgidas com a transnacionalização e o surgimento de blocos econômicos, resultados do movimento socioeconômico de integração mundial.

As novas tecnologias e as novas formas de organização do trabalho têm permitido aumento significativo da produtividade. Entretanto, o aumento da produtividade não tem levado a uma expansão da produção que crie aumento do emprego capaz de absorver pelo menos boa parte da mão de obra que foi subtraída do sistema produtivo.

No Direito do Trabalho, o art. 8º, dispõe que as autoridades administrativas e a Justiça do Trabalho, na falta de disposições legais ou contratuais, decidirão, conforme o caso, pela jurisprudência, por analogia, por equidade e outros princípios e normas gerais de direito, principalmente do direito do trabalho, e, ainda, de acordo com os usos e costumes, o direito comparado, mas sempre de maneira que nenhum interesse de classe ou particular prevaleça sobre o interesse público.

---

inerte diante do dano. Agravamento do prejuízo, em razão da inércia do credor. Infringência aos deveres de cooperação e lealdade.

4. Lição da doutrinadora Véra Maria Jacob de Fradera. Descuido com o dever de mitigar o prejuízo sofrido. O fato de ter deixado o devedor na posse do imóvel por quase 7 (sete) anos, sem que este cumprisse com o seu dever contratual (pagamento das prestações relativas ao contrato de compra e venda), evidencia a ausência de zelo com o patrimônio do credor, com o consequente agravamento significativo das perdas, uma vez que a realização mais célere dos atos de defesa possessória diminuiriam a extensão do dano

5. Violação ao princípio da boa-fé objetiva. Caracterização de inadimplemento contratual a justificar a penalidade imposta pela Corte originária, (exclusão de um ano de ressarcimento).

6. Recurso improvido."

(REsp 758.518/PR, Rel. Ministro Vasco Della Giustina, Desembargador convocado, 3ª. Turma, julgado em 17/06/2010, REPDJ e 01/07/2010, DJ 28/06/2010).

[450] SIMÃO FILHO, Adalberto. **Sociedade da Informação e seu Lineamento Jurídico**. São Paulo: Atlas, 2007, p. 6/7-9 aduz que: "A Sociedade da Informação merece aprofundamento da ciência jurídica, pois, dadas suas características, açambarca em seu interior toda a análise técnica-jurídica de uma gama de negócios jurídicos direito e indiretos advindos da utilização da tecnologia da informação (TI) e da Internet."

No parágrafo único do citado artigo está consignada a regra de que o direito comum será fonte subsidiária do direito do trabalho, naquilo em que não for incompatível com os princípios trabalhistas.

Da mesma forma, o art. 4º da Lei de Introdução ao Código Civil, prevê que a norma geral de direito deve orientar o juiz na aplicação da lei, em todo o ordenamento jurídico privado. Logo, quando o magistrado trabalhista não encontra na consolidação laboral regra de aplicabilidade no caso concreto a ser julgado, há de se aplicar, com amparo no art. 8º, da CLT, as normas contidas em outras disciplinas do ordenamento jurídico.

A título de exemplo, as demissões em massa são situações em que envolvem interesses coletivos, devendo, sobretudo em relação à valorização do trabalho, haver discussões com sindicatos – que representam a coletividade, a massa dos trabalhadores – para estudar a forma pela qual a empresa, que passa por dificuldades, poderá despejar na sociedade, um número significativo de pessoas que ficarão sem emprego.

Como não existe previsão legal obrigando as empresas que demitirem em massa tentarem acordo coletivo com os sindicatos das categorias para aumentarem os benefícios rescisórios, o Tribunal Regional do Trabalho da 15ª. Região de Campinas condenou a empresa Embraer ao pagamento de indenizações decorrente de abuso de direito, por quebra da boa-fé, utilizando-se, para tanto, o disposto no art. 422 do Código Civil para aplicar a sanção cabível.

A ação foi ajuizada sob a alegação de que a Embraer promoveu gigantesco corte nos postos de trabalho ao argumento de haver necessidade de redução dos custos perante a crise cíclica da economia. Sustentaram os Sindicatos que realizaram mobilizações em assembleias diárias, mas, diante do acirramento do conflito, o Ministério Público do Trabalho mediou a negociação para tentar equacionar o grave problema social do desemprego massivo.

Buscaram, na ação, a declaração de antijuridicidade da conduta da Embraer, pois tal conduta – demissão coletiva – ameaça a coletividade dos demitidos. Para embasamento de seu pedido, alegaram violação ao direito à informação e à boa-fé, princípios democráticos da relação entre capital e trabalho no mundo contemporâneo, e que normas internacionais, tais como a Convenção nº 98 da OIT e as Recomendações nos 94 e 163, debruçam-se sobre a importância da transparência entre as partes para fomentar o processo de negociação, razão pela qual entendem que a primeira atitude das suscitadas deveria ter sido de negociação coletiva com o sindicato de classe, comunicando de forma clara e transparente a decisão de demitir, situação que permitiria o debate com a finalidade de se buscar alternativas que não acarretassem o impacto social dos desligamentos.[451]

O Presidente do Tribunal Regional do Trabalho, desembargador Luís Carlos Cândido Martins Sotero da Silva, concedeu liminar e determinou "a suspensão das rescisões contratuais sustentando que, embora detenha o empregador os poderes de dirigir, regulamentar, fiscalizar e disciplinar a prestação de serviços dos seus empregados, tais poderes não são absolutos, encontrando limites nos direitos fundamentais da dignidade da pessoa humana.[452]

Na decisão de mérito, o Desembargador José Antonio Pancotti, do Egrégio Tribunal Regional do Trabalho da 15ª. Região de Campinas registrou em seu voto que o "direito reprime o abuso de direito com a imposição de sanções com vistas à reparação dos efeitos maléficos do ato". A conduta da Embraer revelou ser "abusiva por falta de boa fé objetiva, nos termos do art. 422 do Código Civil, por ausência de negociação prévia, espontânea e direta entre as partes, que revela falta de lealdade da conduta", pois, de acordo com os depoimentos e as provas coligidas, "houve tentativa de conciliação tão somente com mediação judicial e, assim mesmo, por força de uma liminar de suspensão dos efeitos das demissões". [453]

A decisão que declarou a abusividade teve por fundamento os princípios gerais e os princípios fundamentais consagrados na Constituição da República, como a dignidade da pessoa humana; os valores sociais do trabalho e da livre iniciativa (no art. 1º, III e IV); a construção de uma sociedade livre, justa e solidária; a garantia do desenvolvimento econômico; a erradicação da pobreza e da marginalização e a redução das desigualdades sociais e regionais; a promoção do bem de todos, sem preconceitos de origem, raça,

---

[451] A configuração do abuso de direito ficou evidenciada no fato de que a Embraer, em fevereiro de 2009, decidiu demitir 20% do quadro de seus funcionários, o que representa 4.000 mil pessoas desempregadas, sem abrir negociação coletiva com os sindicatos da categoria. (Processo TRT/Campinas 15ª Região nº. 00309-2009-000-15-00-4 Dissídio Coletivo Jurídico – SDC – fls. 192/19).

[452] Processo TRT/Campinas 15ª Região nº. 00309-2009-000-15-00-4 Dissídio Coletivo Jurídico – SDC – Fls. 192/193.

[453] Processo TRT/Campinas 15ª Região nº. 00309-2009-000-15-00-4 Dissídio Coletivo Jurídico – SDC.

sexo, cor, idade e quaisquer outras formas de discriminação (no art. 3º, I, II, III e IV); a independência nacional e a prevalência dos direitos humanos (art. 4ª, I e II).

Como consequência, o Tribunal Regional do Trabalho decidiu, com amparo, no art. 422 do Código Civil de 2002, entre outras disposições finais, que: (a) ocorreu abusividade do procedimento das suscitadas ao praticar a dispensa coletiva, sem nenhuma negociação coletiva prévia com as entidades sindicais, nem instituição de programa de demissão voluntária incentivada; (b) cada empregado demitido teria direito a uma compensação financeira de dois valores correspondentes a um mês de aviso prévio, até o limite de sete mil reais; (c) reconheceu, ainda, o direito de manutenção dos planos de assistência médica aos trabalhadores demitidos e seus familiares por doze meses a contar de 13.03.2009; (d) nos casos de reativação dos postos de trabalho, de acordo com as necessidades da empresa, preferência na seleção dos empregados despedidos que se apresentem e preencham as qualificações exigidas pelos cargos disponíveis, mantida durante dois anos.[454]

A mesma regra de aplicação do artigo 422 do Código Civil nos contratos de trabalho está sendo adotada pelo Tribunal Regional do Trabalho da 2.ª Região de São Paulo, merecendo destaque a harmonização do princípio da boa-fé nas relações de trabalho com o princípio da dignidade humana como vetores de proteção aos direitos do trabalhador.[455]

---

[454] *Ibidem.*

[455] Cita-se o acórdão n. 20091011129, TRT/SP n. 01668200705502006:
SUSPENSÃO DO CONTRATO. VIGÊNCIA DO PLANO DE SAÚDE NO PERÍODO. A suspensão do contrato de trabalho, embora conceitualmente represente a cessação temporária e total (daí se diferenciando da interrupção) de algumas obrigações pertinentes ao contrato, como os salários, preserva outras obrigações, inclusive diretas (como exemplo, o recolhimento do FGTS, art. 15, parágrafo 5º, da Lei 8.036/90). A incapacitação da empregada ocorreu durante a vigência da contratação, e não é razoável que quando ela mais necessita do atendimento médico, possa a empregadora privá-la do benefício que já havia se incorporado ao contrato. Não se pode eximir a empresa dessa obrigação, em razão de ato unilateral em evidente prejuízo ao empregado, nos termos do art. 468 da CLT. O restabelecimento do plano de saúde é medida que se impõe, tendo em vista a sua relevância e os interesses envolvidos. A suspensão do benefício ao usuário afronta a função social e a boa-fé objetiva, mormente com o advento do novo Código Civil, voltado para a justiça social e para a dignidade da pessoa humana, elementos tidos como pilares do ordenamento jurídico após a Constituição de 1988 (artigo 1º, incisos III e IV).

III.3.3. Ética nas relações do trabalho
III.3.3.1. Ética na sociedade pós-moderna

Albert Schweitzer observa que não existe uma ética científica, "senão uma ética pensante". Para o autor "não podemos realizar um trabalho duradouro com relação aos problemas da vida política e econômica, sem que os enfrentemos como homens desejosos de progredir na direção do pensamento ético".[456]

Para Albert Schweitzer, cada um dos filósofos, pensadores, economistas, juristas, enfim, pessoas que, de algum modo, influenciaram a sociedade ao longo dos últimos séculos, defendiam ética como força utilitária, solidária, altruísta e, até mesmo, como pensamento otimista. O autor cita, por exemplo, Bentham e Smith que adotam como ética a "força do utilitarismo". Seus esforços "tinham em mira induzir os homens a realizarem o máximo de boas ações a favor do próximo". [457]

Auguste Comte glorificava como grande conquista do século XVIII, o começo do reconhecimento da fundamental tendência social ao humanismo. O futuro da humanidade, para Comte, dependia da "influência certa e constante que o intelecto tomasse sobre essa propensão, capacitando assim a benevolência natural do homem para realizar obras sublimes e altamente úteis." [458]

Para distinguir os problemas éticos no tempo, Bauman[459] critica a tarefa árdua de diferenciar a modernidade do significado da pós-modernidade. O conceito da pós-modernidade "repousa precisamente na oportunidade que oferece ao sociólogo crítico de seguir a espécie", de modo a possibilitar a "inquirição com um propósito maior do que nunca antes."

Bauman[460] argumenta que a "modernidade tem a estranha capacidade de frustrar a autoanálise; ela embrulhou os mecanismos de autorreprodução com um véu de ilusões" e, "sem o qual esses mecanismos, sendo o que sao, não podiam funcionar adequadamente"

---

[456] SCHWEITZER, Albert. **Cultura e ética**. Tradução Herbert Caro. São Paulo: Edições Melhoramentos, 1953, pp. 43-44

[457] SCHWEITZER, Albert. *Op. cit.*, p. 154.

[458] *Apud* SCHWEITZER, Albert. *Op. cit.*, pp. 167-168

[459] SCHWEITZER, Albert. *Op. cit.*, p. 7

[460] SCHWEITZER, Albert. *Op. cit.*, pp. 7-9

A perspectiva pós-moderna representa o "rasgamento da máscara de ilusões; o reconhecimento de certas pretensões como falsas e certos objetivos como inatingíveis".[461]

Os grandes temas da ética pós-moderna poderiam estar direcionados, então, aos direitos humanos, à justiça social, ao equilíbrio entre cooperação pacífica e autoafirmação pessoal, à harmonização entre os direitos do empresário e o princípio da dignidade humana (valorização do trabalho humano).

Ao distinguir a "moral" como aspecto do pensar, sentir e agir do homem relativo à discriminação entre o que é "certo" e o que é "errado", foi obra de modo geral da idade moderna. Na maior parte da história humana, fez-se pouca diferença entre padrões agora distintos da conduta humana como "utilidade", "verdade", "beleza", "propriedade".[462]

Bauman[463] assevera que "são as ações que a pessoa precisa escolher, ações que a pessoa escolheu dentre outras que podia escolher mas que não escolheu, que é preciso calcular, medir e avaliar." Essa reflexão é indispensável e faz parte das escolhas de cada indivíduo como "tomadores de decisão". Quando avalia essas escolhas, passa a refletir que o "útil não é necessariamente bom, ou o belo não tem que ser verdadeiro".

Quando as pessoas começam a fazer perguntas sobre os "critérios de avaliação", as "dimensões da mensuração começam a ramificar-se e crescer em direções cada vez mais distantes entre si." Nesse instante, o "modo certo" começa a dividir-se em "economicamente sensato" ou "esteticamente agradável", ou ainda, "moralmente apropriado".[464]

Na visão de Gilberto Dupas[465], na pós-modernidade, "a utopia dos mercados livres e da globalização torna-se a referência. Mas o efêmero, o vazio, o simulacro, a complexidade e a crise flutuam como nuvens escuras".

A capacidade da sociedade de produzir mais e melhor, atendendo as demandas ou até mesmo com o fim de jorrar no meio social os produtos supérfluos, não para de crescer. O progresso econômico, sem

---

[461] SCHWEITZER, Albert. *Op. cit.*, pp. 7-9
[462] *Ibidem.*
[463] *Ibidem.*
[464] *Ibidem.*
[465] DUPAS, Gilberto. **Ética e poder na sociedade da informação**... p. 49.

reflexão, pode trazer "regressões, desemprego, exclusão, pauperização, subdesenvolvimento".[466]

O homem que vive na sociedade pós-moderna deixou de pensar, parou de refletir. A velocidade que o homem tem que fazer as coisas, responder questões internas nas empresas e para a sociedade, a rapidez com que ele deve impor em sua conduta para agradar as pessoas que estão em sua volta contaminou toda sua capacidade de reflexão.

Nas empresas, inserido em meio a enxurradas de emails, informações e comunicados, deve o homem separar o útil do inútil, responder às questões urgentes daquelas que ele pode colocar em espera, dividir-se entre satisfazer as necessidades de seus superiores hierárquicos e os reclamos de seus subordinados. O homem pós-moderno vive, então, de apelos simultâneos.

A velocidade da resposta é que diferencia um homem concebido como "competente" daqueles que não tem habilidade para ocupar um cargo numa empresa, seja de chefia, seja de atividade-meio da organização.

Émile Durkheim[467], ao falar sobre "a moral profissional", exalta a importância de que "a vida econômica se regule, se moralize a fim de que terminem os conflitos que a perturbam e os indivíduos deixem de viver no seio de um vazio moral em que sua própria moralidade individual definhe."

A ética pressupõe um conjunto de atitudes dos seres humanos que revele a integração espiritual das pessoas em seu meio ambiente, de maneira que tais condutas revelem a importância de se viver em comunhão e solidariedade.

Na sociedade pós-moderna, é preciso ver as conexões – os elos que unem os homens uns aos outros – em ordem "inversa". Se a modernidade trouxe a pós-modernidade de forma paulatina e esta foi resultante de uma diversidade de mudanças comportamentais, culturais e tecnológicas, é fato que o desenvolvimento forçou "os homens e as mulheres à condição de indivíduos que viram suas vidas fragmentadas, separadas em muitas metas e funções soltamente relacionadas, cada uma a ser buscada em contexto diferente". [468]

---

[466] DUPAS, Gilberto. **Ética e poder na sociedade da informação**... pp. 49-50.

[467] DURKHEIN, Émile. Lições de sociologia. Tradução Monica Stahel. São Paulo: Martins Fontes, 2002, pp. 16-18.

[468] BAUMAN, Zigmunt. Ética pós-moderna. Tradução: João Rezende Costa. São Paulo: Paulus, 1997, pp. 10-11.

O TRABALHO NA SOCIEDADE DA INFORMAÇÃO

Distantes e fragmentados, há necessidade de se impor aos homens uma conduta, ainda que através de normas, que digam a cada um dos colaboradores da empresa seus direitos e seus deveres, de modo não apenas geral e vago, mas preciso e detalhado, pois uma moral não se improvisa. É "obra do próprio grupo ao qual deve aplicar-se". Quando ela falta "é porque esse grupo não tem coesão suficiente, porque não existe suficientemente como grupo, e o estado rudimentar de sua moral não faz senão exprimir esse estado de desagregação."[469]

Emmanuel Levinas[470], buscando encontrar um modelo de ética que represente uma postura correta a ser adotada pelos homens em sociedade, cria neologismos, reflete, critica e desconstrói a ontologia de suas formas de aprisionar o "ser". O autor constrói uma nova concepção de filosofia contemporânea, onde o sujeito é invertido e necessita do "outro" para se entender. O "eu" não é uma totalidade em si mesmo, ele é um "ser sem mundo, um existente sem tempo e sem repouso no conceito".

Pensar *autrement* [471], para Levinas, exige que o "*Eu* abandone o seu lugar privilegiado e se torne responsável, servidor, incapaz de matar ou de reduzir o outro num conceito."

A ética no mundo pós-moderno somente pode ser exercitada quando o "outro" passa ser o objeto das relações, com valor moral maior que o "eu". Ou seja, "reter que a responsabilidade moral – sendo para o Outro antes de poder ser com o Outro – é a primeira realidade do eu, ponto de partida antes que produto da sociedade." Antecede a "todo comprometimento com o Outro, seja mediante conhecimento, avaliação, sofrimento ou ação."[472]

Não se pode iniciar a reflexão ética, comportamental, senão através do pensamento crítico da própria forma de sociedade em que se vive, da forma pela qual o homem é colocado em confronto com o outro, em meio à competitividade e ao conflito. Há de se refletir, portanto, que na sociedade pós-moderna, pensar única e exclusivamente de forma individual, egoísta, para tomar qualquer tipo de decisão, pode colidir com o bem-estar do próximo e violar o solidarismo.

---

[469] DURKHEIN, Émile. *op. cit.*, pp. 16-17.

[470] MELO, Nélio Vieira de. **A ética da alteridade em Emmanuel Levinas**. Porto Alegre: EDIPUCRS, 2003, pp. 18-19,

[471] Autrement significa "ao contrário", "de forma inversa." *In* MELO, Nélio Vieira de. *op. cit.*, pp. 18-19,

[472] BAUMAN, Zigmunt. *op. cit.*, pp. 18-19

III.3.3.2. Ética do administrador empresarial

Albert Schweitzer[473] explica que ser ético "não é um fator irracional a tornar-se explicável, logo que passarmos do mundo das aparências para o terreno da existência imaterial em que esse mundo se baseia".

O indivíduo é *"sui generis"*, ou seja, único, indivisível, com ele reside sentimentos únicos, repousados ou revoltos no espírito. A "ética e o livre arbítrio moral não podem ser explicados por nenhuma teoria do conhecimento, nem tampouco podem servir de alicerce para nenhuma teoria dessa espécie."[474]

Por essa razão, na sociedade formada por seres humanos, para se conseguir um desenvolvimento social equilibrado, a sociedade necessita de regras que conduzam os agentes, os administradores, as pessoas que vivem em comunidade, a agir de maneira tal que, a partir de suas condutas, os outros indivíduos não sejam prejudicados com as decisões tomadas pelos detentores de poder. Ao contrário, as decisões a serem tomadas devem adquirir força para que as ações possam reproduzir-se em utilidades, em benefícios que promovam o bem-estar comum.

A sociedade empresarial, como instituição de grande importância para a ordem econômica, é administrada por uma ou mais pessoas designadas em contrato ou estatuto social ou em ato separado. Vale notar que a administração da empresa pressupõe a existência de um contrato, de um ajuste, de um negócio jurídico celebrado no corpo do contrato social ou em documento hábil a impor as obrigações ao administrador no exercício de suas funções enquanto estiver gerindo os negócios da empresa[475].

A maior dificuldade que o administrador encontra em conduzir uma sociedade empresarial pautada na ética surge da concepção do que a organização empresarial entende por conduta ética.

Fábio Konder Comparato, buscando conceituar ética, registra a passagem dos comportamentos das culturas dos povos antigos até o mundo moderno, elucida fatores determinantes e condicionamentos da vida social e socorre-se da etimologia para dar um significado próprio a esse

---

[473] SCHWEITZER, Albert. *op. cit.,* p. 130.

[474] SCHWEITZER, Albert. *op. cit.,* p. 130.

[475] Prevê o art. 1.060 do Código Civil que: "A sociedade limitada é administrada por uma ou mais pessoas designadas no contrato social ou em ato separado.". Em seu parágrafo único, há ressalva de que "A administração atribuída no contrato a todos os sócios não se estende de pleno direito aos que posteriormente adquiram essa qualidade.

termo. Cita o autor, que "duas são as vertentes clássicas da reflexão ética: a subjetiva, centrada em torno do comportamento individual, e a objetiva, fundada no modo coletivo de vida." [476]

A ética do administrador empresarial pressupõe um conjunto de atos – comissivos e omissivos – previstos em normas positivadas pelo ordenamento jurídico, com conteúdo preventivo e repressor, que devem ser observadas e exteriorizadas na gestão dos negócios, de modo a preservar e garantir a sustentabilidade da empresa e o meio social na qual ela está inserida.

Como o administrador se obriga através de cláusulas específicas para o exercício de sua função perante a empresa, subsiste, então, o dever de respeitar as normas e os limites de atuação previstos no ordenamento jurídico, orientado na boa-fé como suporte norteador de suas relações com os sócios e demais pessoas inseridas na atividade empresarial e nos grupos de interesse em que a organização mantém contatos.

A administração exercida na empresa é atributo relevante dentro da organização, devendo, em qualquer tipo de sociedade empresarial, estar pautada na ética para preservação da boa-fé nas relações negociais.

Para José Renato Nalini, ética é a "ciência do comportamento moral dos homens em sociedade." Tem como objeto o estudo dos comportamentos humanos. "A moral é um dos aspectos do comportamento humano". Tem relação como os costumes humanos e, por essa razão, entende o autor que a ética compreende "conjunto de normas adquiridas pelo hábito reiterado de sua prática".[477]

A ética e a moral, embora possam ser confundidas na concepção de seus significados, merecem algumas ponderações para melhor exposição sobre o tema.

Roberto Srour sustenta que os "valores morais dizem respeito a crenças pessoais sobre comportamento eticamente correto ou incorreto, tanto por parte do próprio indivíduo quanto com relação aos outros". Desse modo, os "valores morais e ética se complementam". A moral pode ser vista como um "conjunto de valores e de regras de comportamento que as coletividades,

---

[476] COMPARATO, Fábio Konder. **Ética: direito, moral e religião no mundo moderno**. São Paulo. Companhia das Letras, 2006, P. 96

[477] NALINI, José Renato. **Ética geral e profissional**. 3 ed. São Paulo: Revista dos Tribunais, 2001, p. 36.

BOA-FÉ E ÉTICA NAS RELAÇÕES DO TRABALHO

sejam elas nações, grupos sociais ou organizações, adotam por julgarem corretos e desejáveis". Ela alcança as "representações imaginárias que dizem aos agentes sociais o que se espera deles, que comportamentos são bem-vindos, qual é a melhor maneira de agir coletivamente, o que é o bem e o que é o mal, o permitido e o proibido, o certo e o errado, a virtude e vício. A ética é mais sistematizada e corresponde a uma teoria de ação rigidamente estabelecida. A moral, em contrapartida, é concebida menos rigidamente, podendo variar de acordo com o país, o grupo social, a organização ou mesmo o indivíduo em questão."[478]

Roberto Senise Lisboa adverte que a ética, baseada no comportamento humano, pressupõe a existência de norma que regulamente a relação dos indivíduos, e por essa razão, passa a ética depender de como se expressa a lei para se ter como padrão não apenas o conteúdo de "ser", mas um "dever-ser".[479]

Se é através dos contornos da lei que se pode absorver o que seria então um comportamento ético, posto que regula um comportamento humano em sociedade orientada pelas leis – entre elas, a religião, a moral e o direito – a norma ética depende da intuição do espírito humano.[480]

Partindo-se do comportamento individual, o administrador deve ser prudente e leal em suas ações, agindo com diligência na gestão da empresa.

Fábio Ulhoa Coelho ressalta que a Lei 6.404/76[481] impõe aos administradores da companhia, o dever de diligência expressado normativamente pelo "standard do bom pai de família". Acrescenta que "o padrão normativo é o do emprego, no exercício das funções de administrador da companhia, do cuidado e diligência próprios do homem ativo e probo na condução de seus interesses".[482]

---

[478] SROUR, Robert H. **Ética empresarial: posturas responsáveis nos negócios, na política e nas relações pessoais.** Rio de Janeiro: Campus, 2000, p. 29

[479] LISBOA, Roberto Senise. **Manual de direito civil.** Vol. 1. São Paulo: Saraiva, 2009, pp. 14-15.

[480] *Ibidem.*

[481] A Lei 6.404/76, que dispõe sobre as Sociedades por Ações, dispõe em seu art. 153 que "O administrador da companhia deve empregar, no exercício de suas funções, o cuidado e diligência que todo homem ativo e probo costuma empregar na administração dos seus próprios negócios."

[482] COELHO, Fábio Ulhoa. A natureza subjetiva da responsabilidade civil dos administradores de Companhia, in **Revista Direito de Empresa**, n.1., São Paulo: Max Limonad, 1996, p. 18.

O TRABALHO NA SOCIEDADE DA INFORMAÇÃO

No entendimento de Carroll, responsabilidades éticas correspondem a atividades, práticas, políticas e comportamentos esperados (no sentido positivo) ou proibidos (no sentido negativo) por membros da sociedade, ainda que não estejam codificados em leis. Elas envolvem uma série de normas, padrões ou expectativas de comportamento para atender àquilo que os diversos públicos de interesse (*stakeholders*[483]) da organização consideram legítimo, correto, justo ou de acordo com seus direito morais ou expectativas.[484]

O administrador, então, deve empreender sua gestão por meio de condutas que exprimam responsabilidades éticas, capazes de satisfazer, ao mesmo tempo, os objetivos da organização e também propiciar aos seres humanos e ao meio ambiente inserido na atuação organizacional, condições de amparo e de respeito mútuo para que a sociedade se desenvolva de maneira sustentável.

Para Bauman[485], a ética pressupõe um código moral, um conjunto de preceitos "harmonicamente coerentes ao qual deve obediência toda pessoa moral", e que desafia a pluralidade de "caminhos e ideais humanos", e a "ambivalência dos juízos morais como um estado mórbido de coisas que se deseja corrigir".

O desafio do administrador é penoso, pois está em jogo não somente a manutenção e preservação da empresa como um *ser* vivo e competitivo no mercado econômico, mas também, a necessidade de se equilibrar, em seu íntimo, o que pensa ser certo ou errado, justo ou injusto, coerente ou abusivo, a fim de que não tome decisões abusivas no comando da organização.

Na busca do bem comum, o administrador deve cumprir os objetivos da empresa e ao mesmo tempo agir com responsabilidade social. Deve o administrador apresentar e executar um projeto de gestão de negócios, de

---

[483] Stakeholders "são os colaboradores, fornecedores, clientes, consumidores, comunidades, governos, dentre outros agentes que possam estar diretamente ou indiretamente influenciando ou sendo influenciados pela empresa e, portanto, têm a atribuição ética de respeitar os direitos uns dos outros". *In* MAÑAS, Antonio Vico. **Gestão do Terceiro Setor e da Responsabilidade Social in Gestão Empresarial, Sistemas e Ferramentas.** Organizador Otávio J. Oliveira, São Paulo: Atlas, 2007, pp. 177-178.

[484] CARROLL, Archie B. Ethical challenges for business in the new millennium: corporate social responsibility and models of management morality. **Businesses Ethics Quarterly,** Washington, p. 33-42, jan. 2000, p. 36.

[485] BAUMAN, Zygmunt. **Ética pós-moderna...** p. 29.

BOA-FÉ E ÉTICA NAS RELAÇÕES DO TRABALHO

forma a equacionar a necessidade de se obter os lucros desejáveis aos sócios e investidores da empresa, comprometendo-se a cumprir os desígnios traçados pela diretoria, desde que esses propósitos estejam correspondendo aos ditames previstos no artigo 170 da Constituição Federal.[486]

No exercício de sua função, o administrador tem que sustentar suas condutas na valorização do trabalho humano, respeitando a função social da propriedade, a livre concorrência, a defesa do consumidor e a defesa do meio ambiente, observando, inclusive, o impacto ambiental dos produtos e serviços colocados em circulação na sociedade.

Nessa linha, a ética do administrador volta-se à adoção de padrões rigorosos, seja pela necessidade das próprias organizações de manter sua boa imagem perante o público, seja pelas demandas diretas do público para que todas as organizações atuem de acordo com tais padrões.

É possível compatibilizar a ordem econômica e a ética na competitividade global. Basta que o administrador imponha uma estrutura de moralidade em sua conduta que caminhe em direção a um bem comum.

Zadek entende que existem novas pressões sociais e econômicas criadas pela globalização contra o administrador empresarial. Nessa ótica, o administrador não deve apenas analisar o aspecto regional ou geográfico de sua organização, pois a responsabilidade social corporativa alberga outros critérios de avaliação, sendo esses que melhor definem a ética na sociedade pós-moderna.[487]

O fato de a globalização colocar os diversos ambientes culturais no mundo em contato cada vez mais próximo exige que cada organização que deseja inserir-se num mercado esteja comprometida com a valorização do

---

[486] Art. 170. A ordem econômica, fundada na valorização do trabalho humano e na livre iniciativa, tem por fim assegurar a todos existência digna, conforme os ditames da justiça social, observados os seguintes princípios: I – soberania nacional; II – propriedade privada; III – função social da propriedade; IV – livre concorrência; V – defesa do consumidor; VI – defesa do meio ambiente, inclusive mediante tratamento diferenciado conforme o impacto ambiental dos produtos e serviços e de seus processos de elaboração e prestação; VII – redução das desigualdades regionais e sociais; VIII – busca do pleno emprego; IX – tratamento favorecido para as empresas de pequeno porte constituídas sob as leis brasileiras e que tenham sua sede e administração no País. Parágrafo único. É assegurado a todos o livre exercício de qualquer atividade econômica, independentemente de autorização de órgãos públicos, salvo nos casos previstos em lei.

[487] ZADEK, Simon. Balancing performance, ethics, and accountability. **Journal of Business Ethics**. Dordrecht, v. 17, n. 13, p. 1421 – 1441, oct 1998.

O TRABALHO NA SOCIEDADE DA INFORMAÇÃO

trabalho e sem formação de *dumpings* sociais ou de cartéis e, sobretudo, na defesa do meio ambiente.

Smith[488] busca rediscutir a criação de regras morais para regular o sistema econômico, relativizando a noção de autorregulação pura da chamada "mão invisível" que permeia toda a sociedade capitalista, de modo que a ética sobreponha os interesses pessoais e individuais daqueles que detém o poder.

Fonseca[489] resgata essa ideia, demonstrando que a "ética deve ser vista como um fator de produção, ou seja, ela se constitui em um elemento estratégico, que agrega eficiência ao sistema capitalista".

As empresas não existem em vácuo, nem são completamente objetivas e imparciais: "há sempre um contexto que as influencia, tornando a administração culturalmente condicionada e sujeita aos valores, princípios e tradições da sociedade em que se insere".[490]

O administrador empresarial da sociedade da informação, por consequencia, não deverá somente fazer aquilo que as normas internas impõem como dever de ofício. Sua função vai além de meras atividades burocráticas. No exercício de suas atividades, o administrador deve tomar suas decisões levando-se em conta os efeitos nocivos que eventuais procedimentos produtivos possam repercutir em seu meio social, pois a ordem econômica também leva em conta a preservação do meio ambiente e os efeitos colaterais que a atividade empresária pode disseminar na sociedade.

A preocupação com atitudes éticas e moralmente corretas acaba representando uma resposta positiva às ações aguardadas por todos os públicos envolvidos com a empresa.

Na empresa, o administrador atua, na maioria das vezes, apenas como agente ou preposto dos sócios ou proprietários da empresa. Ele age no interesse dos investidores (sócios) que a eles delegaram tal função. O administrador deve mesclar sua ética pessoal com os valores ou critérios de sucesso de desempenho da organização na perspectiva dos proprietários.

Muitas condutas antiéticas de um administrador resultam da tentativa de atingir metas que ele fora pressionado a alcançar. Essa conduta,

---

[488] SMITH, A. **A teoria dos sentimentos morais**. São Paulo: Martins Fontes, 1999, p. 47.

[489] FONSECA, E. G. **Vícios privados, benefícios públicos?: a ética na riqueza das nações**. São Paulo, Cia. Das Letras, p. 31.

[490] BARBOSA, Lívia. **Igualdade e meritrocacia: a ética do desempenho nas sociedades modernas**. Rio de Janeiro: Ed. FGV, 1999, p. 141.

200

todavia, viola preceitos éticos que o administrador deveria observar antes de tomar determinada decisão, pois, responde ele por qualquer ato que resulte em ilícito ou que enriqueça a empresa em detrimento de direitos de terceiros.

A competitividade conclama seus competidores – empresários e administradores – a apresentar-se no mercado de forma a obter de seus clientes e consumidores, a confiança de seus produtos, com uma margem razoável de lucro e baixos custos de produção. Entretanto, a objetivação do lucro ou o cumprimento de metas estrategicamente projetadas pelos concorrentes não pode incitar a transgressão da ética do administrador em suas relações comerciais.

A propósito, a própria lei condiciona o administrador a agir eticamente. O Código Civil, especificamente em seu art. 50, por exemplo, dispõe que o administrador, em caso de abuso de personalidade jurídica, caracterizado pelo desvio de finalidade ou pela confusão patrimonial, pode responder pessoalmente com seus bens particulares, em caso desconsideração de pessoa jurídica da empresa. [491]

Do mesmo modo, não pode o administrador, com a desculpa de viver num ambiente de extrema competitividade empresarial, ser antiético ao ponto de ludibriar o fisco ou instituições públicas com fins de sonegar informações, prestar declarações falsas, fraudar a fiscalização tributária, inserindo elementos inexatos ou omitindo operações para deixar de recolher tributos e obter, assim, vantagem econômica ilegal, em detrimento ao princípio de isonomia de tratamento de seus concorrentes, causando prejuízo ao erário público.

Se o comportamento tem que se adequar à lei, a ética sobrepõe qualquer valor ou conduta que tente desestruturar esse alicerce. A ética do administrador revela, portanto, ser uma conduta pautada do "dever--ser" e vai além daquilo que a lei prevê como cumprimento de um dever empresarial, por se reportar ao princípio da solidariedade e respeito ao bem comum.

---

[491] Dispõe o Art. 50 do Código Civil que "Em caso de abuso da personalidade jurídica, caracterizado pelo desvio de finalidade, ou pela confusão patrimonial, pode o juiz decidir, a requerimento da parte, ou do Ministério Público quando lhe couber intervir no processo, que os efeitos de certas e determinadas relações de obrigações sejam estendidos aos bens particulares dos administradores ou sócios da pessoa jurídica."

III.3.3.3. Ética nas relações de emprego

Dentro e fora do ambiente do trabalho, o empresário deve conduzir seus negócios com eticidade e boa-fé, levando em conta, sobretudo, a função socioeconômica da empresa. Caso não tome uma postura positiva, buscando o bem da organização empresarial, o sistema produtivo perderá qualidade e a proliferação do descontentamento dos colaboradores acabará criando mais marginalização e exclusão social.

Henk van Luijk, quando presidente da Rede de Ética Empresarial Europeia (*European Business Ethics Network* – EBEN), asseverou que a competência ética não é uma questão de impor algo a alguém, mas de ampliar o alcance de nossa atenção social. A ética nos negócios, como na administração pública, é uma dimensão de uma gerência e uma política reflexivas. Os participantes de uma sociedade de mercado possuem interesses distintos, legítimos, mas amiúde não facilmente compatíveis. Eles têm direitos perfeitamente justificados, mas às vezes abertamente conflitantes. Para encontrar um equilíbrio mútuo e moralmente aceitável entre direitos e interesses, a ética pode ser especificamente apoiadora. Não pela imposição de regras e regulamentos, mas pela elevação explícita do ponto de vista moral.[492]

Nas relações de trabalho, os colaboradores devem atentar para o fato de que eles passam o maior tempo de suas vidas no ambiente laboral. Durante as jornadas de trabalho, os colaboradores se reúnem para tomar decisões, organizam atividades de acordo com as habilidades de cada trabalhador, enfim desempenham todas as funções necessárias para que a empresa atinja seus objetivos.

Para Richard Sennett[493], a "moderna ética do trabalho concentra-se no trabalho em equipe. Celebra a sensibilidade aos outros; exige 'aptidões delicadas', como ser um bom ouvinte e cooperativo." O trabalho em equipe representa a ética de trabalho de uma economia política flexível.

Apesar de todo o "arquejar psicológico da administração moderna sobre o trabalho de equipe", Sennett entende que é o "etos do trabalho que

---

[492] *Apud* NAISBITT, John. **Paradoxo global**. Tradução de Ivo Korytowski. Rio de Janeiro: Campus. São Paulo: Publifolha, 1999. P. 196

[493] SENNETT, Richard. **A corrosão do caráter: consequências pessoais do trabalho no novo capitalismo.** Tradução Marcos Santarrita, 14 ed. Rio de Janeiro: Record, 2009, pp. 118-119.

BOA-FÉ E ÉTICA NAS RELAÇÕES DO TRABALHO

permanece na superfície da experiência. O trabalho de equipe é a prática de grupo da superficialidade degradante".[494]

A ética no trabalho, em linhas gerais, não pode ser aprimorada a partir de uma década para outra, de um momento histórico para um evento atual, de uma era clássica para uma era moderna. Ela sempre existiu, e, de alguma forma, foi buscada, reproduzida e ajustada nos ambientes do trabalho.

A velha ética do trabalho ainda traz conceitos de caráter que contêm qualidades que devem ser mantidos. A ética que se busca atualmente é, de forma comparativa, a mesma que se baseia no "uso autodisciplinado do nosso tempo, pondo-se a ênfase mais na prática voluntária, autoimposta, que na simples submissão passiva a horários ou rotinas".[495]

Dupas[496] acentua que a "divisão social do trabalho subverte-se pela contínua evolução dos sistemas técnicos, motivo pelo embate estratégico da concorrência." A técnica em expansão, embora "abra novos domínios ao poder criador e à atividade dos homens, está a serviço do capital e de sua acumulação".

A sociedade da informação produz aquilo que lhe é conveniente. O trabalhador inserido na empresa submete-se a uma diversidade de funções, e, embora esteja rodeado de novas tecnologias, acaba subvertendo sua capacidade de compreensão do que é verdadeiramente útil e qual a razão de se produzir algo senão em virtude do sacrifício de seu tempo em troca de remuneração.

Thompson[497], ao analisar a revolução industrial, atribui ao trabalho uma dimensão social e psicológica. Naquele contexto, em nome da necessidade de aumento da produção e do capital, fez-se uma mudança comportamental da sociedade. A indústria necessitava apropriar-se do conhecimento produtivo do "artesão", precisava produzir em "massa", necessitava "eliminar o homem *trabalhador-técnico-comerciante* e com ele a noção integral de sua vida produtiva", precisava, enfim, criar novos homens para uma nova sociedade.

Na sociedade da informação, há uma situação semelhante no que tange à introdução de novas tecnologias no ambiente de trabalho e a necessidade de substituir os trabalhadores que exerciam atividades industriais

---

[494] *Ibidem.*

[495] *Ibidem.*

[496] DUPAS, Gilberto. **Ética e poder na sociedade da informação**... pp. 69-71

[497] THOMPSON, E.P. **A formação da classe operária inglesa**. Tradução Denise Bottman v.1. Rio de Janeiro: Paz e Terra, 1987, pp. 60-62

para homens que produzam mais, em menor tempo de trabalho, focados numa economia mundial para atender os mais diversos tipos de clientes.

A ética, na sociedade da informação, então, está voltada não somente a uma conduta pautada na boa-fé e no desejo de seu propagar um bem comum a todos os participantes da empresa, mas também a uma dimensão maior, que transcende o ambiente de trabalho.

O trabalhador tem que reorganizar seu tempo social. A rotina diária deve compreender não somente o trabalho e a casa, mas também o consumo, o lazer, as atividades voluntárias que pode desempenhar em sua comunidade.

O empregado deve interar-se dos acontecimentos que ocorrem dentro e fora da empresa, pois detém meios de captar a informação e deverá transformá-la em conhecimento a fim de exigir mudanças organizacionais que possam propagar benesses a toda população e grupos de interesses.

Se as relações de emprego ainda se edificarem no individualismo ou num estado de "vazio ético" no qual as referências são as "delícias do narcisismo", e no uso imoderado da informação como forma de poder interno com relação aos seus pares, os homens acabarão regredindo em seu tempo. Critérios de um "vago humanismo, colorido" por individualismo "ligeiramente otimista e materialista já não bastam para lidar" com os poderes organizacionais.[498]

Lembrando ensinamento marxista, no conflito entre o capital e o trabalho, a redução do trabalho necessário não libera tempo para a vida. Ao contrário, libera para a exclusão e a miséria de um número cada vez maior de pessoas. Sob o domínio do capital, o aumento de produtividade não reverte para a sociedade, mas parece reverter exclusivamente para os detentores do capital, distanciando-se dos objetivos da Constituição Federal.[499]

Dentro das empresas há de haver um sistema organizado de forma ética e solidária voltada para um fim em que se a empresa conseguir atingir seus objetivos, todos os grupos envolvidos e a sociedade acabem recebendo benefícios desse êxito empresarial.

---

[498] DUPAS, Gilberto. **Ética: direito, moral e religião no mundo moderno**... p. 77.
[499] A Constituição Federal dispõe em seu art. 3º: "Constituem objetivos fundamentais da República Federativa do Brasil: I – construir uma sociedade livre, justa e solidária; II – garantir o desenvolvimento nacional; III – erradicar a pobreza e a marginalização e reduzir as desigualdades sociais e regionais; IV – promover o bem de todos, sem preconceitos de origem, raça, sexo, cor, idade e quaisquer outras formas de discriminação."

BOA-FÉ E ÉTICA NAS RELAÇÕES DO TRABALHO

A ética, no entanto, parece estar muitas vezes longe das atividades dos administradores da empresa. Começa pela desculpa da redução dos custos e termina com a justificativa de que não cumpriu com suas obrigações fiscais, previdenciárias e trabalhistas em razão da globalização da economia e em face da elevada competitividade existente em seu segmento mercadológico.

Na maioria das vezes, a empresa contrata indivíduos, buscando satisfazer suas necessidades de execução do trabalho, e não investe em treinamento para essas pessoas lidarem com conflitos internos, externos e até pessoais.

O que se cobra dos empregados é a eficiência, celeridade, exatidão de informações e resultados esperados pelos diretores, sócios, investidores. O cumprimento de metas acaba sendo o fim único na execução das atividades. Não se importa mais como e de que forma deve se atingir o fim, mas que o fim seja atingido, por todos os meios.

O sistema de produção *Just in time* é propagado não somente na área de produção de mercadorias, mas também na administração da informação. Torna-se prático e econômico conceder aos empregados a liberdade de resolver questões sem o devido treinamento e capacitação. Bastar entregar a eles um computador e uma conexão visual ilimitada. De posse dessas tecnologias, os trabalhadores são obrigados a pesquisar e a responder questões relacionadas nas mais diversas áreas – inclusive naquelas em que sequer têm conhecimento –, quando e onde seus superiores hierárquicos determinam, seja através da internet, seja através de mídias sociais.

Não treinar uma pessoa para exercer um cargo pode resultar numa série de consequências. Não criar políticas de bom comportamento e, ainda, não exigir que os colaboradores ajam conforme as normas internas representam políticas de má-gestão e podem resultar na quebra de confiança entre a empresa e as pessoas que estão em seu entorno, que esperam dela uma conduta pautada no bem-estar daqueles que cooperam para que ela atinja seus objetivos.

Com a desculpa de que os custos internos devam ser reduzidos, as empresas cada vez mais reduzem o investimento no treinamento de pessoas, rescindem contratos com empresas terceirizadas que gerenciam a capacitação e as habilidades de seus colaboradores.

A sensação de invulnerabilidade à ética que parece permear a economia preditiva surge em parte da alegada força da hipótese de que o comportamento humano, pelo menos em questões econômicas, pode ser satisfatoriamente previsto com base na maximização do autointeresse.

Dentro do ambiente de trabalho, cada pessoa pode buscar seu bem--estar sem se preocupar com o outro. A competitividade pode ofuscar a ética e os resultados podem significar mais ao investidor e aos empresários do que ser ou reproduzir um organismo ético, responsável e preocupado com os colaboradores.

Durkheim[500] ressalta que o "verdadeiro remédio para o mal é dar, na ordem econômica, aos grupos profissionais, uma consistência que eles não têm." A fim de que a ética prevaleça sobre a maximização de riquezas ou a interesses individuais e não coletivos, há necessidade de se reconstruir a "moral profissional". Para que a "moral profissional" possa estabelecer-se na "ordem econômica, é preciso que o grupo profissional" se "constitua ou se reconstitua". Somente esse grupo profissional pode "elaborar a regulamentação necessária".

Não se pode, então, conceber que a empresa seja uma reunião de indivíduos, sem laços duradouros entre eles. É preciso que a empresa se torne um corpo único, definido e organizado.

III.4. DIGNIDADE DA PESSOA HUMANA NO AMBIENTE LABORAL

III.4.1. Direitos humanos fundamentais

A luta pela existência, pela dignidade, é a lei suprema de toda a criação. Manifesta-se em toda a criatura sob a forma de instinto da conservação. Para o homem, entretanto, não se trata somente da vida física, mas concomitantemente de "existência moral, uma das condições da qual é a defesa do direito". No seu direito o homem possui e defende a condição da sua existência moral.[501]

O início da luta pela existência de uma dignidade pode ser apurado sob diversos aspectos: se for uma história filosófica, pode-se recuar às remotas fontes na antiguidade clássica, no mínimo até ao estoicismo grego, nos séculos II ou III antes de Cristo, e a Cícero e Diógenes, na antiga Roma. Se o estudo partir de uma história religiosa, é possível enveredar a caminhada,

---

[500] DURKHEIM, Émile. *op. cit.*, pp. 16-18.
[501] VON IHERING, Rudolf. **A luta pelo direito**. Rio de Janeiro: Forense, 2009, pp. 18-19.

DIGNIDADE DA PESSOA HUMANA NO AMBIENTE LABORAL

pelo menos no ocidente, a partir de certas passagens do Sermão da Montanha. Se for uma história política, já podemos iniciar com algumas das noções embutidas na *Magna Charta Libertatum*, que o rei inglês João Sem Terra foi obrigado a acatar em 1.215.[502]

A partir de um estudo social, por meio do qual sintetize a compreensão dos motivos reais ou velados, das diversas forças sociais que interferiram, em cada momento, no sentido de impulsionar, retardar ou modificar o desenvolvimento e a efetividade prática dos Direitos Humanos na sociedade, há de se encontrar um método referencial para buscar as lutas do homem e de classes sociais para resgatar seus valores morais dos seus governantes e contra aqueles que detinham poder político e econômico, no transcorrer da história.

Os escritos normativos – como forma de representação de códigos ou de decisões dadas por cortes que detinham poder sobre a sociedade – remontam cerca de 2.040 a.C. (como exemplo, o Código de *Ur-Nammu*, que surgiu na região da Suméria – Baixa Mesopotâmia). O Código de *Esnunna* (cerca de 1930 a.C. continha cerca de 60 artigos, com a compilação entre direito civil e penal, que, serviu de base criadora do Código de *Hammurabi*[503], (cerca de 1694 a.C) descoberto por arqueólogos em

---

[502] TRINDADE, José Damião de Lima. **Anotações sobre a história social dos direitos humanos**. Disponível em http://www.dhnet.org.br/direitos/anthist/damiao_hist_social_dh.pdf. Acesso em 19/ nov/ 2010.

[503] Desde o Código de Hamurábi, aproximadamente no século XXI, a. C. adentrando no estoicismo e no jusnaturalismo, a busca da dignidade do ser humano, do amor universal, em que todas as classes sociais e os indivíduos deveriam ser tratados com igualdade, foi constantemente perseguida, discutida e cobrada pelas pessoas em relação ao Estado, sobretudo quando as classes inferiores viam-se seus mínimos direitos serem violados ou suprimidos. O Código do rei sumério *Hammurabi* (1792-1750 ou 1730-1685 a.C), originário da Babilônia, continha, em seu epílogo, a proteção conferida às viúvas, aos órfãos e aos mais fracos Foi precursora do salário-mínimo, aos estabelecer uma remuneração básica (valor/dia) para várias categorias profissionais. Seguindo os mesmos traços sociais no que se refere à busca da dignidade da pessoa humana no transcorrer da historio, vale a pena citar a civilização egípcia, durante o Médio Império (século XXI a XVIII a.C), que deixou ricos ensinamentos de prática democrática, encontrando na filosofia política, fundamentalmente expressa no "Relato do Camponês Eloquente", que explicita uma concepção de justiça social e define a função do Poder Público como um serviço para proteger os fracos, punir os culpados, agir com imparcialidade, promover a harmonia e a prosperidade de todos. Cicero (Marcus Tullis Cícero), orador romano, em 52 a.C), em seu Tratado das Leis, expressava a necessidade de tratamento igualitário a todos que vivem em sociedade, pois o "gênero humano constitui

O TRABALHO NA SOCIEDADE DA INFORMAÇÃO

1901, gravado em pedra negra, encontra-se no Museu do Louvre, em Paris.[504]

Vislumbra-se, então, que durante a história, o homem buscou o diálogo do outro para justificar o que sempre diferenciou sua espécie de outras: ter o privilégio da razão. Para compreender o mundo e elaborar um pensamento lógico, o único animal capaz de fazer uso do *logos* (razão e linguagem) foi e, ainda é, o homem.[505]

As lutas pelos direitos humanos foram sempre motivo de grande alarde daqueles que se preocupavam na inviolabilidade dos direitos de personalidade, da moralidade do homem, que por ser um cheio de razão e de linguagem, deveria utilizar esse diferencial para contemplar o bem comum e não escravizar ou punir o próximo com condutas ilógicas, irracionais.

O estudo do direito proporciona, portanto, uma série de eventos, de episódios épicos, marcados pelo reconhecimento de garantias mínimas de sobrevivência do homem nas diversas sociedades e eras em que viveu.

Alguns episódios da história dos Direitos Humanos merecem destaque. Nos meados do século XII, o rei João da Inglaterra, perante o alto clero e os barões do reino, assinou a *Magna Charta Libertatum*, indicando uma edificação de direitos fundamentais atualmente reconhecidos como o

---

uma só e única sociedade que seu moral decorrer do viver racionalmente". Santo Agostinho (Tagaste, 13 de novembro de 354 – Hipona, 28 de agosto de 430), Doutor da Igreja Católica, ofereceu seu pensamento filosófico em sua obra "A Cidade de Deus", no Livro XIX, Cap. 12, "Paz, Suprema Aspiração dos Seres". Disponível em http://www.direitonet.com.br/artigos/exibir/5924/Cronologia-da-dignidade-da-pessoa-humana-de-Hamurabi-a-Defensoria-Publica. Acesso em 17/ nov/ 2010.

[504] AGUIAR, Renan. **História do direito**. Coordenador José Fabio Rodrigues Maciel, 4 ed. São Paulo: Saraiva, 2010, pp. 55-56

[505] Rabenhorst pondera que "esta diferenciação de papéis sociais, vigente na prática, foi legitimada pela teoria de quase todos os filósofos gregos, com exceção dos sofistas. Platão, por exemplo, ao refletir sobre o problema da justiça em dois de seus diálogos, *A República* e *Político*, defendeu a ideia de que aquela dependeria de uma organização hierárquica da sociedade na qual os filósofos, responsáveis pela condução da cidade, estariam no topo; no meio, encontrar-se-iam os guardiães, encarregados de defender as cidades; por fim, na base, estariam localizados os lavradores, os artesãos e os comerciantes, que, juntos formariam a classe econômica. Cada uma dessas classes possuiria uma índole ou virtude específica – representada por um metal precioso (ouro, prata e bronze) – e um grau distinto de dignidade. *Apud* RABENHORST, Eduardo Ramalho. **Dignidade humana e moralidade democrática**. Brasília: Brasília Jurídica, 2001, p. 17.

DIGNIDADE DA PESSOA HUMANA NO AMBIENTE LABORAL

direito à propriedade, devido processo legal, contraditório, fortalecendo, assim, os valores da dignidade humana.[506]

Os direitos fundamentais não surgiram num determinando momento histórico, por um momento único, mas resulta de diversos fatores históricos determinantes nos últimos séculos que obrigaram seus governantes, como resposta ao reclamo dos direitos mínimos dos governados, a declarar um conjunto de normas, de garantias, de valores, que deveriam ser observados por todas as pessoas, em respeito ao ser humano, como ser diferenciado e essencial para as relações que buscam a evolução espiritual e material de uma sociedade.

Paulo Bonavides aponta que a "vinculação essencial dos direitos fundamentais à liberdade e à dignidade humana, enquanto valores históricos e filosóficos" conduz ao "significado de universalidade inerente a esses direitos como ideal da pessoa humana". Essa universalidade, segundo o autor, manifestou-se pela "primeira vez, qual descoberta do racionalismo francês da Revolução, por ensejo da célebre Declaração dos Direitos do Homem de 1789."[507]

A OIT – Organização Internacional do Trabalho, criada logo após a Primeira Guerra Mundial com o objetivo, dentre outros, de regular as condições de trabalho no âmbito internacional, constitui fonte histórica importante do processo de internacionalização dos direitos humanos, eis que, desde sua fundação, em 1919, promulgou centenas de convenções internacionais objetivando a promoção e proteção da dignidade da pessoa humana no mundo do trabalho, em âmbito mundial. [508]

Note-se, ainda, que mesmo com a conclamação dos direitos do homem, após a Revolução Francesa, o homem ainda presenciou massacres e desilusões, violação aos direitos humanos, ora por meio de desrespeito à liberdade

---

[506] A Carta proclamava: "Nenhum homem livre será detido ou sujeito à prisão, ou privado dos seus bens, ou colocado fora da lei, ou exilado, ou de qualquer modo molestado, e nós não procederemos nem manderemos proceder contra ele senão mediante um julgamento regular pelos seus pares ou de harmonia com a lei do país. Não venderemos, nem recusaremos, nem protelaremos o direito de qualquer pessoa a obter justiça. Disponível em http://www.direitonet.com.br/artigos/exibir/5924/Cronologia-da-dignidade-da-pessoa-humana-de-Hamurabi-a-Defensoria-Publica. Acesso em 17/ nov/ 2010.

[507] BONAVIDES, Paulo. **Curso de direito constitucional**. São Paulo: Malheiros, p. 561-562.

[508] PIOVESAN, Flávia. **Direitos Humanos e o Direito Constitucional Internacional.** São Paulo: Saraiva 2006. pp. 110-111.

O TRABALHO NA SOCIEDADE DA INFORMAÇÃO

de crença ou religião, ora por discriminação da raça ou sexo (por alusão aos massacres dos alemães sobre os judeus, surgimento do nazismo, revelado pela busca de poder extremado, pelo autoritarismo, pelo fascismo, sobrepujando as demais classes sociais).

Após a segunda guerra mundial, os direitos humanos foram elevados a uma proteção humanitária em casos de guerra, com regulamentação jurídica, em âmbito internacional, impondo limites, nestes casos, à liberdade e à autonomia dos Estados conflitantes, indicando, assim, o caminho por onde os direitos humanos, mais tarde, também deveriam trilhar, alcançando amplitude universal.

Com a queda do nazismo, os publicistas alemães começaram a utilizar a denominação "direitos fundamentais" para designar os "direitos humanos". Esses autores usam a palavra *Grundrecht*, que é proveniente da Constituição de Weimar, cuja parte II tratava dos "Direitos e deveres fundamentais dos alemães". Tal utilização teve a conotação de demonstrar a preocupação dos alemães em reestruturar sua cultura e sua forma política de atuação levando-se em conta, antes de qualquer tentativa de violação, que os direitos humanos são direitos fundamentais e, por esta razão, devem ser respeitados acima de qualquer norma imperativa.[509]

A Liga das Nações foi criada para buscar a promoção da paz e da cooperação internacionais, expressando, ainda que de forma genérica, disposições referentes aos direitos humanos, reforçando, nestes termos, a necessidade de relativizar a soberania dos Estados, nesta direção.[510]

A grande conquista dos direitos humanos ficou registrada em 10 de dezembro de 1948, em sessão realizada em Paris, quando a Assembleia Geral das Nações Unidas, através da Resolução 217 A (III), com o voto favorável de 48 países (inclusive o Brasil), nenhum voto contrário e oito abstenções[511], adotou e proclamou a *Declaração Universal dos Direitos Humanos*. A Declaração consagrou-se como o mais importante documento ético-axiológico-normativo-histórico dos direitos humanos, até hoje. A Declaração apresenta-se como um fato novo e inovador na história,

---

[509] BONAVIDES, Paulo. **Curso de direito constitucional**. São Paulo: Malheiros, p. 514.

[510] PIOVESAN, Flávia. *op. cit.*, p. 109.

[511] Os oito países que se abstiveram foram: Bielorússia, Tchecoslováquia, Polônia, Arábia Saudita, Ucrânia, União Soviética, África do Sul e Iugoslávia. Posteriormente, os países comunistas da Europa aderiram à Declaração Universal dos Direitos Humanos.

DIGNIDADE DA PESSOA HUMANA NO AMBIENTE LABORAL

proclamando a universalidade, a inalienabilidade, a indivisibilidade e a interdependência dos direitos humanos.[512]

A Declaração Universal dos Direitos Humanos compõe-se de um preâmbulo, no qual se afirma a dignidade da pessoa humana como matriz axiológica.

Os trinta artigos da Declaração contêm direitos inalienáveis e irrenunciáveis, e podem ser organizados da seguinte forma: (i) os direitos pessoais (à igualdade, à vida, à liberdade, à segurança) contidos nos artigos 3º ao 11º; (ii) direitos referentes à pessoa humana em suas relações com os grupos sociais nos quais ela participa (direito à privacidade da vida familiar; direito ao casamento; direito à liberdade de movimento no âmbito nacional ou fora dele; direito à nacionalidade; direito ao asilo; direito de propriedade) contidos nos artigos 12 ao 17; (iii) os direitos referentes às liberdades civis e aos direitos políticos, exercidos no sentido de contribuir para a formação de processos decisórios políticos e institucionais (liberdade de consciência, pensamento e expressão; liberdade de associação, reunião e assembleia; direito de votar e ser votado; direito de acesso ao governo e à administração pública) – artigos 18 a 21; (iv) os direitos econômicos, sociais e culturais (direito às condições dignas de trabalho; direito à assistência social; direito à educação; direito à saúde; direito à sindicalização; direito de participar livremente da vida cultural e científica da comunidade) – artigos 22 a 27; e (v) direito à uma comunidade internacional em que os direitos humanos possam ser material e plenamente concretizados – representados nos artigos 28 e 29.[513]

Norberto Bobbio[514] enuncia, ainda, que dentre todas as atividades de promoção dos direitos humanos realizadas pelos organismos das Nações Unidas, devem ser ressaltadas, também, as "convenções sobre o trabalho e a liberdade sindical, adotadas pela Organização Internacional do Trabalho", representando um "desenvolvimento e uma determinação mais precisa" sobre o processo histórico, de forma a apresentar o desdobramento dos direitos humanos em suas múltiplas faces.

---

[512] BOBBIO, Norberto. **A era dos direitos.** Rio de Janeiro: Campus, 1992, p. 28;

[513] ALVES, José Augusto Lindgren. **A arquitetura internacional dos direitos humanos**. São Paulo: FTD, 1997, p. 29.

[514] BOBBIO, Norberto. **A era dos direitos...**, pp. 29-30.

III.4.2. A dignidade humana como fundamento constitucional

Paulo Bonavides[515] adverte que "nenhum princípio é mais valioso para compendiar a unidade material da Constituição que o princípio da dignidade da pessoa humana".

Conceituar o princípio da dignidade da pessoa humana fica ainda mais complexo por que esse fundamento traz em si uma diversidade de direitos subjetivos que são inerentes ao homem, que estão com ele desde os primórdios, desde seu surgimento.

Sarlet entende por dignidade humana a "qualidade intrínseca e distintiva de cada ser humano que o faz merecedor do mesmo respeito e consideração por parte do Estado e da comunidade", acarretando em "um complexo de direitos e deveres fundamentais que assegurem a pessoa tanto contra todo e qualquer ato de cunho degradante e desumano, como venham a lhe garantir as condições existenciais mínimas para uma vida saudável, além de propiciar e promover sua participação ativa e corresponsável nos destinos da própria existência e da vida em comunhão com os demais seres humanos".[516]

Maria Celina Bodin de Moraes[517], por exemplo, crê que deve ser considerado desumano tudo que for "contrário à dignidade da pessoa humana, tudo aquilo que puder reduzir a pessoa (o sujeito de direitos) à condição de objeto."

Os direitos humanos representam a conquista, o reconhecimento de que o homem deve ser tratado com dignidade, respeito, e que as normas devem proteger sua vida, seu ideal, sua crença e suas ações voltadas para um fim comum social e solidário.

A Constituição Federal de 1988 optou por incluir a dignidade da pessoa humana entre "os direitos fundamentais, inseridos no extenso rol do art. 5º." A opção constitucional, "quanto à dignidade da pessoa humana, foi por considerá-la, expressamente, um dos fundamentos da República Federativa do Brasil", declarando-a no inciso III, do art. 1º.[518]

---

[515] BONAVIDES, Paulo. *op. cit.*, 32.

[516] SARLET, Ingo Wolfgang. **Dignidade da pessoa humana e direitos fundamentais na Constituição Federal de 1988**. Porto Alegre: Livraria do Advogado, 2001, pp. 62-63.

[517] MORAES, Maria Celina Bodin de. **Danos à pessoa humana**. Rio de Janeiro: Renovar, 2003, p. 85.

[518] TAVARES, André Ramos. *op. cit.*, pp. 538-539

Sarlet[519] destaca que a qualificação da dignidade da pessoa humana "como princípio fundamental traduz a certeza" de que o artigo 1º, inciso III, da Constituição Federal "não contém apenas uma declaração de conteúdo ético e moral (que ela, em última análise, não deixa de ter), mas que constitui norma jurídico-positiva com *status* constitucional". Vale dizer, ela tem "valor jurídico fundamental da comunidade".

A dignidade da pessoa humana não pode ser considerada como um princípio simples de ser explicado ou, ainda, ser comparado aos demais princípios que norteiam as garantias e normas expressas na Constituição. Uma das principais dificuldades, pois, reside no fato de que no caso da dignidade da pessoa humana, "diversamente do que ocorre com as demais normas jusfundamentais, não se cuida de aspectos mais ou menos específicos da existência humana", como por exemplo, integridade física, intimidade, propriedade, mas sim de "uma qualidade inerente a todo e qualquer ser humano," de maneira que a "dignidade – como já restou evidenciado – passou a ser habitualmente definida como o valor próprio que identifica o ser humano como tal". [520]

Muitos doutrinadores[521] convergem entendimento de que o princípio da dignidade humana é o princípio absoluto do direito, que faz com que todos os outros a ele devem obediência irrestrita.

Alexy[522], no entanto, diverge dessa supervalorização do princípio da dignidade da pessoa humana, pois, agindo dessa forma, não será possível entronizar assim, qualquer outro princípio, seja ele qual for. Na visão deste autor, com base na jurisprudência do Tribunal Constitucional Federal

---

[519] SARLET, Ingo Wolfgang. *op. cit.*, p. 39.

[520] SARLET, Ingo Wolfgang. *op. cit.*, pp.38-39.

[521] Esta é a posição assumida por Fernando Ferreira dos Santos, que observa "que a pessoa é um *minimum* invulnerável que todo estatuto jurídico deve assegurar (...) porquanto, repetimos, ainda que se opte, em determina situação, pelo valor coletivo, por exemplo, esta opção não pode nunca sacrificar, ferir o valor da pessoa". *Apud* André Ramos Tavares. *op. cit.*, pp. 543.

[522] Alexy, ao analisar a Lei Fundamental alemã, que dispõe em seu art. 1º, § 1º, que "A dignidade da pessoa é intangível", este dispositivo efetivamente "provoca a impressão de absoluto. Porém, a razão desta impressão não reside em que através desta disposição de direito fundamental se estabeleça um princípio absoluto, senão em que a norma da dignidade da pessoa é tratada, em parte, como regra e, em parte, como princípio, e também no fato de que para o princípio da dignidade da pessoa existe um amplo grau de condições de precedência nas quais existe um alto grau de segurança acerca de que debaixo delas o princípio da dignidade da pessoa precede aos princípios. *Apud* André Ramos Tavares. *op. cit.*, pp. 543-544.

Alemão, esse princípio não seria absoluto, visto que existe a possibilidade de sua ponderação. Tudo dependeria da constatação sob quais circunstâncias pode ser violada a dignidade humana.

O entendimento de que o princípio da dignidade está presente nas demais manifestações dos direitos fundamentais encontra-se abraçado por uma grande parcela da doutrina.[523] Enquanto direito fundamental por excelência, a dignidade da pessoa humana tem inexorável papel e valor diferenciado e suntuoso no instante em que as pessoas celebram os negócios jurídicos.

Como fundamento expresso no art. 1º. III, da Constituição Federal, via de regra, qualquer contrato, seja oneroso ou não, deve levar em conta o princípio da dignidade da pessoa humana no momento de sua celebração.

A amplitude da efetivação do princípio da dignidade da pessoa humana é tamanha que, em muitos casos, as avenças celebradas entre partes pode até serem declaradas nulas desde a sua celebração, principalmente quando uma das partes, por força de lei, é considerada economicamente inferior com relação a outra – como nos casos de relação de trabalho – ou, ainda, que sua percepção sobre o negócio ou ajuste celebrado vai contra suas garantias e direitos protegidos constitucionalmente.[524]

A vulnerabilidade da pessoa humana com relação a determinado tipo de negócio jurídico celebrado é reconhecido pelo legislador justamente como forma de promover e elevar o fundamento do princípio da dignidade da pessoa humana nas relações jurídicas mais comuns.

Nesse prisma, o Código Civil de 2002 traz o estado de perigo como forma de proteção da dignidade da pessoa humana. Seu artigo 156 preconiza que, configura-se estado de perigo quando alguém, premido da

---

[523] Jorge Miranda estabelece seu entendimento no sentido de que, pelo menos, "de modo directo e evidente, os direitos, liberdade e garantias pessoais e os direitos económicos, sociais e culturais comuns têm a sua fonte ética na dignidade da pessoa, de todas as pessoas. Mas quase todos os outros direitos, ainda quando projectados em instituições, remontam também a ideia de proteção e desenvolvimento das pessoas." *Apud* André Ramos Tavares. *op. cit.*, pp. 546.

[524] Cita-se, por exemplo, o Código de Defesa do Consumidor, Lei 8.078/90, onde, por meio de seu art. 4º, há a seguinte regra geral: "A Política Nacional das Relações de Consumo tem por objetivo o atendimento das necessidades dos consumidores, o respeito à sua dignidade, saúde e segurança, a proteção de seus interesses econômicos, a melhoria da sua qualidade de vida, bem como a transparência e harmonia das relações de consumo, atendidos os seguintes princípios: I – reconhecimento da vulnerabilidade do consumidor no mercado de consumo"

necessidade de salvar-se, ou a pessoa de sua família, de grave dano conhecido pela outra parte, assume obrigação excessivamente onerosa.

O artigo 157 do mesmo diploma traz, também, uma nova forma de vício, de defeito do negócio jurídico, que não estava previsto no revogado Código Civil de 1916. Trata-se do instituto da lesão.

Citado artigo dispõe que ocorre a lesão quando uma pessoa, sob premente necessidade, ou por inexperiência, se obriga a prestação manifestamente desproporcional ao valor da prestação oposta.

O parágrafo 1º do mencionado artigo determina que a desproporção das prestações deve ser apreciada segundo os valores vigentes ao tempo em que foi celebrado o negócio jurídico.

O parágrafo 2º, ressaltando o equilíbrio contratual e o princípio da economicidade, prevê que não se decretará a anulação do negócio, se for oferecido suplemento suficiente, ou se a parte favorecida concordar com a redução do proveito

Os princípios protecionistas contidos na CLT do trabalhador são provas da efetividade do princípio da dignidade da pessoa humana. A preservação de seus direitos básicos e de outros princípios constitucionais, como por exemplo, direito à privacidade e intimidade, estão protegidos pela Constituição Federal, não podendo ser transacionados.

Note-se, pois, que não só o corpo constitucional, mas também as leis infraconstitucionais descrevem a importância de proteger a dignidade da pessoa humana. Esse fundamento deve ser tomado como um dos mais relevantes vetores que deve sobrepor à manifestação das vontades das partes na celebração dos negócios jurídicos.

III.4.3. Promoção da dignidade da pessoa humana como dever social

A promoção da dignidade da pessoa humana, no entendimento de Maria Celina Bodin de Moraes, deve levar em conta pelo menos quatro principais corolários: a igualdade, a liberdade, a integridade psicofísica e a solidariedade.[525]

A igualdade, modernamente compreendida, deve superar a igualdade formal, estabelecida pela Revolução Francesa. Não se pode dispensar sua

---

[525] MORAES, Maria Celina Bodin de. Danos à pessoa humana. Rio de Janeiro: Renovar, 2003, pp. 81-117

O TRABALHO NA SOCIEDADE DA INFORMAÇÃO

presença, pois a igualdade, perante a lei, é garantia fundamental à obtenção de outros direitos.[526]

Para Carmem Lúcia Silveira Ramos[527], a igualdade, "fundada na ideia abstrata de pessoa, partindo de um pressuposto meramente formal, baseado na autonomia da vontade," surge acompanhada de um "paradoxo, que traduz uma consequência do modelo liberal-burguês adotado: a prevalência dos valores relativos à apropriação dos bens sobre o ser." Isso acaba "impedindo a efetiva valorização da dignidade humana, o respeito à justiça distributiva e à igualdade material ou substancial".

Se o próprio princípio da igualdade traz, em si, o direito à diferença, é claro que esse princípio deve ser observado de forma a se garantir às minorias a liberdade de manifestação, não havendo como se adotar comportamentos únicos, uniformes que lhes descaracterizem como tal, pois a sociedade é feita por indivíduos e classes sociais diferentes e "as pessoas e os grupos sociais têm o direito de ser iguais quando a diferença os inferioriza, e o direito a ser diferentes quando a igualdade os descaracteriza".[528]

A dignidade da pessoa humana também é marcada pela liberdade. A liberdade de expressão, de ir e vir, de associar-se, enfim, esses direitos estão notadamente gravados, em sua esmagadora maioria, nos incisos do artigo 5º, da Constituição Federal.

A liberdade individual, no entanto, é limitada, ainda, por outro aspecto da dignidade da pessoa humana: o da solidariedade. Sempre que o exercício da liberdade individual entrar em choque com a solidariedade social, há que se apurar os valores em conflito para se chegar, em cada caso concreto, a uma solução que evidencie a manutenção da dignidade da pessoa humana.

Maria Celina Bodin de Moraes elenca como terceiro aspecto de promoção da dignidade humana, a integridade psicofísica. Por integridade psicofísica entende-se o direito a não sofrer violação em seu corpo ou em aspectos de sua personalidade. [529]

---

[526] MORAES, Maria Celina Bodin de. *op. cit.*, pp. 81-117

[527] RAMOS, Carmem Lúcia Silveira. A constitucionalização do direito privado e a sociedade sem fronteiras. *In* FACHIN, Luiz Edson (coordenador). **Repensando fundamentos do direito civil brasileiro contemporâneo**. Rio de Janeiro: Renovar, 2000, p. 05.

[528] MORAES, Maria Celina Bodin de. *op. cit.*, p. 92.

[529] O art. 5º, inciso III, dispõe que "ninguém será submetido a tortura nem a tratamento desumano ou degradante". *In* MORAES, Maria Celina Bodin de. *op. cit.*, p. 98.

Nesse contexto, estariam incluídos os temas ligados a bioética e biodireito, como proteção de dados genéticos, reprodução assistida, atos de disposição do próprio corpo, entre outros que merecem a tutela jurídica.

Em decorrência dessa integridade psicofísica há que se ressaltar, também, os direitos à saúde, à moradia, à segurança, que devem ser proporcionados pelo Estado, devendo os governantes tomar uma série de medidas preventivas e proativas para efetivação de tais direitos.

A solidariedade social aparece como o quarto corolário do princípio da dignidade da pessoa humana. Nesse particular, o artigo 3º, incisos I e III, elencam como objetivos fundamentais da República a construção de uma sociedade livre, justa e solidária, além da erradicação da pobreza e da marginalização.

A vida social é condição de existência e sobrevivência da espécie humana. A dignidade da pessoa humana deve estar inserida nessas relações. As interações sociais podem assumir diferentes formas que constituem as relações sociais. "Do complexo de relações sociais mais duradouras derivam as estruturas sociais." Não é suficiente apenas um "agregado físico de pessoas para termos um grupo social". Há necessidade de interação social. "As interações determinam atitudes, sentimentos e ações comuns." Nelas devem imperar a solidariedade. [530]

As condutas humanas devem, então, levar em consideração o bem-estar de seus próximos, os seus pares, para atingir e manter uma sociedade baseada na vida livre, justa e solidária e promover o bem comum.

A Constituição Federal de 1988 destacou a dignidade da pessoa humana à condição de princípio estruturante de todo nosso ordenamento jurídico. Trata-se de uma cláusula geral voltada à efetivação dos direitos fundamentais, onde o ser humano é objeto principal de todo sistema e ordem social que existe.

Gustavo Tepedino[531] assevera que a escolha da dignidade da pessoa humana como fundamento da República, "associada ao objetivo fundamental de erradicação da pobreza e da marginalização", além da "redução das desigualdades sociais", em conjunto com a previsão do § 2º, do art. 5º, "no sentido da não exclusão de quaisquer outros direitos e garantias, mesmo que não expressos, desde que decorrentes dos princípios adotados pelo

---

[530] TORRÉ, Maria Benedicta L. Della. *op. cit.*, pp. 102-103

[531] TEPEDINO, Gustavo. **Temas de Direito Civil**. 3 ed. Rio de Janeiro: Renovar, 2004, p. 48.

O TRABALHO NA SOCIEDADE DA INFORMAÇÃO

texto maior", representam "uma verdadeira cláusula geral de tutela e promoção da pessoa humana, tomada como valor máximo pelo ordenamento."

Erich Fromm [532] acentua que o homem era – e ainda é – facilmente seduzido para "aceitar determinada forma de ser humano como sendo a sua essência". Na medida em que isso acontece, o homem define a sua humanidade em termos da sociedade com a qual se identifica. "Sempre houve sociedades – e, embora possam ter sido chamados de tolos ou criminosos em sua época, eles compõem a lista de grandes homens no que diz respeito ao registro da história humana".

Eles condicionaram o homem a algo que "pode ser chamado de universalmente humano e que não é idêntico ao que determinada sociedade admite ser a natureza humana". Sempre houve homens que eram bastante audazes e imaginativos para ver além das fronteiras da sua própria existência social. [533]

III.4.4. A dignidade humana e o capital humano

O homem não é uma abstração ou uma virtualização criada pela sociedade da informação. O homem não é um avatar.[534]

Não há como desenhar em uma tela um homem como sendo apenas um novo elemento integrante de um novo universo. O homem tem espírito, tem sentimentos indeléveis e, acima de tudo, é um ser pensante.

Na sociedade da informação, através de processos e instrumentos de comunicação à distância, os pensamentos, as ideias, os sentimentos são compartilhados por um número cada vez maior de pessoas em diversas sociedades.

A linguagem é o meio de comunicação primordial do homem. "Através de fonemas, aos quais atribuímos significados, transmitidos nossos pensamentos, sentimentos, conhecimentos." O homem busca sua dignidade, luta por direitos e reclama por melhorias por meio da linguagem.[535]

---

[532] FROOM, Erich. *op. cit.*, p. 71-72.

[533] *Ibidem.*

[534] O avatar é uma forma gráfica em linguagem computacional que representa o indivíduo nos mundos virtuais, ou seja, uma extensão de seu "eu", sua personalidade e carater acrescentados pelos próprios desejos de como gostaria de ser representado no ciberespaço ou em uma plataforma virtual específica. Disponivel em http://pt.wikipedia.org/wiki/Avatar. Acesso em 12/ abr/ 2010.

[535] TORRÉ, Maria Benedicta L. Della. *op. cit.*, pp. 65-66.

Erich Fromm defende a concepção de que o homem não só tem uma mente e necessita de um sistema de orientação que lhe permita compreender e estruturar o mundo que o rodeia, mas "também tem um coração e um corpo que precisam ser ligados emocionalmente ao mundo – ao homem e a natureza." O homem, isolado pela percepção de si mesmo e pela capacidade de sentir-se só, "seria uma indefesa partícula de pó soprada pelos ventos se não encontrasse laços emocionais que satisfizessem sua necessidade de ser relacionado e unificado com o mundo situado alem da sua pessoa." Porém, em comparação com o animal, "ele tem várias alternativas" para demonstrar sua racionalidade e o que ele mais "precisa para conservar seu juízo é de algum laço ao qual se sinta firmemente ligado. A pessoa que não tem esses laços é, por definição, louca, incapaz de qualquer ligação emocional com seu próximo."[536]

O capital humano é um valor incomensurável para a empresa, pois somente o homem foi capaz, dos tempos mais remotos até a sociedade da informação, em criar, manter, otimizar e desenvolver o progresso organizacional.

A rotina do homem possibilita o "fortalecimento de cada atividade, cognitiva e operacional, a um nível desconhecido em todas as épocas anteriores da história, dentro e fora dos locais de trabalho." Na prática cotidiana, partindo das "grandes descobertas de Taylor e Ford", trabalhadores "revolucionaram o modo com que os seres humanos organizam seus próprios recursos e aumentam seu rendimento".[537]

A gestão do capital humano deve ser cada vez mais explorada, mais investida e aproveitada pelas empresas. Dentro da própria organização, o trabalhador, detentor do capital intelectual, é capaz de desenvolver sistemas tecnológicos para melhorar a produção da empresa, além de buscar a convergência entre os diversos instrumentos e maquinários existentes para uma produção otimizada.

Não importa como o desenvolvimento econômico ocorreu ou de que o progresso organizacional é feito dentro das empresas. O fato é que toda evolução ou reflexão do que é bom ou ruim, foi e é feito pelo homem.

Através da seleção natural e lógica de seus próprios colegas de trabalho, os gerentes de área e gestores de pessoas escolhem quem irá desenvolver determinado trabalho e qual a tática a ser utilizada para se chegar a um

---

[536] FROOM, Erich. *op. cit.*, p. 80.
[537] DE MASI, Domenico. *op. cit.*, pp. 184-185

fim. Os gerentes e os gestores é que introduziram, através de suas ações, novas tecnologias que permitiram a criação das empresas multinacionais, das transnacionais, de modo a atender as necessidades dos consumidores, agora não mais regionalizados, mais espalhados pelo mundo.

Sozinhas, as novas tecnologias "não teriam mudado o mundo se os organizadores não lhes tivessem aproveitado oportunamente a potencialidade," não as tivessem introduzidos sistemas renovados de produção. Os trabalhadores, pautados em uma "ciência organizativa", bem ou mal, "mudaram o mundo no século XX muito mais do que os políticos, os padres, os militares ou os juristas."[538]

Note-se, pois, que o trabalhador, pessoa que dispensa maior parte de seu tempo em desenvolver produtos, serviços e utilidades para satisfação do interesse das organizações, é o possuidor do maior capital que a empresa poderia ter ou desejar ter: seu intelecto.

O trabalho manual feito na era agrícola e industrial passou a ser substituído pelo trabalho do conhecimento.

Os sistemas produtivos baseados no fordismo, taylorismo e toyotismo estão sendo reciclados por novas tecnologias criadas e implementadas por seres humanos que detém conhecimento específico para desenvolvimento de ações que importem em obtenção de resultados em uma nova era inaugurada pela "economia da informação".[539]

Na visão de Thomas Stewart, o capital humano é o ativo mais valioso que uma organização pode ter na sociedade do conhecimento. Somente o homem possui inteligência e é a partir das interações dos seres humanos que a empresa pode criar seu diferencial. A inteligência torna-se um "ativo quando se cria uma ordem útil a partir da capacidade intelectual geral – ou seja, quando assume uma forma coerente" (uma mala direta, um banco de dados); "quando capturada de uma forma que permite que seja descrita, compartilhada e explorada; e quando pode ser aplicada a algo que não poderia ser realizado se continuasse fragmentado com moedas em um bueiro. O capital intelectual é o conhecimento útil em nova embalagem."[540]

Note-se, pois, que o princípio da dignidade da pessoa humana como alicerce das relações de trabalho tem como direcionamento não somente

---

[538] DE MASI, Domenico. *op. cit.*, pp. 184-185.
[539] STEWART, Thomas A. *op. cit.*, pp. 18-45.
[540] STEWART, Thomas A. *op. cit.*, p. 61

proteger a saúde física do trabalhador, mas também de seu intelecto, de sua psique, principalmente agora, diante de tantas tecnologias a sua disposição, em que utiliza-se muito mais seu material intelectual para desenvolver estudos, criar novas formas de execução de serviços e desenvolver suas atividades rotineiras do que o corpo físico que outrora era o objetivo principal de uma sociedade baseada na agricultura e na indústria.

Na sociedade da informação, o capital humano sobrepõe qualquer outro ativo que a organização pode ter: o ser humano consegue alavancar e criar valor muitas vezes incomensurável à empresa como uma invenção patenteável, por exemplo. E é por meio dessa invenção que a organização obtém lucro, pois além de criar novas linhas produtivas que atendam os nichos mercadológicos vinculados a essa invenção, a empresa pode criar subprodutos, componentes, acessórios, inserindo-se em novas oportunidades de negócios de maneira a aumentar sua potencialidade no mercado competitivo.

Por essas razões, o ser humano é indispensável para criação, manutenção e perpetuação de uma sociedade empresarial, de uma organização, à medida que somente ele pode dinamizar o potencial da empresa através de suas interações sociais com as demais partes, gerir processos, cooperar com a inserção de novos produtos nos mercados produtivos, interagir com colaboradores e criar parcerias para atingir os objetivos organizacionais.

A dignidade da pessoa humana, como princípio jurídico, revela-se, por conseguinte, em valor decisivo para definir o papel do intérprete da Constituição nas sociedades democráticas e contemporâneas.

Sob esse prisma, a proteção e a defesa da dignidade da pessoa humana assume especial importância em um tempo em que os avanços tecnológicos e científicos potencializam os riscos e os danos aos trabalhadores no ambiente de trabalho.

III.5. O PRINCÍPIO DA SOLIDARIEDADE NA ORDEM ECONÔMICA

III.5.1. A solidariedade como pressuposto do desenvolvimento social
III.5.1.1. Discussão sobre aplicabilidade da economia solidária

Eisler defende a edificação de uma economia solidária, entendendo que tanto o capitalismo quanto o comunismo não cumprem seu papel econômico eficiente na distribuição de riquezas como forma de justiça social.

O TRABALHO NA SOCIEDADE DA INFORMAÇÃO

Conquanto subsistam "importantes diferenças entre a economia capitalista e a comunista, em ambos os casos os recursos naturais e os meios de produção têm sido amplamente controlados pelos que estão em cima." No exercício do comunismo ao estilo soviético, o controle de cima para baixo era feito por "intermédio do medo e da força pela classe política dominante bem como por grandes corporações estatais controlados pelo governo". No capitalismo ao estilo americano, "as grandes corporações e o governo também trabalham em conjunto". No sistema capitalista fundado em "campanhas de contribuição, lobbies poderosos e outros métodos, as grandes empresas exercem uma enorme influência sobre o governo, e, portanto, sobre as políticas e práticas econômicas."[541]

Os sistemas econômicos são oriundos de um contexto social, cultural e tecnológico. Somente através de um estudo mais profundo é que "podemos construir as bases de um novo sistema econômico" que possa concretizar o que o Estado se propõe a direcionar em sua Carta da República, ou seja, "respaldar o bem-estar humano, promover o desenvolvimento humano e proteger os sistemas vitais da natureza para os nossos filhos e para as gerações futuras."[542]

A proposta de uma economia solidária parte do pressuposto de que os sistemas econômicos se concretizam através das relações humanas. Não são os produtos que se relacionam, mas as pessoas que estão em seu meio.

Nesse processo, as atividades comerciais são feitas para favorecer a vida e os relacionamentos humanos. Logo, são os relacionamentos humanos que deveriam ser o principal foco das análises econômicas.

Harbemas[543] observa que nos negócios jurídicos realizados pelo homem dentro de uma comunidade é deixado "de lado logo de início o aspecto da solidariedade, porque refere a questão da fundamentação normativa de um sistema de justiça imediatamente aos interesses do indivíduo."

Para Habermas, a problemática da solidariedade sob a ótica econômica do direito reside no fato de que a moral está desvinculada dos deveres para os direitos. "A figura mental jurídica do direito subjetivo a campos de ação garantidos pela lei para a persecução dos interesses individuais" alimenta

---

[541] EISLER, Riane. **A verdadeira riqueza das nações: criando uma economia solidária**. Tradução: Cláudia Gerpe Duarte. São Paulo: Cultrix, 2008, p. 43

[542] *Idem*, p. 40.

[543] HABERMAS, Jurgen. **A inclusão do outro: estudo de teoria política**. Tradução: George Sperber, Paulo Astor Soethe, Milton Camargo Mota. São Paulo: Edições Loyola, 2002, p. 27.

uma estratégia de "fundamentação que opera com motivos pragmáticos e que se orienta pela pergunta sobre ser ou não racional que o indivíduo subordine sua vontade a um sistema de regras."[544]

Habermas, ao citar Tugendhat, lembra que diferentemente do contratualismo, existe uma comunidade moral que pode mudar as regras existentes no momento em que existe uma possibilidade de reflexão sobre os sentimentos morais e que discutem fundamentadamente juízos morais.

A discussão, na visão de Habermas, estaria entre o "bem viver e a moral". Na medida em que um "ator se deixa convencer, por motivos éticos, de que deveria preferir as circunstâncias de vidas morais às pré-morais, ele relativiza o sentido vinculatório da consideração moral pelos outros."[545]

Toda moral, sob o ponto de vista funcional, resolve os problemas da "coordenação dos atos entre seres que dependem da interação social." Logo, se o conjunto de indivíduos quiser buscar no outro a saída para uma criar uma sociedade mais solidária, esta decisão estaria intimamente ligada a uma questão moral. Segundo Habermas, a "consciência moral é expressão das legítimas reivindicações que os membros cooperativos de um grupo social podem fazer reciprocamente. Sentimentos morais regulam a observância de normas subjacentes."[546]

Portanto, ainda que se possa justificar o deslocamento da moral dos deveres para os direitos, afastando o princípio da solidariedade que deveria permear por toda sociedade em troca da justificativa de que se estaria cumprindo os negócios respaldados na ordem jurídica, as bases da economia não poderiam colidir com as estruturas sociais e com o princípio da dignidade da pessoa humana.

Para Kumar Sen, embora o próprio mecanismo de mercado competitivo assegure uma economia de informações no que concerne aos agentes individuais, os requisitos de informações para as decisões públicas relativas às propriedades iniciais não podem ser obtidos com facilidade por meio de nenhum mecanismo simples.[547]

De acordo com o comportamento dos indivíduos, o mecanismo de mercado fornece incentivos para cada agente escolher apropriadamente,

---

[544] *Ibidem.*

[545] *Idem,* p. 32-37

[546] *Idem,* p. 27

[547] SEN, Amartia Kumar. **Sobre Ética e Economia**. Companhia das Letras: São Paulo, 2008. pp. 52 – 54.

dadas as suas dotações iniciais, porém não existe um mecanismo comparável pelo qual as pessoas se incentivem a revelar suas escolhas.

A teoria do ótimo de Pareto, para ser atingida, deve ser precedida de informações reais de riqueza dos indivíduos para melhorar a alocação de recursos. Os mecanismos usuais de alocação de recursos descentralizados também não têm utilidade na obtenção das informações de base, pois atuam fundamentados no "trabalho de equipe" por parte dos diferentes agentes envolvidos, enquanto as decisões distributivas encerram conflitos entre um agente e outro.[548]

Se essas informações estivessem disponíveis, o ótimo de Pareto seria usado apenas se fosse politicamente possível redistribuir recursos entre as pessoas de qualquer maneira que fosse exigida por considerações de "otimalidade social".[549]

Mesmo se as requeridas transferências agregadas fossem identificáveis e também economicamente exequíveis, as questões de viabilidade política poderiam ser, obviamente, de extrema importância ao lidar com questões tão fundamentais.[550]

Para que possa existir uma mudança de postura capaz de alterar os campos subjetivos do individualismo para o solidarismo, é necessário, num primeiro momento, mudar a forma de pensar. É na consciência de cada um que reside o fator evolucionário para se criar uma sociedade participativa e solidária.

III.5.1.2. Sistema de dominação e sistema participativo

Rosa Luxemburgo[551] é considerada a mente mais genial entre os herdeiros científicos de Marx e Engels, segundo a visão de Franz Mehring.[552]

---

[548] *Ibidem.*

[549] *Ibidem.*

[550] *Ibidem.*

[551] Rosa Luxemburgo nasceu em 1871. Judia, envolveu-se desde muito jovem em atividades estudantis, lutando contra o sistema repressivo então vigente nos colégios da Polônia. Militante ativa do movimento socialista teve que deixar seu país em 1889 para não ser presa. Em Zurique fez seus estudos sobre economia, concluindo essa fase de aprendizado com uma tese de doutorado sobre "O Desenvolvimento Industrial na Polônia". A partir de 1894, juntamente com Leo Jogiches, Rosa Luxemburgo dedicou longo período de luta contra a visão nacionalista do Partido Socialista Polonesa, assumindo a liderança na criação da Social Democracia do Reino Unido da Polônia. Em 1898, mudou-se para Alemanha, onde participou de uma das principais polêmicas do movimento operário internacional, à medida se contrapõe aos artigos

No conflito entre o capital e o trabalho, Rosa rejeitava a opressão que o regime capitalista assolava a classe trabalhadora. O sistema de dominação que era pregado pela classe burguesa no final do século XIX e início do século XX era contestado por lideranças socialistas que pugnavam pelo fim da escravidão operária.

A estrutura institucional de dominação do poder que havia no final do século XIX foi repudiada por Rosa Luxemburgo e seus seguidores justamente pelo fato de que a burguesia "não hesitava nem por um momento

de Eduard Bernstein, produzindo um competente e atual material contra o revisionismo e o reformismo, transcrito na obra "Reforma ou Revolução". Durante o período da polêmica, Rosa afirma que, de fato, o movimento dos trabalhadores deveria lutar por reformas, mas que isso não bastaria para abolir as relações capitalistas de produção – o movimento operário jamais poderia perder de vista a conquista do poder pela revolução. A partir da revolução de 1905, na Rússia, Rosa Luxemburgo desenvolveu sua teoria revolucionária. Sua obra "Greve de Massas, Partido e Sindicato" constitui-se até hoje numa das principais peças teóricas sobre partido e movimento de massas – "A revolução russa ensina-nos assim uma coisa: é que a greve de massas nem é 'fabricada' artificialmente nem 'decidida' ou 'difundida' no éter imaterial e abstrato, é tão-somente um fenômeno histórico, resultante, em certo momento, de uma situação social a partir de uma necessidade histórica". Sua preocupação residia em desenvolver uma ideia estratégica, sem se afastar do compromisso com a revolução socialista, contra a inércia burocrática do Partido Social-Democrata, procurando vincular a greve às exigências transformadoras da sociedade, num desafio global contra a ordem capitalista. Segundo Rosa: "A 'revolução' e a 'greve de massas' são conceitos que não representam mais do que a forma exterior da luta de classes e só têm sentido e conteúdo quando referidas a situações políticas bem determinadas". Durante esse período, Rosa desenvolveu sua teoria sobre democracia operária, movimento de massa, sempre preocupada em dar respostas concretas às necessidades da luta de classes e fundamentalmente da organização revolucionária do operariado. Durante a primeira guerra mundial, Rosa Luxemburgo liderou as posições contrárias ao envolvimento da classe trabalhadora nesse conflito, esclarecendo seu caráter imperialista e portanto, negando qualquer participação operária nessa guerra do capital. Quando em 4 de agosto de 1914 a bancada do Partido Social-Democrata (seu partido) votou a favor dos créditos de guerra, Rosa Luxemburgo disparou uma bateria de ataques à direção do partido que culminou com a publicação do texto "A Crise da Social-Democracia", também conhecido como "O Folheto Junius", publicado em 1915, no qual faz a seguinte afirmação sobre a guerra: "A demência não terá fim, o sangrento pesadelo do inferno não vai parar até que os operários da Alemanha, da França, da Rússia e da Inglaterra despertem de sua embriaguez, se apertem fraternalmente as mãos e afoguem o coro brutal dos agitadores belicistas e o grito das hienas capitalistas no poderoso grito do trabalho – 'Proletários de todo o mundo, uni-vos!'". Disponível em http://insrolux.org/joomla/index.php?option=com_content&task=view&id =11&Itemid=65. Acesso em 30/ nov/ 2010.

[552] Disponível em http://resistir.info/argentina/rosa_kohan.html. Acesso em 30/ nov/ 2010.

O TRABALHO NA SOCIEDADE DA INFORMAÇÃO

em quebrar suas próprias regras de conduta política sempre que as circunstâncias assim o exigissem no interesse da manutenção de seu domínio sobre a sociedade."[552]

Mészáros[553] recorda que a estrutura parlamentar da época na qual Rosa Luxemburgo vivia já estava "plenamente estabelecida muito antes de a classe trabalhadora aparecer no cenário histórico como uma força política autônoma." Esta estrutura, portanto, "não podia refletir os interesses do trabalhado em oposição aos do capital, mesmo em sua articulação constitucional básica e regras formais de funcionamento".

Rosa Luxemburgo, lutando contra o sistema de dominação, assim registrou, no ano de 1900, em sua obra "Reforma e Revolução", que a distinção entre "a sociedade burguesa das outras cidades de classe – da sociedade antiga e da ordem social da Idade Média –, é precisamente o fato de que a dominação de classe não repousa sobre direitos adquiridos, mas sobre *relações econômicas reais*". O trabalho assalariado não seria somente uma relação jurídica, mas uma *relação puramente econômica*. Em nosso sistema jurídico não há uma única fórmula legal que imponha a atual dominação de classe. Assim, "como a escravidão assalariada pode ser suprimida pela via legislativa se a escravidão assalariada não está expressa nas leis?"[554]

A dominação de classes economicamente superiores sobre as demais – notadamente aquelas que se identificam com o proletariado – no início do século XX, era objeto de irresignação dos socialistas. Rosa Luxemburgo, contudo, tinha consciência de que não adiantava fazer uma revolução para que os trabalhadores tomassem o poder.

Não bastaria tomar o poder e extinguir radicalmente a ordem socioeconômica, mas, de forma cooperada e contínua, transferir gradativamente o poder para o corpo social, associando a eliminação da separação entre os poderes legislativo e executivo pela inclusão efetiva destes na massa operária.

Rosa Luxemburgo tinha uma visão muito avançada sobre os efeitos que a dominação do poder econômico exercia sobre a sociedade à época em que vivia. Ela manteve-se em constante atenção à importância das conexões do capital e as demais formas de poder. Tratava com coerência seu modo de

---

[552] MÉSZÁROS, István. **O poder da ideologia**..., pp. 385-403
[553] *Idem*, p. 391.
[554] *Apud* MÉSZÁROS, István. **O poder da ideologia...**, p. 391.

agir e de reestruturar seus pensamentos, de forma que se orientou para os "marcos das tendências históricas mais amplas, frequentemente desafiando a realidade histórica corrente".[555]

O que chama atenção é que, no início do século XX, Rosa Luxemburgo já anunciava um movimento de globalização das atividades produtivas. Disse ela que o movimento "operário moderno, sua laboriosa luta cotidiana nas indústrias do mundo, sua organização de massa, são baseadas na cooperação dos trabalhadores em todos os países capitalistas". Do mesmo modo que ela buscava melhores condições ao trabalhador – salários maiores, melhores condições para exercício do trabalho – ela encetava que se o movimento operário "ficar estagnado", se as condições industriais resultarem em "salários baixos, sindicatos enfraquecidos e em menor poder de resistência por parte do trabalho", a força das massas não poderia florescer.[556]

A luta de Rosa Luxemburgo, em linhas sintéticas, foi pelo solidarismo, que consistia na ordenação social baseada no humanismo. A solidariedade, então, visava à inauguração de uma democracia pautada na participação da classe operária, sem qualquer sistema de dominação, onde os trabalhadores pudessem participar do poder, de forma a partilhar com as classes dominantes suas ideologias baseadas em condições dignas de trabalho, em que todos pudessem viver numa perspectiva de comunidade, para a vida social, para o bem comum.

Na sociedade da informação, um século após o intenso combate de Rosa Luxemburgo contra o sistema de dominação econômico, ainda vê-se a prevalência de formação de grupos econômicos que buscam explorar os menos favorecidos e os trabalhadores, cujas atividades estão fragmentadas não somente dentro de uma única unidade fabril, mas divididos em todos os continentes.

Eisler[557] argumenta que subsiste a predominância de uma economia mundial que corresponde a um sistema de dominação. Nesse sistema, existem apenas dois lados nas relações: "dominar ou ser dominado. Os que estão em cima controlam os que estão embaixo deles, seja na família, no local de trabalho ou na sociedade como um todo."

---

[555] *Idem*, p. 402

[556] *Idem*.

[557] EISLER, Riane. *op. cit.*, p. 42.

O TRABALHO NA SOCIEDADE DA INFORMAÇÃO

As políticas e práticas econômicas no sistema de dominação são concebidas ou deslocadas para beneficiar os que estão no topo à custa dos que estão em baixo.

Para fragilizar a classe operária e conservar o domínio, a solidariedade precisa ser reprimida, desvalorizada, de modo a não permitir o ingresso participativo de outras pessoas que possam enfraquecer a ideologia da dominação.

O sistema de participação, por outro lado, respalda as relações solidárias e de comprometimento social com foco no ser humano. "A hierarquia ainda está presente, já que ela é necessária para que as coisas sejam feitas". Contudo, essas hierarquias não são de domínio, mas sim "hierarquias de realização", prevalecendo "a responsabilidade e o respeito" em duplo sentido, não somente de baixo para cima.[558]

Os modelos produtivos existentes contêm elementos de participação, mas muitos dos problemas oriundos do processo de globalização da economia estão sendo cada vez mais agravados em decorrência da dominação feita pelos países que detém vasto poder econômico.

A herança cultural das sociedades mais rígidas e dominadoras levou o homem a submeter-se aos propósitos impostos pelos sistemas econômicos de cada país, de cada região em que ele vivia. Isso porque prevalece ainda a concepção de que a economia é a ciência social que estuda a distribuição de recursos escassos para satisfazer necessidades ilimitadas.[559]

Por questões naturais e culturais, as principais motivações para o trabalho do homem estão no medo da dor e da escassez.

Os sistemas econômicos dominadores criam a escassez e perpetuam artificialmente, com ela, "a dor e o medo". Os sistemas dominadores distribuem de forma errônea os "recursos para os que estão no topo, fazendo investimentos maciços em armamentos", investindo pouco na satisfação das necessidades humanas.[560]

A participação da minoria, daqueles que detém parco capital ou que sobrevivem do trabalho devem ser incluída no regime democrático, de modo a superar, de algum modo, os sistemas de dominação. Isso porque os sistemas de dominação "dificultam a satisfação das necessidades humanas

[558] *Idem*, p. 43.
[559] *Idem*, p. 44.
[560] *Idem*, p. 45.

básicas – inclusive a nossa necessidade de ser valorizados, de receber atenção, de ser amados". A dominação é feita de forma proposital, para deixarmos de reconhecer e "sentir que a nossa vida encerra significado e propósito." [561]

III.5.1.3. A responsabilidade social da empresa

A empresa está inserida dentro de uma sociedade e desse meio social ela é dependente para se manter e conquistar seus objetivos. A realização da missão da empresa torna-se relevante no momento em que emprega pessoas e é importante para desenvolvimento da sociedade.

Peter Drucker[562] assinala que a sociedade não tem nada a ganhar, mas sim a perder, se a capacidade de desempenho de uma organização no seu propósito estiver reduzida ou enfraquecida. "O desempenho de sua função é primeira responsabilidade social da instituição. Se o seu desempenho não for responsável, não mais o poderá ser."

Os gestores não podem permanecer prisioneiros da sua própria ignorância em relação à necessidade objetiva de lucro e à função dos lucros, pois, se somente pensarem e agirem dessa forma, não serão capazes de tomar decisões racionais relativamente às responsabilidades sociais da empresa e nem de respaldar suas decisões dentro e fora de seus escritórios.

Porter[563] adverte sobre a necessidade de uma regulamentação que projeta um planeta habitável. "A visão predominante é no sentido da existência de um dilema intrínseco e inevitável: ecologia versus economia". De um lado, situam-se os benefícios sociais decorrentes das normas ambientais rigorosas. Do outro, encontram-se os "custos privados da indústria para a prevenção" e limpeza do meio ambiente, que "acarretam aumento de preços e redução da competitividade".

Se a tecnologia, os produtos, os processos e as necessidades dos clientes fossem valores fixos dentro da gestão de finanças, a regulamentação elevaria os custos e esses, certamente, iriam ser transferidos para o preço final dos produtos e a sociedade arcaria com o ônus.

Ocorre que as empresas "operam no mundo real da competição dinâmica, não no mundo estático da teoria econômica." A vantagem, pois,

---

[561] *Idem*, p. 45.
[562] DRUCKER, Peter F. **O essencial de Drucker...** p. 74.
[563] PORTER, Michael E. *op. cit.*, p. 349.

é que continuamente "descobrem soluções inovadoras para pressões de todos os tipos – impostas pelos concorrentes, pelos clientes, pelos reguladores."[564]

Uma instituição, especialmente uma empresa, "tem de adquirir as competências necessárias para assumir a responsabilidade pelos seus impactos." Toda vez que uma empresa "desprezou as limitações do desempenho econômico e assumiu responsabilidades sociais que não conseguia comportar economicamente, depressa se viu em apuros." [565]

A organização moderna existe para prestar um serviço à sociedade. Os impactos e problemas sociais decorrentes de sua atividade devem ser reordenados de tal modo a evitar ocorrências danosas para o meio ambiente e para todos aqueles que, direta ou indiretamente, usufruem de seus produtos e serviços.

A preocupação do Estado com relação aos efeitos das atividades economicamente à sociedade é tão relevante, que o legislador editou a Lei 9.605/98, criando um conjunto de normas para identificar e punir criminalmente as condutas praticadas pelas empresas e seus administradores contra o meio ambiente.

Qualquer pessoa com poderes de gestão administrativa da empresa, vale elencar, o diretor, o administrador, o membro de conselho e de órgão técnico, o auditor, o gerente, o preposto ou mandatário de pessoa jurídica, que, a despeito de não ter praticado crimes contra o meio ambiente, mas tenha conhecimento da conduta criminosa de outrem e deixe de impedir a sua prática, quando podia agir para evitá-la, responde pessoalmente pela ilicitude criminal, na medida de sua culpabilidade, segundo dispõe o artigo 2º da Lei 9.605/98.[566]

---

[564] *Idem*, p. 350.

[565] DRUKER, Peter F. **O essencial de Drucker...** p. 75.

[566] Nesse sentido, cita-se o seguinte julgado do Superior Tribunal de Justiça: EMENTA – PENAL E PROCESSUAL PENAL. RECURSO ESPECIAL. CRIME AMBIENTAL. RESPONSABILIZAÇÃO EXCLUSIVA DA PESSOA JURÍDICA. IMPOSSIBILIDADE. NECESSIDADE DE FIGURAÇÃO DA PESSOA FÍSICA NO POLO PASSIVO DA DEMANDA. RECURSO CONHECIDO E PROVIDO. 1. "Admite-se a responsabilidade penal da pessoa jurídica em crimes ambientais desde que haja a imputação simultânea do ente moral e da pessoa física que atua em seu nome ou em seu benefício, uma vez que não se pode compreender a responsabilização do ente moral dissociada da atuação de uma pessoa física, que age com elemento subjetivo próprio (REsp 889.528/SC, Rel. Min. FELIX FISCHER, Quinta Turma, DJ 18/6/07). RECURSO ESPECIAL Nº 865.864 – PR (2006/0230607-6) RELATOR:

Além disso, o art. 3º da lei mencionada prevê que as pessoas jurídicas serão responsabilizadas administrativa, civil e penalmente nos casos em que a infração seja cometida por decisão de seu representante legal ou contratual, ou de seu órgão colegiado, no interesse ou benefício da sua entidade.

Por força de lei, a harmonização entre a atividade econômica e os impactos decorrentes de sua atividade no meio ambiente é objeto de regulamentação de órgãos fiscalizadores da administração pública. Cabe ao gestor da organização identificar os impactos decorrentes da atividade da empresa no meio ambiente (seja interno, em relação à nocividade de tarefas executadas por seus colaboradores, seja externo, em relação aos danos causados no ambiente natural, difuso e coletivo), devendo encontrar, de maneira solidária e sustentável, a melhor forma de solucionar esses conflitos.

Drucker[567] observa que os impactos na sociedade e na economia, na comunidade e "naqueles que não são, em si mesmo, a finalidade e a missão da instituição devem ser restringidos ao mínimo e devem, preferencialmente, ser eliminados por completo".

A empresa tem responsabilidade social que deve ser considerada na própria atividade-fim da organização. A lógica não pode ser somente o lucro. O lucro é necessário para a empresa sobreviver e competir no mercado em que atua, mas a ética e a responsabilidade social da empresa é que a torna uma ação instrumental de implementar dos objetivos principais da Constituição Federal, entre eles, o de construir uma sociedade livre, justa e solidária.

Na visão de William Frederick, em vez de limitar a análise e aos valores de dada sociedade ou período, as linhas gerais normativas para os negócios deveriam "refletir as conquistas do conhecimento e da experiência do homem: os negócios devem acontecer e ser entendidos dentro de um todo. O universo não gira em torno da empresa, nem ela merece *status* central ou especial."[568]

MINISTRO ARNALDO ESTEVES LIMA – RECORRENTE : MINISTÉRIO PÚBLICO DO ESTADO DO PARANÁ -RECORRIDO: COMÉRCIO E REPRESENTAÇÃO DE MADEIRAS QUIGUAY LTDA.

[567] DRUKER, Peter F. **O essencial de Drucker**... p. 76.

[568] FREDERICK, William C. Moving to CSR4: what to Pack for the trip. **Business and Society**. Thousand Oaks, v. 37, n. I. p. 40-59, Mar 1998, p. 4

No espaço da reflexão ética, cabe ao administrador preocupar-se com a promoção de valores e comportamentos morais que respeitem os padrões universais de direitos humanos e de cidadania e participação da sociedade, respeitando o meio ambiente e contribuindo para a sustentabilidade em todo o mundo.

Cabe ao administrador agir dentro de um comportamento ético voltado à manutenção de valores que exprimam mais o sentimento de humanidade e solidarismo buscando a otimização de seus recursos para obtenção do lucro desejado pelos empresários. Deve, pois, o administrador, harmonizar a sustentabilidade da empresa no mercado com a valorização do trabalho humano, investindo em novas tecnologias para sobreviver em meio à competição e nunca se esquecer, ainda, que o Direito tem como pressuposto garantir a todos uma existência digna, devendo essa regra servir de sustentação maior para reger a ordem econômica.

III.5.2. A solidariedade e a proteção da dignidade individual
III.5.2.1. A solidariedade como fundamento constitucional

A Constituição Federal prevê, em seu artigo 3º, que, dentre os objetivos fundamentais da República Federativa do Brasil, é dever de todos os cidadãos buscar a construção de uma sociedade livre, justa e solidária.

A edificação de uma sociedade solidária pressupõe uma série de medidas políticas e sociais que envolvem não somente o Estado, mas cada empresário, cada cidadão, cada trabalhador, todos harmonicamente ajustados nos princípios da valorização do trabalho humano e na livre iniciativa, com o objetivo de garantir o desenvolvimento nacional, erradicar a pobreza e a marginalização e reduzir as desigualdades sociais e regionais.

A Constituição Federal também expressou a importância do princípio da solidariedade por meio do reconhecimento dos direitos sociais, notadamente nos artigo 6º, 7º e 8º, ampliando, ainda mais, o campo dos direitos fundamentais.[569]

Com efeito, a "consciência de novos desafios, não mais à vida e à liberdade, mas especialmente à qualidade de vida e à solidariedade entre os

---

[569] Vale destacar o teor do artigo 6º, da Constituição Federal, assim composto: Art. 6º São direitos sociais a educação, a saúde, a alimentação, o trabalho, a moradia, o lazer, a segurança, a previdência social, a proteção à maternidade e à infância, a assistência aos desamparados, na forma desta Constituição

O PRINCÍPIO DA SOLIDARIEDADE NA ORDEM ECONÔMICA

seres humanos de todas as raças ou nações" colimou com o aparecimento de uma nova geração: "a terceira, a dos direitos fundamentais".[570]

Esses direitos são chamados de direitos de solidariedade ou fraternidade.

Manuel Gonçalves Ferreira Filho[571] sustenta que a primeira geração seria a dos "direitos de liberdade, a segunda, dos direitos de igualdade, a terceira, assim, completaria o lema da Revolução Francesa: liberdade, igualdade, fraternidade. Entretanto, o próprio autor observa que não se cristalizou uma doutrina pacificadora a respeito. Há muita controvérsia quanto à natureza e desse rol.

Os direitos de solidariedade podem ser resumidos em quatro categorias: o direito à paz, o direito ao desenvolvimento, o direito ao meio ambiente e o direito ao patrimônio comum da humanidade. A eles, alguns acrescentam o "direito dos povos a dispor deles próprios (direito à autodeterminação dos povos) e o direito à comunicação.[572]

Em 1977, a Comissão dos Direitos do Homem da ONU (Organização das Nações Unidas), apontou o direito ao desenvolvimento de forma a ser feito em cooperação internacional, a que se seguiram outras manifestações no mesmo sentido.[573]

Em 1986, a ONU consagrou esse direito de solidariedade através da Declaração sobre o Direito ao Desenvolvimento. Em seu artigo 1º, está consagrado o direito ao desenvolvimento é um direito humano inalienável em virtude do qual toda pessoa humana e todos os povos estão habilitados a participar do desenvolvimento econômico, social, cultural e político, a ele contribuir e dele desfrutar, no qual todos os direitos humanos e liberdades fundamentais possam ser plenamente realizados.[574]

Deflui-se, pois, que o direito ao desenvolvimento – inserido no contexto do direito da solidariedade – é um direito individual, inerente a todas as pessoas e, ao mesmo tempo, um direito dos povos. É, ainda, um direito

---

[570] FERREIRA FILHO, Manoel Gonçalves. **Direitos humanos fundamentais**. 5 ed. São Paulo : Saraiva, 2002, p. 57.

[571] FERREIRA FILHO, Manoel Gonçalves. *op. cit.*, p. 57.

[572] *Idem*, pp. 57-58.

[573] *Idem*, pp. 59-60.

[574] TRINDADE, Antônio Augusto Cançado. **Direitos humanos e meio ambiente**. Porto Alegre: Sérgio A. Fabris Editor, 1993, p. 165.

que se insere na relação entre todas as nações, pois está albergado na comunidade internacional.

O direito ao meio ambiente também se inclui no direito da solidariedade. Isto porque, segundo dispõe a Declaração de Estocolmo, o homem tem o direito fundamental à liberdade, à igualdade e ao gozo de "condições de vida adequadas num meio ambiente de tal qualidade que lhe permita levar uma vida digna e gozar do bem-estar", e, tem a "solene obrigação de proteger e melhorar o meio ambiente para as gerações presentes e futuras".[575]

Além de ser objeto de tutela da Lei 9605/98 (cujo conteúdo dispõe, em síntese, a responsabilidade penal das pessoas jurídicas e as respectivas condutas consideras ilícitas contra a fauna e a flora), a harmonização da livre iniciativa que explora matérias-primas existentes no meio ambiente deve pressupor um crescimento sustentável para que as pessoas possam viver em ordem social, recompondo-se, dependendo dos casos, os danos causados no meio ambiente que por ventura configurem excessos da exploração econômica. Essa defesa, ademais, é feita por via de ação pública (artigo 129, III da Constituição Federal) [576] ou até mesmo através de ação popular (art. 5º, LXXIII, da Constituição Federal). [577]

Para que os objetivos constitucionais sejam efetivados, a ponto de garantir o desenvolvimento nacional e construir uma sociedade livre, justa e solidária, deve ser feito um planejamento social levando-se em conta os direitos de solidariedade para que aquilo que se pretende chamar de eficiência econômica invada os lares das famílias que formam a sociedade.

---

[575] TRINDADE, Antônio Augusto Cançado. *op. cit.*, p.166.

[576] Art. 129. São funções institucionais do Ministério Público:

I – promover, privativamente, a ação penal pública, na forma da lei;

II – zelar pelo efetivo respeito dos Poderes Públicos e dos serviços de relevância pública aos direitos assegurados nesta Constituição, promovendo as medidas necessárias a sua garantia;

III – promover o inquérito civil e a ação civil pública, para a proteção do patrimônio público e social, do meio ambiente e de outros interesses difusos e coletivos;

[577] Art. 5º Todos são iguais perante a lei, sem distinção de qualquer natureza, garantindo-se aos brasileiros e aos estrangeiros residentes no País a inviolabilidade do direito à vida, à liberdade, à igualdade, à segurança e à propriedade, nos termos seguintes:

LXXIII – qualquer cidadão é parte legítima para propor ação popular que vise a anular ato lesivo ao patrimônio público ou de entidade de que o Estado participe, à moralidade administrativa, ao meio ambiente e ao patrimônio histórico e cultural, ficando o autor, salvo comprovada má-fé, isento de custas judiciais e do ônus da sucumbência.

O texto constitucional condiciona os seus agentes públicos e privados – neles destacados aqueles que são os detentores de poder, que exercem, de algum modo, função relevante na mantença da ordem econômica e social em defesa dos interesses dos cidadãos – à promoção do bem estar de todos. É através da promoção do bem comum que os governados enxergam seus direitos de solidariedade sendo efetivados.

A eficiência econômica deve ser perseguida de acordo com os princípios que valorizem o trabalho humano e, ao mesmo tempo, possibilitem o exercício efetivo da livre iniciativa para mantença da ordem social. Daí pode-se dar início a efetivação dos direitos de solidariedade.

Se a produção de novos bens e serviços e os procedimentos adotados pelas empresas para desenvolvimento dos mercados não observarem os princípios vetores da ordem econômica, a estabilidade social e o emprego para todos apenas acontecerá de forma paliativa, com desperdício dos recursos naturais.

Da mesma forma, se a eficiência econômica (no sentido do ótimo de Pareto) fosse o único critério para a avaliação econômica, e se as várias condições (como por exemplo a ausência de externalidades) impostas pelo chamado "Teorema Fundamental da Economia do Bem-Estar" vigorassem, "não haveria em geral nenhum argumento de economia do bem-estar para uma pessoa comportar-se a não ser do modo exigido para maximizar seu próprio interesse." [578]

Um comportamento produziria o ótimo de Pareto, e a tentativa de qualquer pessoa de afastar-se da maximização do autointeresse, se viesse a produzir algum efeito, seria apenas o de ameaçar a obtenção da eficácia econômica.

Para Amartia Sen[579], portanto, se a economia do bem-estar fosse de fato encerrada nesse compartimento extremamente exíguo, e se as "suposições estruturais fossem válidas" (inclusive a exclusão das interdependências alheias ao mercado), "não haveria verdadeiramente nenhum argumento da economia do bem-estar contra o comportamento autointeressado." Dadas essas suposições estruturais, o formato unilateral da relação entre a economia preditiva e a economia dominante, "é inteiramente sustentável contando que a economia do bem-estar fique confinada ao reduzido

---

[578] SEN, Amartia Kumar. *op. cit.*, pp. 87-88.
[579] SEN, Amartia Kumar. *op. cit.*, pp. 87-88.

compartimento que proclama a adequação do ótimo de Pareto." Quando esse reduzido compartimento for "explodido ao se trazer para ele considerações éticas mais abrangentes, a sustentabilidade da relação unilateral também deve desaparecer."

Frisa-se, ainda, que a promoção da participação dos trabalhadores na gestão da empresa é um dever imposto à sociedade empresarial, à luz do que dispõe o artigo 7º, XI, da Constituição Federal, visando transformá-la numa comunidade de homens, atendo-se à ideia de que o lucro é uma das finalidades da empresa, mas não a única.[580]

A efetivação dos princípios da dignidade humana e a valorização do trabalho humano, de acordo a Constituição, somente podem ser exteriorizadas por meio de uma reflexão ética do empresário que leve a efeito a premissa de que a solidariedade é o caminho para se atingir a uma sociedade justa.

III.5.2.2. Desequilíbrios setoriais e crises econômicas

Os desequilíbrios setoriais e as crises econômicas não são doenças da sociedade pós-moderna. Esses destemperos sociais advêm da própria estrutura histórica da sociedade econômica.

Mitchel já anunciava em seus estudos sobre acumulação de prosperidade e crises econômicas, que entre 1890 e 1910, os Estados Unidos tiveram cinco períodos de reativação econômica, precedidos de períodos de depressão. Na Inglaterra, França e Alemanha também ocorreram períodos semelhantes em 1895, 1904, 1905 e 1909.[581]

A prosperidade gera a crise por diversos fatores intrínsecos e extrínsecos. Dentre eles, Mitchel destacava os custos suplementares, os custos diretos das empresas debilitadas, os custos do trabalho, os custos dos empréstimos bancários, o declínio da economia na administração das empresas.[582]

Celso Furtado[583] explica que a ânsia incessante de acumular mais capital criou muitas das contradições do desenvolvimento capitalista. O capitalista começava adquirindo maior quantidade de máquinas e ferramentas,

---

[580] TRINDADE, Antônio Augusto Cançado. *op. cit.*, p. 166.
[581] MITCHELL, Wesley Clair. **Os ciclos econômicos e suas causas.** Tradução de Ida Rosental. São Paulo: Abril Cultura, 1984, p. 9.
[582] *Idem*, p. 39.
[583] FURTADO, Celso. *op. cit.*, p. 29.

escolhendo entre os tipos que estivessem em uso. Precisava, em seguida, contratar uma quantidade proporcionalmente maior de trabalhadores para operar os novos equipamentos. Até então, os capitalistas puderam manter os salários ao nível de subsistência graças à pressão do que Marx chamou o "exército industrial de reserva", constituído por trabalhadores desempregados vivendo abaixo do nível de subsistência e dispostos a aceitar qualquer emprego que lhes proporcionasse um salário de subsistência. Manipulando o excesso da oferta de trabalho, os capitalistas conseguiam manter os níveis salariais baixos. Contudo, à medida que as indústrias se expandiam, o crescimento da procura por mais mão de obra tendia em pouco tempo a exaurir o exército industrial de reserva. Os capitalistas tinham que pagar salários mais elevados para obter a quantidade suficiente de mão de obra.[584]

A variação dos níveis salariais constituía um dado que escapava ao controle de cada capitalista, individualmente. Não lhe restava outra saída senão tirar o melhor proveito da situação. A alternativa vantajosa, no caso, consistia em modificar as técnicas de produção, introduzindo novas máquinas que poupassem mão de obra. Assim, cada operário corresponderia uma proporção maior de capital, aumentando a relação de produto por trabalhador. Os investimentos destinados a poupar mão de obra possibilitavam expandir o produto utilizando a mesma ou uma quantidade ainda menor da força de trabalho. Quando todos, ou a maior parte dos capitalistas, agindo individualmente, tomavam essa iniciativa, resolvia-se temporariamente o problema dos salários elevados, uma vez que o exército de reserva voltara a crescer, acolhendo em suas fileiras os operários desalojados pelas novas técnicas produtivas. A criação do desemprego tecnológico, ao mesmo tempo em que tirava os capitalistas do aperto em que se achavam, introduzia novos problemas e contradições.[585]

A expansão industrial baseada na poupança de trabalho resultava no incremento da produção total. No entanto, os salários pagos aos trabalhadores não cresciam na mesma proporção que a produção. Ao mesmo tempo em que os produtos eram despejados em quantidades cada vez maiores no mercado, os salários dos trabalhadores e, por extensão, a demanda dos

---

[584] FURTADO, Celso. *op. cit.*, p. 29.
[585] DOBB, Maurice. **A evolução do capitalismo.** Tradução de Affonso Blacheyre. Revisão de Cássio Fonseca. 2 ed. Rio de Janeiro: Zahar Editores, 1971, pp. 22-23.

O TRABALHO NA SOCIEDADE DA INFORMAÇÃO

consumidores tendia a se restringir. Como observava Marx, embora os operários estivessem produzindo mais lucros sob a forma de bens, os capitalistas não conseguiam vender esses bens e, portanto, realizar os lucros, devido ao estrangulamento do mercado consumidor.[586]

Para simplificar os desequilíbrios econômicos, Marx dividiu a economia capitalista em dois setores: o primeiro produzindo bens de consumo, o segundo, bens de capital. Ante a insuficiência da demanda dos consumidores, os capitalistas do setor de bens de consumo, percebendo que não conseguiriam vender toda a sua produção, seriam obrigados a reduzir suas expectativas de lucros e a desistir de ampliar suas instalações produtivas. Cancelariam, então, os planos de expansão de seu estoque de capital, já excessivamente grande. Tal decisão reduziria consideravelmente, é claro, a procura de bens de capital. Ocorreria, assim uma retração da produção no setor de bens de capital. Contrariando as ingênuas teorias subconsumistas dos socialistas que o antecederam, Marx sustentava que os primeiros sinais evidentes de uma depressão podiam manifestar-se no setor de bens de capital.

A diminuição da produção de bens de capital obrigaria as indústrias desse setor a despedirem trabalhadores, provocando queda do valor global dos salários, o declínio da renda nacional e a retração do mercado consumidor. Em consequência disso, haveria um corte na produção de bens de consumo e demissões em massa de operários nas indústrias desse setor. Os salários e as rendas declinariam ainda mais, agravando a saturação ou o excesso de bens de consumo no mercado. As sucessivas repercussões em ambos os setores culminariam em um colapso econômico.[587]

A depressão econômica faria inchar o exército de reserva constituído de desempregados e deprimiria o padrão de vida do operário, reduzindo-o ao nível ou abaixo do nível de subsistência.

Sob o efeito da depressão, os salários do operariado cairiam por falta da produção. Ao final de algum tempo, a oferta voltaria a ser inferior à procura no mercado consumidor, iniciando-se a recuperação da economia. Para Marx, o capitalismo efetivamente cresce, mas aos trancos e barrancos, atravessando ciclos de prosperidade e, em seguida, de recessão, com crises periódicas de desemprego.[588]

---

[586] *Idem*, pp. 230-239.
[587] DOBB, Maurice, *op. cit.*, pp. 366-367
[588] *Apud* Celso FURTADO. *op. cit.*, p. 174.

O PRINCÍPIO DA SOLIDARIEDADE NA ORDEM ECONÔMICA

Na sociedade industrial, as crises econômicas também tiveram origem no excesso de oferta e na incapacidade econômica dos agentes intermediários de comprar produtos, ante a falta de demanda, de poder aquisitivo dos consumidores. A oferta e a procura é que ditava a produção em séries de produtos, cujo sistema de produção estava focado, basicamente, no fordismo e no taylorismo.

Para evitar grandes estoques e ausência de consumidores para compra, partindo do princípio que o estoque representava um custo a mais no acervo deficitário das empresas, o toyotismo baseado no *just-in-time* acabou servindo de remédio aos administradores, passando os trabalhadores a fabricaram somente produtos que estavam sendo exigida pelos consumidores, cuja produção era feira na hora certa, no momento certo, de acordo com a demanda de mercado.

Mesmo assim, as sociedades industrial e pós-industrial passaram por crises econômicas. E a luta entre trabalhadores que desejam a manutenção de emprego e as empresas que necessitam demiti-los para redução de seus custos e pelo fato de que não poderiam suportar despesas correntes e tributos oriundos da manutenção dos trabalhadores em suas folhas de pagamento, percorreu por todo o mundo.

Na sociedade da informação, o capitalismo, mais uma vez, deixou suas marcas em todos os países que sobrevivem em meio à uma economia globalizada e informacionalizada. Em 2008, a crise do *subprime* [589]afetou não somente os estados norte-americanos, mas, por serem títulos que compunham fundos que investiam nas bolsas de valores, percorreu países de toda Europa, invadiu a América Latina e atingiu países do Oriente Médio que investiram em papéis podres, sem lastro de adimplemento por parte dos devedores de hipotecas.

---

[589] Para Bauman, as "hipotecas *subprime*", causadoras da atual recessão (eclodida a partir de 2008), utilizou-se de um expediente de fôlego curto, deliberadamente míope, de transformar em devedores indivíduos desprovidos dos requisitos necessários à concessão de um empréstimo. A única coisa que eles inspiravam era esperança (um tanto astuta, mas vã, em ultima análise) de que o aumento dos preços das casas, estimulado por uma demanda artificialmente inflada, pudesse garantir, como um circulo que se fecha, que os "compradores de primeira viajem" pagassem os juros regularmente (pelo menos por algum tempo). *In* BAUMAN, Zygmunt. **Capitalismo Parasitário**. Ed. Jorge Zahar: Rio de Janeiro, 2010. pp. 7-10.

Bauman[590], ao criticar a última crise hipotecária dos Estados Unidos, pontua que a aventura das "hipotecas *subprime*", vendidas à opinião pública como forma de solucionar o problema dos sem-teto, multiplicou o "número de pessoas sem casa, com a epidemia de retomada dos imóveis."

Rosa Luxemburgo[591], ao discorrer sobre a "acumulação capitalista", sustentava que o capitalismo não poderia sobreviver sem as economias "não capitalistas". Ele somente é capaz de avançar seguindo os próprios princípios enquanto existirem "terras virgens" abertas à expansão e à exploração – embora, ao conquistá-las e explorá-las, ele as prive de sua virgindade pré-capitalista, exaurindo assim as fontes de sua própria alimentação.

Para Bauman[592], "o capitalismo é um sistema parasitário. Como todos os parasitas, pode prosperar durante certo período, desde que encontre um organismo ainda não explorado que lhe forneça alimento." Porém, não pode fazer isso sem "prejudicar o hospedeiro, destruindo assim, cedo ou tarde, as condições de sua prosperidade ou mesmo de sua sobrevivência."

III.5.2.3. A prevalência do princípio da solidariedade sobre os desequilíbrios setoriais e crises econômicas

A sociedade produzida pelo sistema capitalista é, essencialmente, uma sociedade de massas. A lógica de funcionamento do sistema econômico-social induz a concentração e centralização não apenas de riquezas, mas também de comunidades, dinâmicas socioeconômicas e de problemas sociais resultantes dessas relações. A massificação das dinâmicas e dos problemas das pessoas e grupos sociais nas comunidades humanas, hoje, impacta de modo frontal a estrutura e o funcionamento operacional do próprio operador do Direito.

A distribuição de bens e rendas com ausência da efetividade dos direitos de solidariedade acentua a desigualdade social. Os detentores do capital econômico, por sua vez, continuam substituindo as obrigações no seu conteúdo ético pelo cálculo de utilidade do homem econômico. Cabe, então, ao Estado, desenhar e por em prática políticas que reequilibrem a distribuição da riqueza.

---

[590] BAUMAN, Zygmunt. **Capitalismo Parasitário**. Ed. Jorge Zahar: Rio de Janeiro, 2010. pp. 7-10.

[591] *Apud* BAUMAN, Zygmunt. **Capitalismo Parasitário**..., pp. 7-10.

[592] BAUMAN, Zygmunt. **Capitalismo Parasitário**..., p. 7-10.

O PRINCÍPIO DA SOLIDARIEDADE NA ORDEM ECONÔMICA

Pérsio Arida[593], ao fazer estudo sobre a historicidade da norma, cita lição de Max Weber no sentido de que a predominância de formas de produção estruturadas através do mercado requer um sistema legal com efeitos calculáveis racionalmente pelas partes. Embora o pensamento econômico consiga apreender as consequências desses desdobramentos no plano normativo, não é capaz, isoladamente, de compreender as razões de seu surgimento a dinâmica de sua evolução.

O sistema econômico capitalista possibilita o exercício das atividades econômicas independentemente de autorização de órgãos públicos, salvo nos casos previstos em lei. Do mesmo modo, os direitos dos trabalhadores urbanos e rurais, além de outros que visem à melhoria de sua condição social, têm como um dos princípios a relação de emprego protegida contra despedida arbitrária ou sem justa causa, mediante indenização compensatória, dentre outros direitos (artigo 7º, I, da Carta Federal).

Durante as crises econômicas, o juiz, ao aplicar a lei, não pode ficar submisso apenas ao texto normativo ou restrito a uma interpretação meramente contratual, onde as cláusulas e as condições devem ser cumpridas mesmo que fatores externos e alheios àquelas relações interfiram direta ou indiretamente na situação econômica ou jurídica de uma das partes.[594]

Para Posner[595], a interpretação das leis é "extremamente sensível às teorias do processo legislativo e, como se trata de teorias políticas controversas, não fornecem bases sólidas para as decisões judiciais."

Os que acreditam que as legislaturas "encarnam a vontade popular e que veneram a democracia popular tendem a atribuir grande importância

---

[593] ARIDA, Pérsio. **A pesquisa em Direito e em Economia: em torno da historicidade da norma**. Direito & Economia. p. 68.

[594] No domínio econômico, a liberdade de iniciativa deve ser contingenciada por interesses do desenvolvimento nacional e de justiça social. Com relação a essa garantia, o Ministro Demócrito Reinaldo ponderou: "No domínio do desenvolvimento econômico – conjunto de bens e riquezas a serviço de atividades lucrativas – a liberdade de iniciativa constitucionalmente assegurada, fica jungida ao interesse do desenvolvimento econômico nacional da justiça social e se realiza visando à harmonia e solidariedade entre as categorias sociais de produção, admitindo, a Lei Maior, que a União intervenha na esfera da economia para suprimir ou controlar o abuso de poder econômico." (Acórdão proferido pelo Superior Tribunal de Justiça, nos autos do Mandado de Segurança n. 3351-4-DF, de relatoria do Ministro Demócrito Reinaldo, na 1ª Secção, publicado no D.J. de 10.08.94).

[595] POSNER. Richard A. **Problemas de filosofia do direito**. Tradução: Jefferson Luiz Camargo. São Paulo: Martins Fontes, 2007, pp. 391-393

a quaisquer indicações de como uma maioria do legislativo poderia ter respondido a questão interpretativa que se colocou". Os quem sentem os impedimentos ao processo legislativo como um controle salutar dos "excessos da democracia tendem a desconfiar de quaisquer expressões de preferência legislativa que não tenham passado pelo crivo de uma critica rigorosa".[596]

As normas jurídicas devem ser vistas em termos instrumentais, implicando a possibilidade de contestação, revisão e mudança. "Em nosso tempo, poucas normas são tão solidas que não possam algum dia ser exortadas a justificar sua existência enquanto meios adaptados a um fim".[597]

Se as leis não funcionarem, estão debilitadas. Se elas estão debilitadas, não devem propagar sua espécie, devendo ser eliminadas. Se ficam com um sombra de continuidade vital, porém sem operatividade, incapazes de causar efeitos práticos, devem elas ser ponderadas pelo Juiz e sopesar como deverá servir de outros parâmetros, princípios, valores, para chegar ao bem comum.

Francis Lieber, ao expor comentários sobre a interpretação flexível das leis antigas, salienta que a "vantagem da comunidade é a lei suprema, e por mais frequentemente que esta tenha sido abusada, e seja ainda abusada em nossos dias, é ainda assim verdadeira." Ou seja, "quer nos agrade quer não, o mundo segue em frente e nenhum homem pode correr contra o fluxo de sua época. O direito deve ser compreendido como algo que busca o benefício da sociedade". Por consequência, "se as leis obsoletas não forem abolidas pela autoridade competente, a vida prática em si, isto é, as pessoas, irão e devem aboli-las ou alterná-las em seu modo de aplicação".[598]

Posner[599] acredita que o "direito tem seu olhar voltado para o futuro." Isso revela o conceito implícito das leis como um instrumento. "O direito como servo das necessidades humanas". O principal não é a origem, mas a finalidade. "Não pode haver sabedoria na escolha de um caminho, a menos que saibamos onde ele vai dar."

Com a globalização, crises econômicas que antes se apresentavam em decorrência de desequilíbrios produtivos regionais, agora surgem por

---

[596] *Ibidem.*

[597] *Ibidem.*

[598] *Apud* Richard A. Posner, *in* **Problemas de filosofia do direito...**, p. 400.

[599] *Idem*, pp. 41-46

fatores indetermináveis, em regiões estranhas, distantes dos olhos dos trabalhadores.

A presença do trabalhador em um lugar de trabalho coletivo deixa de "ser o elemento de controle e se abre a possibilidade de ir gerando diversas formas de precarização do trabalho, de informalização das relações trabalhistas", desagregando o indivíduo de seu meio social.[600]

Logo, a norma que funciona é aquela que reproduz o momento vivenciado pelas pessoas na sociedade. O princípio último da seleção dos juízes é o da adequação a da lei a um fim. O juiz deve buscar o "conhecimento necessário para avaliar os interesses sociais que dão forma ao direito. Deve buscá-lo na experiência, no estudo e na reflexão; em poucas palavras, na própria vida."[601]

Na sociedade da informação, as crises econômicas poderão surgir abruptamente. Basta uma informação que contenha um cunho depreciativo de uma empresa, de um bem ou de algo nocivo a um determinado segmento importante da economia, a crise pode se iniciar mais rapidamente nos setores produtivos, afetando todos os trabalhadores.

A mobilidade do capital acaba adquirindo novas dimensões, novas roupagens, deixando as normas e regras específicas de seu controle muitas vezes frágeis diante das mudanças socioeconômicas que ocorrem no âmbito mundial. Nessa conjunção de fatores, o princípio da dignidade humana deve prevalecer sobre determinados valores da ordem econômica, em respeito à solidariedade.

---

[600] DUPAS, Gilberto. **Ética e poder na Sociedade da Informação...**, pp. 38-39.
[601] *Idem*, pp. 41-46.

CONCLUSÃO

Os empreendedores enfrentam constantemente correções ou novas estratégias para tomar decisões sobre mercados, clientes, custos e produtividades. A Análise Econômica do Direito é uma grande ferramenta disciplinadora de condutas e deve ser utilizada por todos os agentes envolvidos nos negócios jurídicos.

O cenário propiciado pela internet requer respostas rápidas não só para não perder sua posição competitiva atual, mas também detectar e desfrutar das oportunidades oferecidas pelo mercado nacional e internacional.

As crises econômicas da sociedade da informação, embora tenham a mesma base cíclica de excessos e recessos de outras crises havidas em tempos passados, revestem-se de uma peculiaridade: a quantidade e a diversidade de processos passíveis a serem controladas à distância deixaram o trabalhador perdido em meio à revolução tecnológica iniciada pelos computadores. Ele não sabe onde começou, de que forma chegou e como terminará uma crise econômica.

Os trabalhadores deixam-se seduzir por novas tecnologias para justificar o controle sobre seu trabalho, para que a informação seja colhida e transformada e outra informação e repassada a frente, tornando, assim, um corpo único de comunicação voltada à satisfação dos interesses do empregador do capital.

A organização de sistemas de coleta de informações, cada vez mais presentes em celulares, computadores de mão e em televisores, faz com que o teletrabalho se propague em todos os cantos do mundo, em todos os ambientes e lares, tornando seus usuários verdadeiros escravos da tecnologia, sacrificando suas próprias famílias para que as respostas aos chamados, às informações, sejam feitas de forma eficiente e célere, pois dessa forma de vida impregnada pela sociedade da informação é que o trabalhador cria sua dependência.

Não obstante o caos disseminado pela sociedade vivida nas relações de informações virtualizadas, a urgência da discussão sobre os direitos sociais diante do processo de globalização e a minimização dos efeitos avassaladores do capitalismo sobre o trabalhador, necessita ser colocada em discussão para revisão de uma forma relacionamento baseada na qualidade de vida dos colaboradores e na continuidade da perseguição dos objetivos traçados pelos empresários, cujo resultado se torne igualmente interessante para ambas as partes.

Entretanto, deve se ressaltar que o homem não é um avatar. Ele tem espírito, tem sentimentos indeléveis e, acima de tudo, é um ser pensante. O homem não é uma abstração ou uma virtualização criada pela sociedade da informação ou tampouco um objeto de manipulação cuja identificação está estampada em código de barras.

Não se pode acreditar que o homem deixou de ser uma criatura real para se transportar em um desenho absorto, em novos corpos e medidas dimensionadas numa tela de computador. Por ser um organismo racional, um bem incomensurável, repleto de desejos e de vontade, o ser humano deve refletir sobre de que forma ele está empreendendo esforços para criar uma sociedade mais solidária e mais consciente de suas ações e seus efeitos.

A economia propicia ao direito os critérios necessários para reflexão da efetividade das normas. O direito deve se socorrer dos mecanismos econômicos de controle de ações e reações do mercado para lidar com as crises que virão em decorrência das instabilidades produtivas criadas pela globalização.

Estabelecendo-se padrões sociais mínimos, no que tange a dignidade econômica do trabalhador, o mesmo poderá criar espaço a inovações que possibilitem uma autoconfiança que existirá, no futuro, uma melhoria de vida focada num bem estar comum.

Condições sociais dignas e viabilidade de consumo poderão se constituir em uma equação extremamente favorável para as próprias empresas que se dispuserem a adotá-la, criando um verdadeiro círculo virtuoso.

BIBLIOGRAFIA

ADAMS, John. **Risco**. Tradução: Lenita Rimoli Esteves. São Paulo: Editora Senac São Paulo, 2009.

AGUIAR JÚNIOR, Ruy Rosado de. As obrigações e os contratos. *In* **Projeto do Código Civil** – RT 775/23.

ALMEIDA, Marcus Elidius Michelli de. **Abuso do direito e concorrência desleal**. São Paulo: Quartier Latin, 2004.

ALVES, José Augusto Lindgren. **A arquitetura internacional dos direitos humanos**. São Paulo: FTD, 1997.

AGUIAR, Renan. **História do direito**. Coordenador José Fabio Rodrigues Maciel, 4 ed. São Paulo: Saraiva, 2010.

ARIDA, Pérsio. A pesquisa em Direito e em Economia: em torno da historicidade da norma. **Direito e Economia**. Coordenadores ZYLBERSZTAJN, Décio e SZTAJN, Rachel. Rio de Janeiro: Elsevier, 2005.

ASQUINI, Alberto. Perfis da empresa. Tradução de Fábio Konder Comparato. **Revista de Direito Mercantil, Industrial, Econômico e Financeiro**, São Paulo, v.35, n. 104, out/dez 1996.

BANDEIRA DE MELLO, Celso Antonio. **Curso de direito administrativo**. 16. ed. São Paulo: Malheiros, 2003.

BARBOSA, Marco Antonio. O direito do passado e o futuro do direito. **Revista do Curso de Direito do Centro Universitário das Faculdades Metropolitanas Unidas – UniFMU**. São Paulo, Ano XVII, nº 25, p. 85-91, 2003.

BARBOSA, Lívia. **Igualdade e meritrocacia: a ética do desempenho nas sociedades modernas**. Rio de Janeiro: Ed. FGV, 1999.

BARROS, Alice Monteiro. **Curso de Direito do Trabalho**, São Paulo: LTr, 2005.

BASTOS, Celso Ribeiro. **Curso de Direito Constitucional**. São Paulo: Celso Bastos Editor, 2002. p 807.

BAUMAN, Zygmunt. **Capitalismo Parasitário**. Ed. Jorge Zahar: Rio de Janeiro, 2010.

—. **Ética pós-moderna**. Tradução. João Rezende Costa. São Paulo: Paulus, 1997.

BENTHAM, Jeremy. **Uma introdução aos princípios da moral e da legislação**. São Paulo: Abril, 1979.

BERNARDO, João. **Economia dos conflitos sociais**. 2 ed. São Paulo: Expressão Popular, 2009.

BITTAR, Carlos Alberto. **Os direitos de personalidade**. 3 ed. Rio de Janeiro: Forense Universitária, 1999.

BITTAR, Eduardo C. B. **O direito na pós--modernidade**. Rio de Janeiro: Forense Universitária, 2005.

—; ALMEIDA, Guilherme Assis de. **Curso de Filosofia do Direito**. 6 ed. São Paulo: Atlas, 2008.

BOBBIO, Norberto. **A era dos direitos**. Rio de Janeiro. Campus, 1992.

—. **Direito e Poder**. Tradução Nilson Moulin. São Paulo: Editora UNESP, 2008.

—. **Teoria geral da política – a filosofia política e as lições dos clássicos**. Organizado por Michelangelo Bovero. Tradução Daniela Beccaccia Versiane. Rio de Janeiro: Campus, 2000.

BONAVIDES, Paulo. **Curso de Direito Constitucional**. 18 ed., São Paulo: Malheiros Editores, 2006.

BRASIL. MINISTÉRIO DA CIÊNCIA E DA TECNOLOGIA. **Livro Verde da Sociedade da Informação no Brasil**. Brasília: Ministério da Ciência e Tecnologia, 2000.

CALABRESI, Guido. **Some thoughts on risk distribution and Law of torts**. Yale Law Journal. nº 23.

—; MELAMED, Douglas A. **Property rules, liability rules, and inalienability: one view of the cathedral**. Harvard Law Revies, v. 85, n. 6. April 1972.

CAMINO, Carmen. **Direito Individual de Trabalho**. 4 ed., Porto Alegre: Síntese, 2004.

CANAVAM, Fernando Leone. **A tutela dos direitos da personalidade no direito do trabalho**. Dissertação de mestrado. USP. São Paulo, 2002.

CANOTILHO, J.J. Gomes. **Direito Constitucional e Teoria da Constituição**. 6 ed. Coimbra: Almedina, 2002.

CARDOSO, Fernando Henrique. Caminhos novos? Reflexões sobre alguns desafios da globalização. **A nova configuração mundial do poder**. Organizadores: Gilberto Dupas, Celso Lafer e Carlos Eduardo Lins da Silva. São Paulo: Paz e Terra, 2008.

CARROLL, Archie B. Ethical challenges for business in the new millennium: corporate social responsibility and models of management morality. **Businesses Ethics Quarterly**, Washington, p. 33-42, jan. 2000.

CARVALHO, Augusto César Leite de. **Direito Individual do trabalho: remissões ao novo Código Civil: transcrição de enunciados, orientações jurisprudenciais e ementas pertinentes do Tribunal Superior do Trabalho**. Rio de Janeiro: Forense, 2004

CASTELLS, Manuel. **A Era da Informação: economia, sociedade e cultura**. Volume I, a sociedade em rede. 5 ed., São Paulo: Paz e Terra, 2001.

—. **A sociedade em rede**. Tradução Roneide Venâncio Majer. 6 ed., São Paulo: Paz e Terra, 1999.

CESARINO JÚNIOR, Antônio Ferreira. CARDONE, Marly Antonieta. **Direito Social**. Vol. I, São Paulo: LTr, 1993.

CHESNAIS, François. **A mundialização do capital**. Tradução Silvana Finzi Foá. São Paulo: Xamã Editora, 1996.

COASE, Ronald H. **The firm, the Market and the Law**. Chicago: University of Chicago, 1990.

—. "The Problem of Social Cost", in **The Journal of Law & Economics**, v. III, 1960.

COELHO, Fábio Ulhoa. **Manual de Direito Comercial**. 16 ed., São Paulo: Saraiva, 2005.

—. A natureza subjetiva da responsabilidade civil dos administradores de Companhia. **Revista Direito de Empresa**, n.1., São Paulo: Max Limonad, 1996.

COMPARATO, Fábio Konder. Função social da propriedade dos bens de produção. **Revista de Direito Mercantil** n. 63. São Paulo: RT.

—. **Ética: direito, moral e religião no mundo moderno**. São Paulo. Companhia das Letras, 2006.

COOTER, Robert D. Las mejores leyes correctas: Fundamentos axiológicos del análises econômico del derecho. In: ROEMER, A (Org.) **Derecho y Economia: uma revisión de ela literatura**. México-D.F: Centro de Estudios de Gobernabilidad y Políticas Públicas, 2000.

— e ULEN, Thomas. **Derecho y economia**. México-D.F.: Fondo de Cultura Económica, 1998.

CORDEIRO, Antonio Manuel da Rocha e Menezes. **A boa-fé no Direito Civil**. Coimbra: Almedina, 1997.

CUTLER, Antony *et al*. **O capital de Marx e o capitalismo de hoje**. vol I. Rio de Janeiro: Zahar Editores, 1988.

DANIÈLE, Linhart. **A desmedida do capital**. Tradução: Wanda Caldeira Brant. São Paulo: Boitempo, 2007.

DANTAS, Alexi *et al*. Empresa, indústria e mercados. **Economia Industrial: fundamentos teóricos e práticos no Brasil**. Organizado por David Kupfer e Lia Hasenclever. Rio de Janeiro.

DELGADO, Maurício Godinho. **Introdução ao Direito do Trabalho**. 2. Ed. São Paulo: LTr, 1999.

DE MASI, Domenico. **O futuro do trabalho: fadiga e ócio na sociedade pós-industrial**. Tradução de Yady A. Figueiredo. 8 ed. Rio de Janeiro: José Olympio, 2003.

DÍAZ, José Ramón Cossío. **Derecho y análisis económico**. México: Instituto Tecnológico Autónomo de México e Fondo de Cultura Económica, 1997.

DINIZ, Maria Helena. **Curso de Direito Civil Brasileiro**. vol. 8. Direito de Empresa, 2. ed. São Paulo: Saraiva, 2009

DOBB, Maurice. **A evolução do capitalismo**. Tradução de Affonso Blacheyre. Revisão de Cássio Fonseca. 2a. ed. Rio de Janeiro: Zahar Editores. 1971.

DUPAS, Gilberto. **Ética e poder na sociedade da informação. De como a autonomia das novas tecnologias obriga a rever o mito do progresso**. São Paulo: Editora UNESP, 2001.

—. **O mito do progresso ou progresso como ideologia**. São Paulo: Editora UNESP, 2006.

DURKHEIN, Émile. **Lições de sociologia**. Tradução Monica Stahel. São Paulo: Martins Fontes, 2002.

DRUCKER, Peter F. **O essencial de Drucker**. Lisboa: Actual Editora, 2008.

—. **Sociedade pós-capitalista**. Lisboa: Actual Editora, 2007

DWORKIN, Ronald. **O império do direito**. São Paulo: Martins Fontes, 2003.

EISLER, Riane. **A verdadeira riqueza das nações: criando uma economia solidária**. Tradução: Cláudia Gerpe Duarte. São Paulo: Cultrix, 2008.

ESSER, Josef. **Principio y norma en la elaboración jurisprudencial del derecho privado**. Tradução de Eduardo Valentí Fiol. Barcelona: Bosch, 1961.

FARIA. José Eduardo. **O direito na economia globalizada**. São Paulo. Malheiros Editores, 2004.

FAYOL, Henri. **Administração industrial e geral**. São Paulo: Atlas, 1994.

FERREIRA, Aurélio Buarque de Holanda *et al*. **Novo Dicionário Aurélio da Língua Portuguesa**. Rio de Janeiro: Editora Nova Fronteira, 1986.

FERREIRA, Hádassa Dolores Bonilha. **Assédio moral nas relações de trabalho**. Campinas: Russel, 2004.

FERREIRA FILHO, Manoel Gonçalves. **Direitos humanos fundamentais.** 5 ed. São Paulo : Saraiva, 2002.

FONSECA, E. G. **Vícios privados, benefícios públicos?: a ética na riqueza das nações.** São Paulo, Cia. Das Letras.

FORGIONI. Paula A. Análise Econômica do Direito (AED: paranoia ou mistificação? **Revista de Direito Mercantil** nº 139. Ano XLIV. São Paulo: Malheiros Editores, julho-setembro de 2005.

FREDERICK, William C. Moving to CSR4: what to Pack for the trip. **Business and Society.** Thousand Oaks, v. 37, n. I. p. 40-59, Mar 1998.

FREEDMAN, Robert. **Escritos Econômicos de Marx.** Introdução de Harry Schwartz. Tradução de Zahar Editores. Rio de Janeiro. Zahar Editores, 1966.

FRIEDMAN, Milton. **The Methodology of Positive Economics – An Essays in Positive Economics.** University of Chicago Press, 1953.

—. **O mundo é plano: o mundo globalizado no século XXI.** Tradução Serra, Cristiana ET AL. 3 ed. Rio de Janeiro: Objetiva, 2009.

FROOM, Erich. **A revolução da esperança: por uma tecnologia humanizada.** Tradução de Edmond Jorge. Rio de Janeiro: Zahar Editores, 1969.

FURTADO, Celso. **Teoria e política do desenvolvimento econômico.** 4 ed. São Paulo: Companhia Editora Nacional, 1971.

GENTIL, Pablo. Globalização excludente: desigualdade, exclusão e democracia na nova ordem mundial. 5 ed.. Petrópolis-RJ: Vozes; Buenos Aires: CLACSO, 2008.

GHINATO, Paulo. **Sistema Toyota de Produção.** Caxias do Sul: EDUCS, 1996.

GOMES, Orlando. **Curso de direito do trabalho.** Rio de Janeiro: Forense, 1990.

—. **Direito Econômico.** São Paulo: Saraiva, 1977.

—. **Revista LTr** – nº 38, janeiro de 1974.

GÓMEZ, José María. Globalização da política: mitos, realidades e dilemas. **Globalização excludente: desigualdade, exclusão e democracia na nova ordem mundial.** Organizado por Pablo Gentil, 5 ed.. Petrópolis-RJ: Vozes; Buenos Aires: CLACSO, 2008.

GONÇALVES, Reinaldo. **A empresa transacional. In Economia Industrial: fundamentos teóricos e práticos no Brasil.** Organização: David Kupfer e Lia Hasenclever. Rio de Janeiro: Elsevier, 2002.

GRAU, Eros Roberto. **A ordem econômica na Constituição de 1988** (Interpretação e crítica). 13 ed. São Paulo: Editora Malheiros, 2008.

GREEN, Francis e NORE, Peter. **A economia um antitexto.** Rio de Janeiro: Zahar Editores, 1979.

GUIA, Juliana Pitelli da. O contrato preliminar e a Análise Econômica do Direito. **Revista de Direito Mercantil** nº 143, Ano XLV, São Paulo: Malheiros Editores, julho-setembro de 2006.

HABERMAS, Jurgen. **A inclusão do outro: estudo de teoria política.** Tradução: George Sperber, Paulo Astor Soethe, Milton Camargo Mota. São Paulo: Edições Loyola, 2002.

HELOANI, Roberto. **Gestão e organização no capitalismo globalizado: história da manipulação psicológica no mundo do trabalho.** São Paulo: Atlas, 2007.

HIRIGOYEN, Marie-France. **Assédio moral: a violência perversa no cotidiano.** Rio de Janeiro: Bertrand Brasil, 2010.

HOLMAN, Mary A; WATSON, Donald S. **Microeconomia.** São Paulo : Saraiva, 1979.

JAY, Peter. **A riqueza do homem: uma história econômica**. Tradução Maria Teresa Machado. Rio de Janeiro: Record, 2002.

JOSUÁ, Adriana. Contrato preliminar: aspectos jurídicos, funcionalidade, análise econômica e Teoria dos Jogos. **Revista de Direito Mercantil**, nº 131, Ano XLII, São Paulo: Malheiros Editores Ltda, 2003.

JUSTEN FILHO, Marçal. **O Direito das agências reguladoras independentes**. São Paulo: Dialética, 2002.

KIRMANI, Amna e RAO, Akshay. **No Pain, No Gain: A Critical Review of the Literature on Signalling Unobservable Product Quality**. Journal of Marketing. vol.64, 2000.

KOCH, Richard. **Princípio 80/20: O segredo de se realizar mais com menos**. Tradução: Nivaldo Montingelli Jr. Rio de Janeiro: Editora Rocco. 2009.

KON, Anita. **Economia Industrial**. Ed. Nobel: São Pulo, 1999.

KORNHAUSER, Lewis A. **El Nuevo Análisis Económico del Derecho: Las Normas Jurídicas como Incentivos**. Organización Andrés Roemer. *Derecho y Economia: una revisión de la literatura*. México: Fondo de Cultura Económica, 1988.

KRUGMAN, Paul; WELLS, Robin; MYATT, Anthony. **Microeconomics**: Canadian Edition. Worth Publishers, 2006.

KUMAR, Krishan. **Da sociedade pós--industrial à pós- moderna: novas teorias sobre o mundo contemporâneo.** Traduzido por Ruy Jungmann. Rio de Janeiro: Jorge Zahar Editora. 1997.

LABATUT, Ênio N. **Política de comércio exterior**. São Paulo: Aduaneiras, 1994.

LAFER, Celso. Dumping Social. **Direito e Comércio Internacional: Tendências e Perspectivas, Estudos em homenagem ao Prof. Irineu Strenger**, LTR, São Paulo, 1994.

LÉVY, Pierre. **O que é virtual?** Tradução de Paulo Nevez. São Paulo: Editora 34, 1996.

LIMOEIRO-CARDOSO, Miriam. **Ideologia da globalização e (des) caminhos da ciência social.** *In* Globalização excludente: desigualdade, exclusão e democracia na nova ordem mundial Organizado por Pablo Gentil, 5 ed.. Petrópolios-RJ: Vozes; Buenos Aires: CLACSO, 2008.

LINHART, Daniele. **A desmedida do capital.** Tradução Wanda Caldeira Brant. São Paulo: Boitempo, 2007.

LISBOA, Roberto Senise. **A livre iniciativa e os direitos do consumidor. Direito Empresarial Contemporâneo.** Coordenação de Adalberto Simão Filho e Newton de Lucca. 2 ed. São Paulo: Editora Juarez de Oliveira, 2004.

—. **Da confiança como valor fundamental e princípio geral do negócio jurídico.** Tese para concurso público de provimento do cargo de Professor Titular do Departamento de Direito Civil da Faculdade de Direito da USP. São Paulo: 2008.

—. **Direito da Sociedade da Informação.** Revista dos Tribunais, ano 95, vol. 847, maio de 2006. São Paulo: 2006.

—. **Manual de Direito Civil.** Vol. 1. São Paulo. Saraiva, 2009.

—. **Responsabilidade civil nas relações de consumo.** São Paulo: Ed. Revista dos Tribunais, 2001.

MACKAAY, Ejan. **L'analyse économique Du droit.** Quebec. Canadá: Lês Éditions Thémis, 2000.

MAGANO, Octavio Bueno. **Os grupos de empresas no Direito do Trabalho**. São Paulo: Revista dos Tribunais, 1979.

MAMEDE, Gladston. **Direito empresarial brasileiro: empresa e atuação empresarial**, vol. I, 4 ed. São Paulo: Atlas, 2010.

MAÑAS, Antonio Vico. Gestão do Terceiro Setor e da Responsabilidade Social. **Gestão Empresarial, Sistemas e Ferramentas.** Organizador Otávio J. Oliveira, São Paulo: Atlas, 2007.

MARSHAL. Alfred. **Princípios de economia**. Vol. 1. Col. Os Economistas. São Paulo: Abril Cultural, 1982.

MARTINS, Sérgio Pinto. **Comentários à CLT.** 10. ed. São Paulo: Atlas, 2006.

—. **Direitos fundamentais trabalhistas.** São Paulo: Atlas, 2008.

MARTINS-COSTA, Judith. As funções da boa-fé objetiva. **A boa-fé no Direito Privado.** São Paulo: Ed. Revista dos Tribunais, 1999.

MARX, Karl. **Para a crítica da econômica política do capital: o rendimento e suas fontes.** Tradução de Edgard Malagodi. Colaboração de José Arthur Giannotti. São Paulo: Editora Nova Cultural. 1999.

—. ENGELS, Friedrich. **O Manifesto Comunista.** Rio de Janeiro: Zahar 1967.

—. **Critique of Political Economy.** Reimpresso parcialmente em Howard Selsam e Harry Martel, editors, Reader in Marxist Philosophy. Nova York: International Publishers, 1963.

MELO, Luiz Martins de. Modelos tradicionais de concorrência. In **Economia Industrial: fundamentos teóricos e práticos no Brasil.** Organizado por David Kupfer e Lia Hasenclever. Rio de Janeiro: Campus.

MELO, Nélio Vieira de. **A ética da alteridade em Emmanuel Levinas.** Porto Alegre: EDIPUCRS, 2003.

MENDES, Candido. Desenvolvimento, modernização, globalização: a construção contemporânea da subjetividade. **Pluralismo cultural, identidade e globalização.** Coordenador: Candido Mendes. Rio de Janeiro: Record, 2001.

MENDONÇA, José Xavier Carvalho de. **Tratado de Direito Comercial brasileiro.** Campinas: Bookseller, 2000. v.1

MERCURO, Nicholas e MEDEMA, Steven G. **Economics and the law**. Pricenton: Pricenton University Press, 1996.

MIRANDA, Pontes de. **Comentários à Constituição de 1967, com a Emenda n. 1/69.** T. IV.

MÉSZÁROS, István. **A crise estrutural do capital.** Tradução Francisco Raul Cornejo *et al*. São Paulo: Boitempo, 2009.

—. **O poder da ideologia.** Tradução Paulo Cezar Castanheira. São Paulo: Boitempo Editorial, 2004.

MITCHELL, Wesley Clair. **Os ciclos econômicos e suas causas.** Tradução de Ida Rosental. São Paulo: Abril Cultura, 1984.

MORAES, Maria Celina Bodin de. **Danos à pessoa humana**. Rio de Janeiro: Renovar, 2003.

MORIN, Edgar. Sociedade-mundo ou império-mundo? **A nova configuração mundial do poder.** Organizadores: Gilberto Dupas, Celso Lafer e Carlos Eduardo Lins da Silva. Artigo: São Paulo: Paz e Terra, 2008.

NAISBITT, John. **Paradoxo global**. Tradução de Ivo Korytowski. Rio de Janeiro: Campus. São Paulo: Publifolha, 1999.

NALINI, José Renato. **Ética geral e profissional**. 3 ed. São Paulo: Revista dos Tribunais, 2001.

NASCIMENTO, Amauri Mascaro. **Crise econômica, despedimentos e alternativas para a manutenção dos empregos.** Revista LTr. 73-01/9-73-01/25, janeiro de 2009.

NASCIMENTO, Sônia Mascaro. **Assédio moral**. São Paulo: Saraiva, 2009.

NELSON, Richard R. **An evolutionary theory of economic change**. Cambridge: Harvard College. 1982.

NOHRIA, N., ECCLES, R. G. **Networks and organizations: structure, form and action**. Harvard: Harvard University Press, 1992.

NORONHA, Fernando. **O Direito dos Contratos e Seus Princípios**. São Paulo: Saraiva, 1994.

NUNES, António Avelãs e COUTINHO; Jacinto Nelson de Miranda. **O direito e o futuro – o futuro do direito**. Coimbra: Almeida, 2008.

NUNES, Rizzatto. **Curso de direito do consumidor**. 2. ed. São Paulo: Saraiva, 2005.

NUSDEO, Fábio. **Curso de economia: introdução ao direito econômico**. São Paulo: Editora Revista dos Tribunais, 1997.

PACHECO, Pedro Mercado. **El análisis económico Del Derecho – una reconstrucción teórica**. Madrid: Centro de Estudios Constituticionales, 1994.

PACIELLO, Gaetano. A evolução do conceito de empresa no direito italiano. **Revista de Direito Mercantil, Industrial, Econômico e Financeiro**, São Paulo, v. 17, n. 29, p.39-56, jan./mar. 1978.

PAMPLONA FILHO, Rodolfo. Noções conceituais sobre assédio moral na relação de emprego. **Revista LTr: legislação do trabalho e previdência social**. São Paulo: v. 70, n. 9, set. 2006.

PARETO, Vilfredo. **Manual de Economia Política**. 5 ed. Tradução de João Guilherme Vargas Netto. São Paulo: Editora Nova Cultura, 1996.

—. **Sociologia**. Organizador: José Albertino Rodrigues. Coordenador: Florestan Fernandes. Tradução Ruy R. Cunha. São Paulo: Ática, 1984.

PENTEADO, Luciano de Camargo. **Teoria dos Jogos: por uma propedêutica à elaboração racional da decisão**. Revista de Direito Mercantil nº 132. Ano XLII. São Paulo: Malheiros Editores. 2003.

PEREIRA, Joel Timóteo Ramos. **Compêndio Jurídico da Sociedade da informação**. Lisboa: Quid Juris, 2004.

PEREIRA, Potyara A. P. **Necessidades humanas: subsídios à crítica dos mínimos sociais**. 5 ed. São Paulo: Cortez, 2008.

PINDYCK, Robert S. RUBINFELD, Daniel L. **Microeconomia**. São Paulo: McGraw-Hill, 1994.

PINTO. Paulo Mota. Sobre a alegada "superação" do Direito pela análise econômica. *In* **O Direito e o Futuro O Futuro do Direito**. Coordenação de António José Avelãs Nunes e Jacinto Nelson de Miranda Coutinho. Coimbra: Almedina, 2008.

PIOVESAN, Flávia. **Direitos Humanos e o Direito Constitucional Internacional**. São Paulo: Saraiva 2006.

PORTER, Michael E. **Competição**. Tradução Afonso Celso da Cunha Serra. Rio de Janeiro: Elsevier, 2009.

POSNER, Richard A. **A economia da justiça**. São Paulo: Editora Martins Fontes. 2010.

—. **Economic Analysis of Law**. New York: Aspen 5th ed, 1998.

—. **El analyses económico del derecho**. México-DF.: Fondo de Cultura Económica, 2000.

—. Usos y abusos de la análise económica. *in* ROEMER, Andrés (org.) **Derecho y Economia: uma revisión de la literatura**. México: Fondo de Cultura Econômica, 2000.

—. **Para além do direito**. Tradução Evandro Ferreira e Silva. São Paulo: Editora WMF Martins Fontes, 2009.

—. **Problemas de filosofia do direito**. Tradução: Jefferson Luiz Camargo. São Paulo: Martins Fontes, 2007.

POSSAS, Mario L. Concorrência schumpeteriana. **Economia Industrial: fundamentos teóricos e práticos no Brasil**. Organizado por David Kupfer e Lia Hasenclever. Rio de Janeiro: Campus.

RABENHORST, Eduardo Ramalho. **Dignidade humana e moralidade democrática**. Brasília: Brasília Jurídica, 2001.

RAMOS, Carmem Lúcia Silveira. A constitucionalização do direito privado e a sociedade sem fronteiras. **Repensando fundamentos do direito civil brasileiro contemporâneo**. Coordenador Luiz Edson Fachin. Rio de Janeiro: Renovar, 2000.

REALE, Miguel. **Nova fase do direito moderno**, 2 ed. São Paulo: Saraiva, 1998.

REQUIÃO, Rubens. **Curso de direito comercial**, vol. 1. São Paulo: Saraiva, 1991.

RODRIGUES, Vasco. **Análise económica do direito**. Coimbra: Almedina, 2007.

RODRIGUEZ, Américo Plá. **Princípios de direito do trabalho**. Tradução de Wagner Giglio, São Paulo, LTr, 1978.

ROTHBARD, Murray N. **O essencial Von Mises**. 2. ed., Rio de Janeiro: José Olympio Editora, 1998.

ROSS, Alf. **Direito e Justiça**. Tradução Edson Bini. Bauru/SP: EDIPRO, 2003.

ROUSSEAU, Jean-Jacques. **Discurso sobre a origem e os fundamentos da desigualdade entre os homens**. Tradução de Paulo Neves. Porto Alegre: L&PM, 2009.

SALOMÃO FILHO, Calixto. **O novo direito societário**. São Paulo: Malheiros, 1998.

SCHUMPETER, Joseph Alois. **Teoria do desenvolvimento econômico**. Tradução de Maria Sílvia Possas. São Paulo: Editora Nova Cultural, 1997.

SCHWEITZER, Albert. **Cultura e ética**. Tradução Herbert Caro. São Paulo: Edições Melhoramentos, 1953.

SEN, Amartia Kumar. **Sobre Ética e economia**. São Paulo: Companhia das Letras: 2008.

SENNETT, Richard. **A cultura do novo capitalismo**. Tradução de Clóvis Marques. São Paulo: Record, 2006.

—. **A corrosão do caráter: as consequências pessoais do trabalho no novo capitalismo**. Tradução Marcos Santarrita. 14 ed. Rio de Janeiro: Record, 2009.

SILVA, De Plácido e. **Vocabulário jurídico**. Rio de Janeiro: Forense, 1993.

SIMÃO FILHO, Adalberto. **Nova Empresarialidade**. Tese de doutorado apresentada na PUCSP. 2002.

—. **Sociedade da Informação e seu Lineamento Jurídico**. O direito na sociedade da informação. Coordenadora Liliana Minardi Paesani. São Paulo: Atlas, 2007.

SARLET, Ingo Wolfgang. **Dignidade da pessoa humana e direitos fundamentais na Constituição Federal de 1988**. Porto Alegre: Livraria do Advogado, 2001.

SILVA, José Afonso da. **Comentário contextual à Constituição Federal de 1988**. São Paulo: Malheiros, 2005.

SMITH, Adam. **A riqueza das nações**. Tradução de Luiz João Baraúna, vol. I, 3.ed. São Paulo: Nova Cultural, 1988.

—. **A teoria dos sentimentos morais**. São Paulo: Martins Fontes, 1999.

SOUZA, Washington Peluso Albino. **Primeiras Linhas de Direito Econômico**. 6. ed. São Paulo: LTr, 2005.

SROUR, Robert H. **Ética empresarial: posturas responsáveis nos negócios, na política e nas relações pessoais.** Rio de Janeiro: Campus, 2000.

STADLER, Inés Macho e CASTILHO, David Pérez.. **An Introduction to the Economic of Information.** New York: Oxford University Press, 1997.

STIGLITZ, Joseph E. **The Contributions of the Economics of Information to Twentieth Century Economics.** Quaterly Journal of Economics v. 463, 2000.

STEWART, Thomas A. **Capital Intelectual.** Tradução de Ana Beatriz Rodrigues, Priscilla Martins Celeste. Rio de Janeiro: Elsevier, 1998.

SZTAJN, Rachel. **Direito e economia.** Revista de Direito Mercantil nº 144. São Paulo: Malheiros Editores, 2006.

TAVARES, André Ramos. **Curso de direito constitucional.** 6. ed. São Paulo: Saraiva, 2008.

TEPEDINO, Gustavo. **Temas de direito civil.** Rio de Janeiro: Renovar, 1999.

TOFFLER, Alvin. TOFFLER, Heide. **A riqueza revolucionária.** Tradução: Maiza Prande Bernardello, Luiz Fernando Martins Esteves. São Paulo: Futura, 2007.

THIBAULT ARANDA, Javier. **El teletrabajo, análisis jurídico-laboral.** Consejo Económico y Social. Madrid, 2001.

THOMPSON, E.P. **A formação da classe operária inglesa.** Tradução Denise Bottman v.1. Rio de Janeiro: Paz e Terra, 1987.

TORRÉ, Maria Benedicta L. Della. **O homem e a sociedade.** São Paulo: Companhia Editora Nacional, 1971.

TRINDADE, Antônio Augusto Cançado. **Direitos humanos e meio ambiente.** Porto Alegre: Sérgio A. Fabris Editor, 1993.

VALVERDE, Trajano de Miranda. **Sociedade por ações.** Rio de Janeiro: Forense, 1953.

VARGAS, Luiz Alberto de. A proibição de despedida imotivada no novo texto constitucional. *In* **Aspectos dos Direitos Sociais na Nova Constituição.** São Paulo: LTr, 1990.

VIANA, Márcio Túlio. **Direito de Resistência.** São Paulo: LTr, 1996

VILLEY, Michel. **Filosofia do direito: definições e fins do direito: os meios do direito.** São Paulo: Martins Fontes, 2003.

VON IHERING, Rudolf. **A luta pelo direito.** Rio de Janeiro: Forense, 2009.

YUNUS, Muhammad. **Um mundo sem pobreza: a empresa social e o futuro do capitalismo.** Com Karl Weber. Tradução Juliana A. Saad e Henrique Amat Rêgo Monteiro. São Paulo: Ática, 2008.

WALD, Arnoldo. **O empresário, a empresa e o Código Civil, O novo Código Civil – estudos em homenagem a Miguel Reale,** São Paulo: LTr, 2003.

WILLIAMSON, Oliver. **Por que Direito, Economia e Organizações? Direito & Economia.** Rio de Janeiro: Elsevier, 2005.

ZADEK, Simon. Balancing performance, ethics, and accountability. **Journal of Business Ethics.** Dordrecht, v. 17, n. 13, oct 1998.

ZUFFO, João Antonio. **A sociedade e a economia no novo milênio: os empregos e as empresas no turbulento alvorecer do Século XXI.** Livro I: a tecnologia e a infossociedade. Barueri: Manole, 2003.

ZYLBERSZTAJN, Décio e SZTAJN, Rachel. **Direito e Economia.** Rio de Janeiro: Elsevier, 2005.